Brüning · Philosophieren in der Sekundarstufe

Die Reihe »Philosophie und Ethik unterrichten«
wird herausgegeben von Barbara Brüning und Franz-Josef Wetz

Band 1

Barbara Brüning

Philosophieren in der Sekundarstufe

Methoden und Medien

Beltz Verlag · Weinheim, Basel, Berlin

Barbara Brüning, Dr. phil., Jg. 1951, ist Privatdozentin an der Universität Hamburg. Ihre Forschungsschwerpunkte sind Ethikunterricht in Europa und Philosophiedidaktik. Sie arbeitet in der Lehrerfortbildung und ist Autorin zahlreicher Lehrbücher für den Ethik- und Philosophieunterricht.

Lektorat: Peter E. Kalb
Redaktion: Joachim Siebert, Hannover

www.beltz.de
Herstellung: Klaus Kaltenberg
Satz: Hugo Thielen, Hannover
Druck: Beltz Druckpartner GmbH & Co. KG, Hemsbach
Umschlaggestaltung: Federico Luci, Köln
Umschlagabbildung: Paul Klee, Zerbrochener Schlüssel, 1938, 136 (J 16)

Printed in Germany

ISBN 978-3-407-62486-4

Inhaltsverzeichnis

Vorwort

„Philosophie ist keine Lehre, sondern eine Tätigkeit", schrieb der österreichische Philosoph Ludwig Wittgenstein und hob damit das eigene Nachdenken über den Sinn und Zweck der Welt hervor.

Wittgensteins Überlegungen aus den „Philosophischen Untersuchungen" sollen das Motto dieses Buches sein: Wie können wir lernen, über fundamentale Probleme menschlicher Existenz intensiver nachzudenken, und welche Hilfsmittel lassen sich dabei anwenden?

Philosophiert wird im Alltag, in der Schule, an den Universitäten mit Hilfe von Fragen, Begriffen und Argumenten auf der Grundlage von Texten, Aphorismen oder Fabeln. Jede Methode und jedes Medium hat dabei seine spezifische philosophische Eigenart, die wir kennen müssen, um sie gezielt einzusetzen. Dazu soll dieses Buch einen Beitrag leisten. Es wendet sich in erster Linie an Lehrerinnen und Lehrer aller Schulformen und Fächer, besonders jedoch an diejenigen, die die Fächer Philosophie, Ethik und Sozialkunde unterrichten. Weiterhin hat es Lehramtsstudentinnen und -studenten aller Fachrichtungen sowie Eltern und die philosophisch interessierte Öffentlichkeit im Blick.

Anhand von praktischen Beispielen für alle Altersstufen soll die spezifische Eigenart der einzelnen Methoden und Medien herausgearbeitet und mit didaktischen Anregungen für das eigene Philosophieren versehen werden. Jedes Kapitel dieses Buches beginnt deshalb mit einem Beispiel aus der Philosophie, das kursiv gedruckt wird, damit es sich vom laufenden Text abhebt. Es dient dazu, die vorgestellten Methoden anschaulich zu präsentieren und zum Philosophieren anzuregen. Am Ende jedes Gliederungspunktes folgen umfangreiche Literaturhinweise, die eine vertiefende Beschäftigung mit ausgewählten Problemen erleichtern sollen. Denn das vorliegende Buch gibt lediglich eine zusammenfassende Übersicht als Gerüst des Philosophierens. Intensiver weiterbauen kann jeder selbst, und zwar an der Stelle, die ihn besonders interessiert.

Das Kernstück des philosophischen Hauses bilden allerdings die Grundmethoden der philosophischen Tradition: die Begriffsanalyse, die Argumentation, das sokratische Gespräch und das Gedankenexperiment, die seit der Antike zum unerlässlichen Rüstzeug von Philosophinnen und Philosophen gehören. Diesen Methoden wird in dem vorliegenden Buch besondere Aufmerksamkeit gewidmet.

Betrachten Sie dieses Buch als ein Kaleidoskop, das durch Ihre eigene praktische Arbeit ergänzt werden kann und soll. Viele der hier vorgestellten Anregungen habe ich durch meine nunmehr 20-jährige Tätigkeit auf dem Gebiet des schulischen und außerschulischen Philosophierens und der Lehrerausbildung gewonnen. Allen, die mit mir zusammen an irgendeinem Ort irgendwann einmal philosophiert haben, sei an dieser Stelle Dank gesagt. Ich stütze mich auf ein unerschöpfliches Reservoir von Ideen, an denen viele beteiligt waren, die sich sicherlich an dieser oder jener Stelle des Buches wiederfinden werden.

Barbara Brüning, Herbst 2002

1 Zum Verhältnis von Philosophie und Philosophieren

1.1 Esoterik und Exoterik der Philosophie

Die Fragen nach dem Wesen der Philosophie, nach ihrem Sinn und Zweck in der menschlichen Gesellschaft und ihrer Abgrenzung von dem, was Nicht-Philosophie ist, beschäftigt die philosophische Tradition bereits seit der Antike: Gibt es nur *die* (eine) Philosophie oder gar mehrere Philosophien? Wer ist ein Philosoph oder eine Philosophin? Wann philosophiert jemand und wann (noch) nicht – lassen sich dafür Kriterien aufstellen, die an Lebenserfahrung und Reife gebunden sind? Wie werden Philosophie und Philosophieren unterschieden? Warum vertreten verschiedene Philosophen und Philosophinnen in ihren Konzeptionen unterschiedliche Auffassungen vom Wesen der Philosophie?

Seitdem im 6. Jahrhundert v. Chr. die kosmologischen Welterklärungsversuche der griechischen Dichter Hesiod oder Homer durch die an Beobachtungstatsachen gebundenen Deutungen der Naturphilosophen Thales, Anaximander und Anaximenes zurückgedrängt wurden, begann sich neben der Religion und Kunst auch die Philosophie als „eine Möglichkeit menschlicher Selbstverständigung über den Menschen“[1] zu entwickeln. Diejenigen, die wie die Philosophen aus Milet Muße hatten zu beobachten, nachzudenken und das Erkannte zu systematisieren, waren frei vom Zwang zur Erwerbstätigkeit. Sie beteiligten sich nicht mehr unmittelbar an der Produktion der gegenständlichen Existenzmittel des menschlichen Lebens. Denn bereits in den orientalischen Gesellschaften entstand eine soziale Struktur, die sich in körperlich tätige und geistig tätige Individuen gliederte und dadurch die Entwicklung der Wissenschaften ermöglichte. So stellte der griechische Philosoph Aristoteles fest: „Erst als bereits alle derartigen Künste entwickelt waren, entdeckte man die Wissenschaften, die sich nicht allein auf die Lust und die Lebensnotwendigkeiten bezogen, und das erstmals in diesen Gebieten, wo man sich Muße leisten konnte. Daher entstanden auch die mathematischen Wissenschaften in Ägypten, denn dort gestattete man dem Priesterstand, Muße zu pflegen“.[2] Die Abwendung vom Lebensnotwendigen, von der ökonomischen Gestaltung der Gesellschaft, führte nach Aristoteles' Auffassung zur Muße – zur freien Zeit, um sich mit Wissenschaft (geistiger Arbeit) beschäftigen zu können.

1 *Marten, Reiner*: Esoterik und Exoterik oder Die philosophische Bestimmung wahrheitsfähiger Öffentlichkeit, demonstriert an Platon und Aristoteles. In: *Holzhey, Helmut/Zimmerli, Walter Chr.* (Hrsg.): Esoterik und Exoterik der Philosophie. Basel/Stuttgart 1977. S. 30.

2 *Aristoteles*: Metaphysik (981 b). Stuttgart 1970. S. 19.

Die Trennung zwischen körperlicher und geistiger Arbeit bewirkte unter den speziellen Bedingungen Griechenlands auch die Herausbildung der reflektorischen Tätigkeit über das Universum und den Menschen – die Entstehung der Philosophie. [3]

Während die mythologischen Weltdeutungen und Rituale unmittelbar aus dem gegenständlichen Lebensprozess einer großen Gruppe von Menschen (Stammesverbänden) hervorgingen – entstand die Philosophie in ihrer wissenschaftlichen Form als reflektorische Tätigkeit über die Lebenspraxis. Anstelle des subjektiven Wahrnehmungs- und Erfahrungsdenkens und der Ding- und Phänomengebundenheit, die den unmittelbaren praktischen Bedürfnissen der Menschen und der Gegenständlichkeit ihrer Umwelt entsprangen, begann sich das Streben nach systematischer Deutung der Welt – nach Einordnung der Sinneswahrnehmungen in einen übergeordneten Gesamtzusammenhang zu entwickeln.

Die Trennung zwischen körperlicher und geistiger Arbeit hob die Einheit des mythischen Bewusstseins auf, das vor der Genese der Philosophie als universelle Weltdeutungsform existierte, und führte zu einer *Zweiteilung des Denkens über die Welt*: Im Verlaufe eines historischen Prozesses entfalteten sich die *wissenschaftliche Philosophie* (Fachphilosophie) und die *Alltagsphilosophie*, wobei Elemente des mythischen Denkens in beiden Philosophieformen rezipiert wurden. Die Alltagsphilosophie, d. h. die Welterklärungsversuche der arbeitsteilig nicht geistig tätigen Individuen, zeichnet sich in Analogie zum mythischen Denken durch subjektgebundene Unmittelbarkeit, Objektbezogenheit und Partikularität aus, weil sie aus den unmittelbaren praktischen Bedürfnissen der Menschen hervorgeht: Jemand schaut in den Nachthimmel und fragt sich plötzlich, wo die Sterne am Himmel herkommen und wie das Universum entstanden sein könnte.

Die wissenschaftliche Philosophie hingegen strebt nach Systematisierung – nach Einordnung des Partikularen in einen Gesamtzusammenhang, nach Klärung von allgemeinen Ursachen und nach Formulierung allgemeiner Prinzipien.

Die beiden Formen der Philosophie, die in der Fachsprache auch *Esoterik und Exoterik* genannt werden, basieren also auf den unterschiedlichen Lebenspraxen der Menschen. Die Trennung zwischen körperlicher und geistiger Arbeit, die diese Lebenspraxen bedingt, hat zur Aufspaltung der einheitlichen Weltdeutungsform geführt. Die meisten Menschen meinen jedoch die esoterische Philosophie, wenn sie von Philosophie sprechen. Die exoterische Philosophie spielt sowohl in den alltäglichen als auch den wissenschaftlichen Betrachtungen der Philosophie seit ihrer Entstehung in der Antike eine untergeordnete Rolle.

Platon hat als erster Philosoph in seiner Schrift „Theätet" die Esoterik-Exoterik-Rolle der Philosophie beschrieben: Thales, der Himmelsbetrachter, fällt in den Brunnen, weil er vor lauter „Theorie" (griechisch „Schau") das praktische Hindernis vor

3 Die Trennung zwischen körperlicher und geistiger Arbeit ist nur *eine wesentliche Bedingung* für die Entstehung der Philosophie in Griechenland; weitere Bedingungen, wie z. B. Kolonisation und Wirtschaftsentwicklung, die Technisierung des Agrarbetriebs sowie die Genese von Warenproduktion und Geldwirtschaft, kommen als weitere Faktoren hinzu, vgl. hierzu auch: *Kippenberg, Hans G.*: Die Entstehung der antiken Klassengesellschaft. Frankfurt/M. 1977.

seiner Nase nicht sah, während eine thrakische Magd, die diesen Vorfall beobachtet hatte, über den unpraktischen Sternenerkunder lacht. „Wie auch den Thales, o Theodoros, als er, um die Sterne zu beschauen, den Blick nach oben gerichtet, in den Brunnen fiel, eine artige und witzige thrakische Magd soll verspottet haben, dass er, was im Himmel wäre, wohl strebe zu erfahren, was aber vor ihm läge und zu seinen Füßen, ihm unbekannt bliebe".[4]

Aristoteles hat die von Platon beschriebenen unterschiedlichen Lebenspraxen des Natur-Philosophen Thales und der thrakischen Magd auf die sich daraus ergebende unterschiedliche Denkentwicklung übertragen und auf zwei wesentliche Charakteristika hingewiesen: Die wissenschaftliche Philosophie befasst sich mit der Wahrheit, d. h. mit allgemeinsten Ursachen, und das nicht-wissenschaftliche Denken mit singulären Phänomenen. „Und es ist auch richtig, die Philosophie Wissenschaft der Wahrheit zu nennen. Denn das Ziel der betrachtenden Wissenschaft ist die Wahrheit, das der handelnden das Werk. Und wenn auch die Vertreter der handelnden Wissenschaft überlegen, wie sich etwas verhält, so betrachten sie doch nicht die Ursache an sich, sondern das Bezügliche und das Jetzt."[5]

1.1.1 Weiterführende Literatur

Böhme, Gernot: Weltweisheit, Lebensform, Wissenschaft. Eine Einführung in die Philosophie. Bonn 1993.

Huisman, Denis: Was ist Philosophie? In: *Ders.*: Philosophie für Einsteiger. Reinbek 1983. S. 9-24.

Jaspers, Karl: Einführung in die Philosophie. München 1977.

Holzhey, Helmut/Zimmerli, Walter Chr. (Hrsg.): Esoterik und Exoterik der Philosophie. Basel/Stuttgart 1977.

Lübbe, Hermann: Wozu Philosophie? Berlin/New York 1976.

Schnädelbach, Herbert: Philosophie. In: *Martens, Ekkehard/Ders.* (Hrsg.): Philosophie. Ein Grundkurs. Rowohlts Enzyklopädie. Reinbek 1985. S. 37-75.

1.2 Problemfelder der Philosophie

Zwischen meinem zehnten und meinem zwölften Lebensjahr war ich wie gebannt vom Rätsel der Zeit. Nachts lag ich in der Dunkelheit wach im Bett und dachte so ungefähr wie folgt: Ich wusste, dass es vor gestern einen Tag gegeben hatte und davor einen Tag und davor einen Tag, und so weiter, so weit ich mich zurückerinnern konnte. Aber auch vor dem ersten Tag, an den ich mich erinnern konnte, musste es einen Tag gegeben haben. Ich wusste, dass ich am 12. April 1930 geboren war, und davor musste es einen Tag gegeben

4 *Platon*: Theätet. In: Sämtliche Werke, Bd. 4. Hamburg 1959. S. 140.

5 *Aristoteles*: Metaphysik (993 a-b). Stuttgart 1970. S. 52/53.

haben. Es musste also möglich sein, auf diese Weise immer und immer und immer weiter zurückzugehen ... Aber war das wirklich machbar? Die Vorstellung zurückzugehen, zurück und zurück, war etwas, das ich nicht erfassen konnte: Es kam mir unmöglich vor. Also hatte es vielleicht doch irgendwann einen Anfang gegeben. Aber wenn es einen Anfang gab, was war davor passiert? Nun ja, nichts, natürlich – rein gar nichts –, sonst wäre es doch kein Anfang. Aber wenn da nichts war, wie hat dann etwas anfangen können? Woher sollte es gekommen sein? [6]

Der englische Philosoph Bryan Magee erzählt in seinem Buch „Bekenntnisse eines Philosophen", wie er als Kind in den verschiedensten Situationen über das Problem der Zeit nachdachte. Aus scheinbar harmlosen, kleinen Fragen, wie z. B. die Frage nach der Uhrzeit, die alltägliche Dinge unseres Lebens betreffen, entstehen plötzlich tiefgründige große Fragen nach dem Sinn und Zweck des Daseins – *philosophische Fragen.*

Philosophische Fragen sind *Fragen von existenzieller Bedeutung* für das menschliche Dasein. Sie widmen sich fundamentalen Problemen wie Glück, Gerechtigkeit, Gut und Böse oder der Entstehung des Universums und ziehen sich seit der Antike wie ein roter Faden durch die 2500-jährige philosophische Tradition, d. h. sie wurden in verschiedenen Epochen von Philosophinnen und Philosophen, die aus unterschiedlichen Kulturkreisen kommen, immer wieder gestellt und in begrifflich differenzierter Form beantwortet.

Das Interessante und Schwierige solcher Fragen besteht darin, dass sie sich *nicht eindeutig, allgemein verbindlich und als ewig gültig* beantworten lassen. Sie werden immer wieder neu gestellt und dem Versuch ausgesetzt, sie zu beantworten. Daraus ergibt sich ein Netzwerk an Fragen und Antworten – eine Sinnsuche, die niemals aufhört.

So ist beispielsweise die Frage nach dem Wesen des Glücks bei dem griechischen Philosophen Epikur mit der Lust verbunden, bei Aristoteles mit dem guten Leben und bei Immanuel Kant mit der Pflicht – ein Mosaik, in das im Laufe der Philosophiegeschichte immer neue Steine eingesetzt wurden.

Lässt sich diese Sinnsuche systematisieren? Schließlich gibt es ja die Philosophie als Wissenschaft an den Universitäten und Hochschulen, und jeder, der einmal ein Vorlesungsverzeichnis zur Hand genommen hat, weiß, dass dort Disziplinen wie Ethik, Anthropologie oder Logik gelehrt werden.

Einen sehr weit reichenden Systematisierungsvorschlag unterbreitete der Philosoph Immanuel Kant, der die Philosophie in vier große Fragen unterteilte[7]:

1. *Was kann ich wissen?*
2. *Was soll ich tun?*

6 *Magee, Bryan*: Bekenntnisse eines Philosophen. München 1997. S. 11.

7 Vgl. *Kant, Immanuel*: Schriften zur Metaphysik und Logik. In: Werke, Bd. VI. Hrsg. v. *W. Weischedel.* Frankfurt/M. 1977. S. 447, 478.

3. Was darf ich hoffen?
4. Was ist der Mensch?

Kant konzipierte die vier Grundfragen der Philosophie zwar als Systematisierungskategorien philosophischer Gegenstände, jedoch mit einem wesentlichen Bezug auf das theoretische und praktische Interesse der Vernunft, das er in seinen Schriften, vor allem zur Erkenntnistheorie, in den Vordergrund gestellt hat. Für ihn mündeten die ersten drei Fragen in die vierte, die sich mit dem Selbstverständnis des Menschen befasst. Sie erhält sozusagen Priorität im System Kants.

Für die Philosophie als wissenschaftliche Disziplin ergeben sich daraus unabhängig von der Rangfolge Kants vier Hauptgebiete: *1. die Erkenntnistheorie, 2. die Ethik, 3. die Anthropologie und 4. die Religions- und Gesellschaftsphilosophie.*

1. Die *Erkenntnistheorie* ist jene Disziplin der Philosophie, die sich mit Fragen der Entstehung, der Bedingungen, der Struktur, der Prinzipien und der Grenzen menschlicher Erkenntnis beschäftigt und an die Kategorien Vernunft, Denken und Erfahrung gekoppelt ist.

Ist die Welt erkennbar?
Gibt es ein sicheres Fundament für die Erkenntnis der Welt?
Welche Rolle spielen Sinne, Begriffe und Anschauungsformen in der Erkenntnis der Welt?
Sind Ideen und Begriffe angeboren?
Was ist Erfahrung?

Unter die Frage „Was kann ich wissen?" fallen auch Disziplinen wie Metaphysik (die Lehre von den Prinzipien des Seins), die *Logik* (die Lehre vom folgerichtigen Erkennen und Denken) und die erst im 20. Jahrhundert entstandene *Sprachphilosophie* (die Lehre vom Ursprung, der allgemeinen Struktur und den Funktionen von Sprache).

2. Die *Ethik* als Disziplin der philosophischen Tradition leitet sich ursprünglich von dem griechischen Wort *ethos* her und bedeutet soviel wie Gewohnheit, Brauch oder Sitte. In den antiken Stadtstaaten galten diejenigen als gute Bürger, die sich durch Erziehung daran gewöhnt hatten, ihre Handlungen an dem, was Sitte ist, zu orientieren, d. h. allgemein anerkannten Normen und Wertvorstellungen zu folgen.[8]

Aristoteles hat diese Bedeutung in seinem Hauptwerk, der „Nikomachischen Ethik", erweitert: Nach seiner Auffassung handelt derjenige Mensch ethisch, der es sich zur Gewohnheit macht, seine Handlungen durch Einsicht und Überlegung an der Idee des Guten auszurichten und ethische Grundhaltungen zu entwickeln.[9] Durch Einübung, Erfahrung und die Stärkung des eigenen Denkens sollten sich bei den Bürgern der Polis bestimmte ethische Haltungen herausbilden, die ihnen ermöglichen, in konkreten

8 Vgl. hierzu: *Pieper, Annemarie*: Einführung in die Ethik. Tübingen 1991. S. 25.

9 Vgl. *Aristoteles*: Nikomachische Ethik (1103 b). Stuttgart 1970.

Situationen moralisch gut zu handeln. Aristoteles ging es also nicht um menschliches Handeln schlechthin, sondern um eine *bestimmte Qualität von Handlungen*, die dem Anspruch des Guten oder des Gutseinwollens genügen sollten. D. h., die Ethik ist diejenige philosophische Disziplin, die sich mit der Moralität menschlichen Handelns, mit seinen Bedingungen, Folgen, Motiven und Prinzipien beschäftigt, wobei dieses *Handeln der Idee des Guten verpflichtet ist.*

Was ist ein gutes Leben?
Welche Rolle spielen Werte, Normen, Tugenden und allgemeine Prinzipien im menschlichen Handeln?
Was ist das Gewissen und welchen Einfluss hat es auf menschliches Handeln?
Ist moralisch gutes Handeln lehrbar?
Ist Gott das höchste Gut, aus dem das moralisch Gute für den Menschen abgeleitet werden kann?

Wichtig ist es in diesem Zusammenhang, die Begriffe Ethik und Moral voneinander abzugrenzen.

Der Begriff Moral leitet sich von dem lateinischen Wort *mos* her und bezieht sich lediglich auf die ursprüngliche Bedeutung von *ethos* als Sitte. „Die Ausdrücke Moral und Sitte bezeichnen mithin Ordnungsgebilde, die gewachsene Lebensformen repräsentieren, Lebensformen, die die Wert- und Sinnvorstellungen einer Handlungsgemeinschaft widerspiegeln.“[10]

Der Geltungsbereich der Moral bezieht sich nach der Unterscheidung von Annemarie Pieper und anderer Philosophen[11] auf verschiedene Gemeinschaften von Menschen, die für ihr Handeln bestimmte spezifische Normen, Handlungsregeln und Werturteile festlegen. Insofern gibt es z. B. eine (Gruppen)-Moral der Eskimos, eine Moral der Katholiken oder eine Moral der Schülerinnen und Schüler, wobei Moralauffassungen verschiedener sozialer Gruppen in ihren Geltungsansprüchen kollidieren können, was zu Gewissenskonflikten führen kann, weil Individuen in der Regel verschiedenen gesellschaftlichen Gruppen angehören.

Der Geltungsbereich der Ethik ist im Gegensatz zum Geltungsbereich der Moral nicht partikular, sondern universell. Die Ethik dient nicht der Rechtfertigung einer bestimmten Gruppen-Moral, sondern stellt einen eigenen Bereich der Reflexion dar, den Immanuel Kant als „praktische Vernunft“ bezeichnete.[12]

Der Geltungsbereich der Ethik umfasst alle Handlungen, die dem Anspruch des Guten verpflichtet sind, unabhängig von einer bestimmten Gemeinschaft von Menschen. Deshalb erhebt beispielsweise auch das Schulfach Ethik den Anspruch auf

10 *Pieper, Annemarie*: Einführung in die Ethik. A. a. O. S. 26.

11 Vgl. hierzu auch: *Glucksmann, André*: Der Stachel der Liebe. München 1995, bes. S. 129, und: *MacIntyre, Alasdair*: Geschichte der Ethik im Überblick. Weinheim ^{3}1995, bes. S. 9.

12 Vgl. *Kant, Immanuel*: Kritik der praktischen Vernunft. In: Werke, Bd. VII. Hrsg. v. *W. Weischedel.* Frankfurt/M. 1977, bes. S. 120/121.

diese Bezeichnung. Denn die Schülerinnen und Schüler beschäftigen sich nicht nur mit einer bestimmten Moral, also beispielsweise der christlichen Moral, sondern mit Handlungen im Allgemeinen, denen die Qualität des Guten zugeschrieben oder nicht zugeschrieben werden kann.

3. Auch die Frage nach den Hoffnungen, Wünschen und Träumen – d. h. dem Lebenssinn des Menschen – gehört zu den fundamentalen Problemen der Philosophie. Und ein Grundphänomen, das mit der *Suche nach dem Lebenssinn* zu tun hat, ist die *Religion*. Sie beruht auf dem Glauben an eine irdisch nicht fassbare Instanz, wie z. B. Gott, das Heilige oder auch das Transzendentale. Gläubige betrachten diese Instanz als sinngebend und sinnerfüllend.

Die Religionsphilosophie untersucht ihrerseits das Phänomen Religion. Sie fragt nach Ursprung und Wesen von Religion, dem Verhältnis von Religion und Philosophie, den Beziehungen zwischen Wissen und Glauben sowie der existentiellen Grundbedeutung religiöser Erfahrungen.

In der Geschichte der philosophischen Tradition haben sich Philosophie und Religion stets wechselseitig beeinflusst oder auch negiert. So galt beispielsweise die Philosophie während der Zeit der mittelalterlichen Scholastik als Magd der Theologie, während die Religion von der marxistischen Ethik, in Anlehnung an die bereits im 17. Jahrhundert von Francis Bacon geforderte strenge Trennung zwischen Philosophie und Theologie[13], durch einen konsequenten Atheismus aus dem philosophisch-ethischen Denken verbannt wurde. Unabhängig von diesen radikalen Positionen haben sich Philosophen, wie z. B. Immanuel Kant, Vladimir Solovjov (Russland), Sören Kierkegaard oder auch Antonio Labriola (Italien)[14], mit religiös-ethischen Problemen beschäftigt, während sich Theologen, wie Hans Küng (Schweiz) oder Benkt-Erik Benktson (Schweden) auch philosophischen Problemen zugewandt haben.[15] Dabei standen folgende Fragen im Mittelpunkt der Reflexion:

Was ist Religion?
Wer oder was ist Gott
Lässt sich die Existenz Gottes durch die Vernunft beweisen?
Welche Rolle spielt der Glaube bei der Sinnsuche des Menschen?
Woher bezieht die Religion ihre Inhalte, Ziele und Zwecke?

Zum Bereich der dritten Kant-Frage gehört auch die Gesellschaftstheorie, im engeren Sinne die politische Philosophie. Sie beschäftigt sich mit den Bedingungen und der Struktur einer gerechten Gesellschaft und eines gerechten Staates. Die großen Gesell-

13 Vgl. hierzu: *Bacon, Francis*: On the Advancement of Learning. London 1834. S. 485.
14 Vgl. *Labriola, Antonio*: Morale e religione. Napoli 1873.
15 Vgl. u. a. *Küng, Hans*: Weltethos für Weltpolitik und Weltwirtschaft. München 1997, und: *Benktson, Benkt-Erik*: Existenz und Glaube. Von Sokrates bis zu Simone de Beauvoir. Lund 1977.

schaftsutopien bilden deshalb auch seit Platons Staatskonzeption „Politeia"[16] einen festen Bestandteil der philosophischen Tradition, der beispielsweise mit der Gesellschaftstheorie des amerikanischen Philosophen John Rawls „Eine Theorie der Gerechtigkeit" in den 70er Jahren eine weltweite Bedeutung erlangte.[17] Wichtige Fragen aus diesem Bereich sind:

Was ist eine gerechte Gesellschaft/ ein gerechter Staat?
Gibt es grundlegende Prinzipien der Gerechtigkeit?
In welchem Verhältnis stehen Gerechtigkeit, Vernunft und die Frage nach dem guten Leben?
Welche Rolle spielen die Institutionen in einer gerechten Gesellschaft?
In welchem Verhältnis stehen Moral und Politik?

4. Die vierte Frage Kants umfasst die *Anthropologie*, jene philosophische Disziplin, die sich mit dem Menschen und seinem Selbstverständnis im Unterschied zum übrigen Seienden beschäftigt. Sie fokussiert die Stellung des Menschen in der Welt und seinen Blick auf die Welt, wobei einzelwissenschaftliche Aussagen aus den Naturwissenschaften, der Psychologie und den Sozialwissenschaften mit berücksichtigt werden. Aus diesem Netzwerk heraus entwickeln sich Menschenbilder, die je nach philosophischer Richtung oder Epoche unterschiedliche Schwerpunkte enthalten.

Ist der Mensch in seinem Handeln frei oder determiniert?
Was macht die Einzigartigkeit des Menschen aus?
Inwieweit prägen gesellschaftliche Faktoren wie Kulturen oder Nationen das Selbstverständnis des Menschen?
Ist der Mensch nur ein Vernunftwesen?
Wie kommt der Mensch zur Existenz, was sind existenzielle Grunderfahrungen des Menschseins?

Die von Kant konzipierten großen Fragen der Philosophie erschöpfen den Gegenstandsbereich der philosophischen Tradition keineswegs. Sie weisen allerdings darauf hin, dass es seit der Antike einen Grundkanon philosophischer Gegenstände gibt, der europaweit auch Eingang in die Lehrpläne der Fächer Philosophie und Ethik gefunden hat.[18]

16 *Platon*: Der Staat (verschiedene Ausgaben), z. B. Stuttgart 1974.
17 Vgl. *Rawls, John*: Eine Theorie der Gerechtigkeit. Frankfurt/M. 1975.
18 Vgl. hierzu auch: *Brüning, Barbara*: Ethikunterricht in Europa. Leipzig 1999.

1.2.1 Weiterführende Literatur

Böhme, Gernot: Philosophie als Arbeit. In: Zeitschrift für Didaktik der Philosophie, 2/1991. S. 75-78.
Friedlein, Curt: Geschichte der Philosophie. Berlin ^{13}1980.
Höffe, Otfried (Hrsg.): Lexikon der Ethik. München ^{4}1992.
Kunzmann, Peter u. a.: dtv-Atlas zur Philosophie. München 1991.
List, Elisabeth: Philosophie – Auf der Suche nach dem verlorenen Alltag. In: Zeitschrift für Didaktik der Philosophie, 2/1979. S. 59-64.
MacIntyre, Alasdair: Geschichte der Ethik im Überblick – Vom Zeitalter Homers bis zum 20. Jahrhundert. Weinheim ^{3}1995.
Magee, Bryan: Geschichte der Philosophie. Hildesheim 2000.
Meyer, Ursula I./Bennent-Vahle Heidemarie (Hrsg.): Philosophinnen-Lexikon. Leipzig 1997.
Nagel, Thomas: Was bedeutet das alles? Eine ganz kurze Einführung in die Philosophie. Stuttgart 1990.
Orthbandt, Eberhard: Geschichte der großen Philosophen. Hanau 1995.
Osborne, Richard: Philosophie – eine Bildgeschichte für Einsteiger. ^{2}1997.
Pieper, Annemarie: Einführung in die Ethik. Tübingen 1991.
Themenheft „Philosophie“ der Zeitschrift „Ethik & Unterricht, 3/1991.
Ulfig, Alexander: Lexikon der philosophischen Begriffe. Eltville 1993.

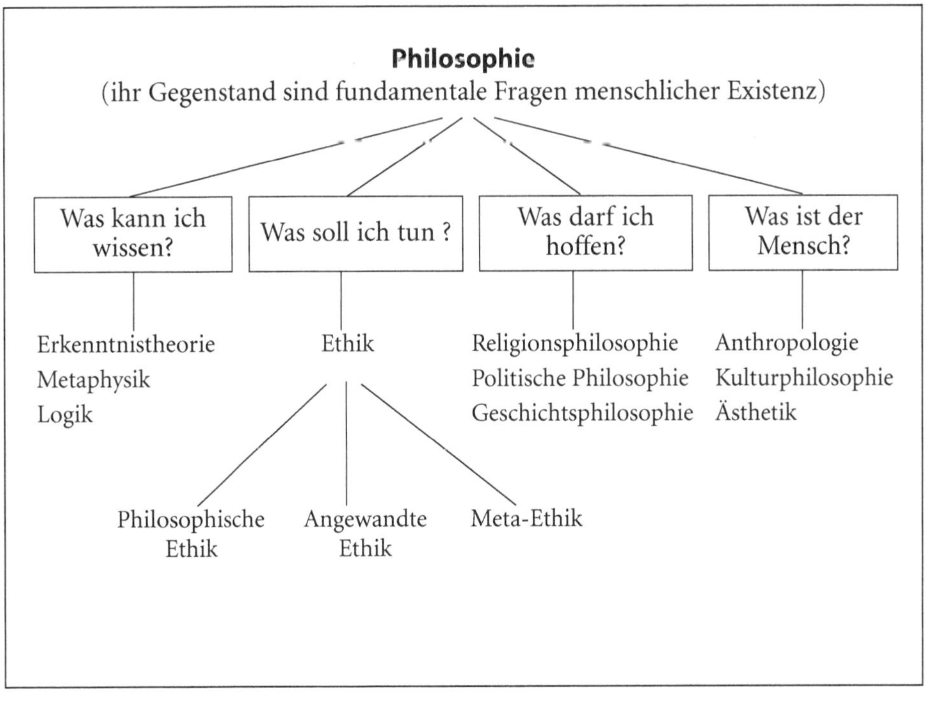

1.3 Philosophieren als Tätigkeit

Niemand wird bestreiten, dass sich Philosophen und Philosophinnen im Laufe der Philosophiegeschichte mit den großen Fragen des Daseins beschäftigt haben. Aber sind sie die Einzigen? Wo hat die Zeit angefangen? Lässt diese Frage eines Zehnjährigen bereits ein philosophisches Interesse erkennen?

Philosophie hat eine esoterische, d. h. eine wissenschaftlich-systematische Seite und eine exoterische. Dies bedeutet, dass sich auch andere Menschen, welche die Philosophie nicht zu ihrem Beruf gemacht haben, philosophischen Fragen zuwenden und über Sinn und Zweck der Welt nachdenken. Philosophie verfügt demzufolge nicht nur über spezielle Gegenstände, sondern umfasst auch eine spezielle Tätigkeit: das Philosophieren. Und wie kommen Menschen zum Philosophieren?

1.3.1 Staunen

Der sechsjährige Enkel der Schriftstellerin Christa Wolf sitzt im Badezimmer und schaut, vielleicht sogar aus Langeweile, auf die große Tür. Und plötzlich macht es „Klick" in seinem Kopf: Er wundert sich darüber, wie diese große Tür in sein kleines Auge hineinkommt.[19] Philosophieren beginnt also mit dem Staunen. Jemand macht sich Gedanken, warum etwas so ist, wie es ist, und ob es vielleicht nicht auch ganz anders sein könnte.

Die antiken Philosophen Platon und Aristoteles haben vor über 2000 Jahren die Fähigkeit des Staunens gewürdigt und darin den Ursprung des Philosophierens entdeckt. Platon hob hervor, dass der Anblick der Sterne – die meisten Menschen schauen beim Spazierengehen ja öfter einmal zum Himmel – den Anstoß zur Erforschung des Weltalls gegeben habe, die letztendlich in philosophische Erkenntnis mündete. Aristoteles beschreibt diesen Vorgang so: „Denn die Verwunderung ist es, die die Menschen zum Philosophieren trieb; sie wunderten sich zuerst über das ihnen aufstoßende Befremdliche, gingen dann allmählich weiter und fragten nach den Wandlungen des Mondes, der Sonne, der Gestirne und der Entstehung des Alls."[20]

Staunen bedeutet also, etwas als ungewöhnlich einzuschätzen, das wir als selbstverständlich angenommen haben und das von dem abweicht, was wir bisher wussten oder zu wissen meinten: Alle Menschen müssen sterben, das ist der Lauf der Welt. Aber warum ist das eigentlich so?

1.3.2 Fragen

Aus dem Staunen entspringt nach Auffassung von Platon und Aristoteles der Drang, etwas wissen zu wollen, d. h. der Zustand des Nichtwissens führt zu einem Zustand des Wissen-Wollens; Menschen fragen nach dem Warum und Wieso einer Sache.

19 Vgl. hierzu: *Wolf, Christa*: Störfall. Darmstadt 1987. S. 13.

20 *Aristoteles*: Metaphysik (403a). Stuttgart 1970.

Mit dem Fragenstellen beschreiten Menschen erste Schritte auf dem Weg zu neuen Erkenntnissen. Beobachten, experimentieren, verifizieren und verallgemeinern sind weitere Schritte, die vor allem in den Naturwissenschaften folgen. Am Ende des Weges gelangen sie zu einem Ergebnis, einem gesicherten Wissen auf der Grundlage überprüfbarer Tatsachen. Dieses Wissen liefert zumindest vorerst die Gewissheit, eine Sache erkannt zu haben.

In der Philosophie sind es vor allem die Warum-Fragen, wie der englische Philosoph John Locke erkannte, durch die bereits Kinder versuchen, den Dingen der Welt auf den Grund zu gehen. Und Locke gibt vor allem Eltern den Rat, die natürliche Wissbegierde von Kindern zu fördern und auf ihre Fragen so zu antworten, dass neue Fragen entstehen, damit das Kennenlernen der Welt nie abreißt und ihr Interesse wach gehalten wird.[21] Dies ist auch das Prinzip des Philosophierens: Jemand staunt über eine Sache und ist wissbegierig, wie Locke sagt. Diese Wissbegierde verleitet ihn dazu, Fragen zu stellen. Und je mehr Fragen er stellt, desto intensiver gelingt es ihm, einen speziellen Gegenstand einzukreisen und verschiedene Aspekte in den Blickpunkt des Interesses zu rücken. Deswegen sollten auch Eltern nach Auffassung von John Locke lernen, wie sie ihre Kinder zum Fragen-Stellen ermuntern können. Immanuel Kant riet Lehrerinnen und Lehrern in der Ethischen Methodenlehre seiner Schrift „Die Metaphysik der Sitten", durch gezielte Fragen den Gedankengang der Schülerinnen und Schüler zu leiten. Dafür benötigten sie eine Technik des „richtigen Fragenstellens", d. h. Lehrerinnen und Lehrer sollten in erster Linie lernen, wie „man gut fragen müsse", um ihre Schülerinnen und Schüler auf den Weg des philosophischen Nachdenkens zu geleiten.[22]

1.3.3 Nachdenken

Wenn jemand Fragen über Gott und die Welt stellt, dann möchte er natürlich auch Antworten finden, er beginnt nachzudenken. Dieses Nachdenken umfasst sowohl das eigene Nachdenken, das jeder Mensch für sich allein vollzieht, als auch das gemeinsame Nachdenken in einer Dialoggemeinschaft (vgl. 1.4), das dazu dient, Ideen und Meinungen auszutauschen. Ob im Monolog oder im Dialog – ein Nachdenken über fundamentale Lebensprobleme baut sich aus drei Grundstrukturen auf: *das (Er)Klären, das Begründen und den Widerstreit der Meinungen.*

Philosophisches Nachdenken als (Er)Klärungsprozess beginnt als Reflexion über Begriffe, die in einer philosophischen Frage sinntragend sind. Wenn ich z. B. die Frage beantworten möchte, ob auch andere Lebewesen und nicht nur der Mensch glücklich sein können, dann muss ich zuerst darüber nachdenken, was Glück oder glücklich sein bedeutet. Ich nehme also eine philosophische Frage „auseinander", indem ich mir Klarheit über den Sinngehalt ihrer wesentlichen Bestandteile verschaffe (vgl. 2.1).

21 Vgl. hierzu: *Locke, John*: Gedanken über Erziehung. Stuttgart 1980, bes. S. 149-155.

22 *Kant, Immanuel*: Die Metaphysik der Sitten. In: Werke, Bd. VIII. Hrsg. v. *W. Weischedel*. Frankfurt/M. 1977. S. 620.

Anschließend formuliere ich ein Urteil, das eine These als Antwort auf die Frage enthält. Dabei ist es wichtig, die These zu begründen, also zu sagen, warum ich diese Antwort (und keine andere) gefunden habe. Manchmal findet jemand auch mehrere Antworten auf eine Frage. Daher ist es wichtig, die verschiedenen Gründe zu prüfen, um letztlich zu entscheiden, welcher Grund der überzeugendere ist (vgl. 2.2).

Diese Prüfung geschieht im Widerstreit der verschiedenen Antworten (Thesen). Entweder prüft jemand in seinem Kopf die verschiedenen Varianten und wägt die einander widersprechenden Gründe ab, oder die Antworten werden in einer Dialoggemeinschaft mit verschiedenen Diskutanten und Diskutantinnen geprüft. Dabei können *mehrere begründete Antworten als Dissens* nebeneinander stehen bleiben (offener Ausgang des Gesprächs) oder man einigt sich auf eine Antwort als Konsens der Diskussion (vgl. 2.3).

1.3.4 Zweifeln

John Locke erwähnte erstmals in seiner Schrift „Gedanken über Erziehung", dass vor allem Kinder (aber nicht nur sie) durch ihre Warum-Fragen tiefgründige Gedanken zum Ausdruck bringen. Der amerikanische Gegenwartsphilosoph Gareth B. Matthews untersucht seit über 20 Jahren, welche Struktur diese Gedanken haben, indem er die „Denkproben" von Kindern mit denen der Philosophen vergleicht: Wo gibt es Gemeinsamkeiten und Unterschiede in den philosophischen Fragestellungen und Antworten von Kindern und Philosophen?[23]

So berichtet Matthews beispielsweise darüber, dass der 6-jährige Tim eines Tages die Frage stellte, wie die Menschen wissen können, dass das ganze Leben nicht nur ein Traum ist? Wie kann ich sicher sein, dass ich hier auf der Bettkante sitze und alles, was um mich herum geschieht, nicht bloß träume? Woher nehme ich die Gewissheit?

Tim beginnt also zu zweifeln, ob das, was er als richtig erkannt hat, auch wirklich zutrifft.

Eine interessante Parallele zu Tims Zweifeln lässt sich in den „Meditationen" des französischen Philosophen René Descartes nachlesen. Auch Descartes meinte anfangs, dass es eigentlich unvernünftig sei, daran zu zweifeln, dass er am Kamin sitzt und Papier mit seinen Händen betastet. Aber nach einigen Überlegungen erinnerte er sich daran, dass er oft auch geträumt hatte, am Kamin zu sitzen und zu lesen.[24] Gibt es also Augenblicke, in denen sich jemand seines Wachseins nicht sicher sein kann? Woher nehmen wir überhaupt die letzte Gewissheit, dass unser Leben nicht bloß ein Traum ist?

Durch das Nachdenken über eine philosophische Frage gelangen wir zu einer begründeten auf begriffliche Klarheit gestützten Antwort. Aber ist diese Antwort wirklich die letzte Gewissheit?

Philosophieren bedeutet, dass jemand immer *nur vorläufige Antworten* findet, die nicht den Anspruch auf absolute Gültigkeit erheben können. Selbst wenn ich mich

23 Vgl. *Matthews, Gareth B.*: Denkproben – Philosophische Ideen jüngerer Kinder. Berlin 1991.
24 Ebd. S. 40.

dafür entscheide, dass das Leben kein Traum ist, lassen sich immer auch noch plausible Gründe dafür finden, die angeben, dass das Leben möglicherweise doch ein Traum sein könnte.

René Descartes hat als erster Philosoph die Methode des Zweifelns als wichtiges philosophisches Prinzip formuliert. Solange der Mensch nachdenkt „...zweifelt, einsieht, bejaht, verneint, will, nicht will ...", kann er sicher sein zu existieren.[25]

Zweifeln als philosophisches Prinzip bedeutet, dass jemand eine gefundene Antwort auf eine fundamentale Frage als vorläufig ansieht und immer in Betracht zieht, dass auch das Gegenteil möglich sein könnte:

1. *Blumen können nicht glücklich sein, weil zum Glücklichsein auch die Fähigkeit gehört zu wissen, dass man glücklich ist.*
2. *Blumen können glücklich sein, weil sie Wohlbefinden zum Ausdruck bringen können, und Glück bedeutet im Wesentlichen sich wohlzufühlen. Dazu ist nicht unbedingt erforderlich, dass ich um dieses Wohlbefinden weiß.*

1.3.5 Weiterdenken

Eine vorläufig gefundene Antwort auf eine philosophische Frage bedeutet nicht das Ende des Reflexionsprozesses. Die durch das *Zweifeln* implizierte Möglichkeit, es könnte ja alles auch ganz anders sein, bildet den *Motor für das Weiterdenken* einer bereits beantworteten Frage. Dabei muss sich nicht unbedingt das Gegenteil als wahr erweisen. Vielmehr ist es auch möglich, neue Aspekte zu entdecken, die die bereits gefundene Antwort stützen oder erweitern. So unterschied Aristoteles vollkommene und unvollkommene Freundschaft. Die vollkommene Freundschaft gründet sich auf gegenseitige Liebe und Achtung, auf eine „Gleichheit des Gemüts". Die unvollkommene Freundschaft umfasst hingegen auch die Nützlichkeitsfreundschaft, die sich auf gegenseitigen Vorteil gründet. Kant forderte zusätzlich, dass eine Freundschaft auch moralisch sein müsse. Sie sollte durch das völlige Vertrauen und die Hilfe in der Not als Kernstück der gegenseitigen Liebe und Achtung getragen werden. Kants Auffassung bildet keinen Gegensatz zu Aristoteles, sondern eine Ergänzung.[26]

Weiterdenken bedeutet, dass der Prozess des Nachdenkens über ein philosophisches Problem unabgeschlossen bleibt. „Die richtige Antwort", was denn nun das Kernstück von Freundschaft bildet, kann nicht gegeben werden. Wie bei einem Mosaik kommt immer ein neues Steinchen hinzu. Manche Probleme erreichen einen relativ hohen Grad der Klärung, und manche führen immer wieder zu neuen Zweifeln. Ihre Aktualität besteht jedoch darin, in der Diskussion zu bleiben, d. h. immer wieder neu durchdacht zu werden.

25 *Descartes, René*: Meditationen über die Erste Philosophie. Hrsg. v. *Gerhard Schmidt*. Stuttgart 1986. S. 87.

26 Vgl. hierzu: *Brüning, Barbara*: Freundschaft als politische Tugend. In: Ethik & Unterricht, 1/1998. S. 27-31.

1.3.6 Infragestellen

Nachdenken über philosophische Fragen kann zu Zweifeln führen und diese wiederum über den Prozess des Weiterdenkens zu einer Korrektur bisheriger Denkergebnisse. So kann jemand in einer Diskussion darüber, ob Blumen glücklich sein können, zu dem Ergebnis gelangen, sie könnten es nicht, weil im Sinne des Aristoteles Blumen nicht über die Fähigkeit des Nachdenkens verfügten und Glücklichsein impliziere, dass ich über das Wissen vom eigenen Glück verfüge.

In einer erneuten Diskussion wäre es aber auch möglich, diese Meinung zu revidieren, weil z. B. Philosophinnen wie Ursula Wolf[27] die Auffassung vertreten, dass verschiedene Lebewesen verschiedene Formen des Glücks entwickeln können. Die Frage des Wohlbefindens wäre dann nicht mit der Fähigkeit des Nachdenkens gekoppelt. Es ist also durchaus möglich, durch Weiterdenken und die Auseinandersetzung mit kontroversen Auffassungen seine (bisherige) Meinung zu korrigieren.

In der philosophischen Tradition gehört die Korrektur von Thesen und Theorien zum methodischen Grundkanon, der sich wie ein roter Faden durch die Philosophiegeschichte zieht. Der englische Philosoph Thomas Hobbes ging beispielsweise von der bösen Natur des Menschen aus, die durch einen starken Souverän mit unumschränkter Herrschaftsgewalt im Zaun gehalten werden müsse. Demgegenüber betonte der Schweizer Philosoph Jean-Jacques Rousseau die gute Natur des Menschen als ihm immanenten Wesenszug. Der Mensch wird erst durch die Zivilisation böse, also durch die Gesellschaft und die sie prägenden Merkmale wie z. B. Habgier.

Beide Philosophen bezogen sich aufeinander: Rousseau gewann durch die Auseinandersetzung mit Hobbes die Erkenntnis, dass nicht der Mensch sich ändern müsse, sondern die Gesellschaft geändert werden sollte, und zwar mittels eines Gesellschaftsvertrages, der den Allgemeinwillen der Menschen zum Ausdruck bringen müsse.

Infragestellen bezieht sich beim Philosophieren *nicht nur auf die Ergebnisse des Denkens*, sondern auch auf den *Prozess des Denkens und die ihn tragenden Instrumentarien.*

Der amerikanische Philosoph Matthew Lipman hat in seinem Buch „Philosophy in the Classroom“ eine Unterscheidung zwischen Denken (thinking) und Über-sich-selbst-Nachdenken (thinking for oneself) getroffen.[28] Denken im philosophischen Sinn umfasst die Fähigkeit, Begriffe zu analysieren, Gründe zu prüfen und Urteile zu bilden, während das Über-sich-selbst-Nachdenken eine Reflexion über die *eigenen* Erfahrungen, die *eigenen* Begriffe, Argumente und Urteile sowie das *eigene* Leben als Ganzes einschließt. Lipman will durch diese Unterscheidung erreichen, dass sich philosophische Denkprozesse nicht nur auf inhaltliche Aspekte der Tradition wie z. B. Texte oder auch Dialogpartner und -partnerinnen beziehen, sondern vor allem „selbst-korrigierend“ (self-corrective) wirken.[29]

27 *Wolf, Ursula*: Tierversuche als ethisches Problem. In: Ethik & Unterricht, 1/1977. S. 12-19.

28 Vgl. *Lipman, Matthew*: Philosophy in the Classroom. Philadelphia 1980. S. 203.

29 Ebd. S. 203.

Die Reflexion über das eigene Denken beginnt, wenn jemand sein eigenes Denken beobachtet, d. h. analysiert, wie er vorgegangen ist, um ein bestimmtes philosophisches Problem zu lösen.

Die amerikanischen Kognitionswissenschaftler Shari Tishman, David Perkins und Eileen Jay legen einem metakognitiven Prozess, unabhängig von einem philosophischen Problem, ein *Drei-Stufen-Modell* zugrunde: Ein *Nachdenken vor, während und nach einem Problemlösungsvorgang/* einer Diskussion etc.[30]

Vor einem Prozess des Nachdenkens sollte eine *präreflexive Vorbereitung* erfolgen, indem Schülerinnen und Schüler lernen, ihre Gedanken auf ein bestimmtes Problem zu konzentrieren, sie zu ordnen oder sich vorzustellen, was beispielsweise bei einem Gedankenexperiment passieren könnte. Hier sollte man vor allem auch auf das Verfahren einer Visualisierung, beispielsweise den Entwurf eines Schemas, eine Skizze oder ein Bild zurückgreifen.[31] So ließe sich eine gedankliche Vorbereitung auf eine philosophische Diskussion mit dem Thema, ob Tiere glücklich sein können, durch eine Begriffsanalyse zum Begriff „Glück" realisieren, indem man vor einer philosophischen Diskussion nach Modellfällen des Glücklich-Seins aus dem eigenen Erfahrungsbereich sucht (vgl. hierzu 2.1).

Während des Reflexionsprozesses könnte ein metakognitives Verfahren darin bestehen zu fragen, ob die erarbeiteten Modellfälle wirklich wesentliche Glückssituationen aus dem eigenen Erfahrungsbereich umfassen oder ob eine Begriffsanalyse zum Begriff „Glück" überhaupt ein produktives Verfahren ist herauszufinden, ob Tiere glücklich sein können. Möglicherweise wäre es hilfreicher, zuerst über den Unterschied zwischen Mensch und Tier nachzudenken und anschließend über Glücks-Konzepte.

Tishman, Perkins und Jay wollen dazu anregen, während eines Reflexionsprozesses *immer wieder zu prüfen*, ob das *Nachdenken „am richtigen Punkt"* begonnen hat oder ob man möglicherweise andere Reflexions-Schwerpunkte wählen sollte.

Nachdem ein Urteil, wie z. B. „Tiere können glücklich sein", gefällt worden ist, sollte man in einem *postreflexiven Prozess* prüfen, ob die argumentative Basis des Urteils angemessen ist: Man könnte beispielsweise argumentieren, Tiere könnten glücklich sein, weil sie Gefühle hätten, d. h. Tiere besäßen ebenso wie Menschen die Fähigkeit zu fühlen, und Glücklich-Sein ist ein Gefühl.

Ein weiterer Aspekt des postreflexiven Prozesses umfasst die Suche nach Alternativen: Könnte es sein, dass zum Glücklich-Sein nicht nur Gefühle gehören, sondern auch das Wissen darüber, dass jemand glücklich ist?

Metakognitive Fähigkeiten erfordern, dass sich jemand eigene kognitive Ziele und Standards setzt:

30 Vgl. *Tishman, Shari/Perkins, David/Jay, Eileen*: The Thinking Classroom. Boston/London/Toronto 1994. S. 68.

31 Ebd.

Präreflexive Phase
- *Welche (philosophische) Frage will ich beantworten?*
- *Wie will ich diese Frage beantworten (Lösungswege, Methoden, Medien)?*

Reflexive Phase
- *Habe ich die richtigen Methoden und Medien gewählt?*
- *Habe ich meinen Nachdenkprozess am richtigen Punkt begonnen?*
- *Welche Methode muss ich korrigieren?*

Postreflexive Phase
- *Bin ich mit der gefundenen Antwort zufrieden?*
- *Habe ich gute Gründe gefunden, um meine Antwort/ These zu stützen? (vgl. 2.2)*
- *Habe ich die wesentlichen philosophischen Begriffe geklärt? (vgl. 2.1)*
- *Warum konnte ich meine Dialogpartner überzeugen/nicht überzeugen?*
- *Muss ich bei der Lösung des nächsten philosophischen Problems anders vorgehen? Warum? Warum nicht?*

Philosophieren ist also eine Tätigkeit, die ihren Ausgangspunkt in den fundamentalen Fragen menschlicher Existenz nimmt. Sie beginnt mit dem Staunen über die Welt und führt zu einem intensiven Nachdenken. Im Prozess der Reflexion werden Begriffe geklärt und gefundene Antworten durch Argumente gestützt. Die Antworten gelten als vorläufig und keinesfalls als ewig gültig. Sie können in Zweifel gezogen oder weitergedacht werden. Der Prozess des philosophischen Nachdenkens ist unabschließbar.

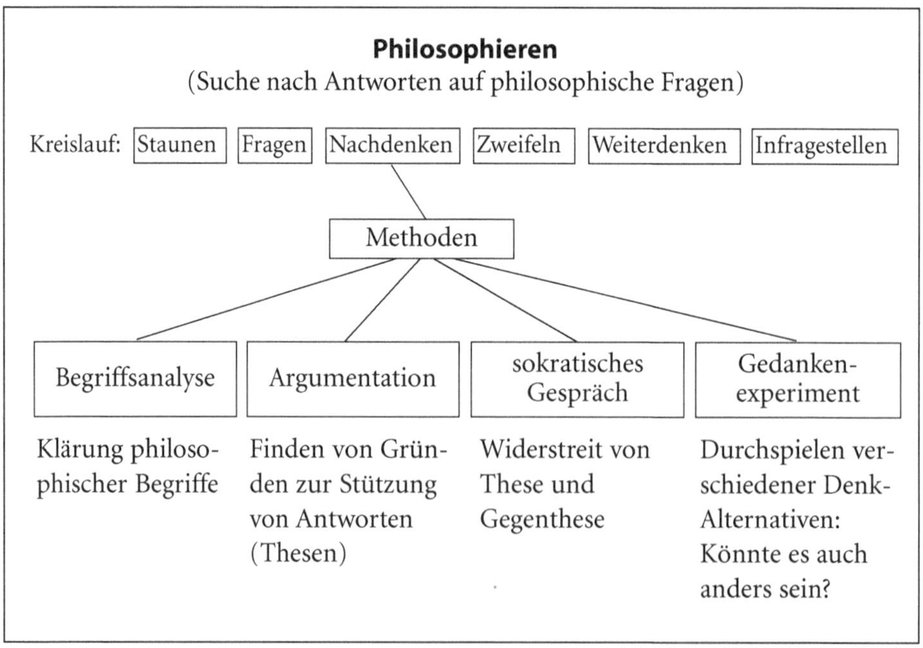

1.3.7 *Weiterführende Literatur*

Bloch, Ernst: Das fragende Staunen. In: *Ders.*: Tübinger Einleitung in die Philosophie, Bd. I. Frankfurt/M. 1963. S. 15-20.

Bodenheimer, Aron Ronald: Warum? Von der Obszönität des Fragens. Stuttgart 1985.

Caysa, Petra: Bildung als Philosophieren – Philosophieren durch Bildung: Ein Exempel und didaktische Anregungen. In: *Gründer, Conrad/Gruschka, Andreas/Meyer, Meinert A.* (Hrsg.): Philosophie für die europäische Jugend. Münster 1997. S. 463-474.

de Crescenzo, Luciano: Lob des Zweifels. Philosophische Betrachtungen. München 1996.

Freese, Hans-Ludwig: Staunen, wundern, nachdenken. In: Die Welt des Kindes, 6/1992.

Martens, Ekkehard: Lesen, Schreiben, Rechnen – Philosophieren als vierte Kulturtechnik. Konsequenzen aus Kants Didaktik. In: *Hastedt, Heiner u. a.* (Hrsg.): Sich im Denken orientieren. Für Herbert Schnädelbach. Frankfurt/M. 1996. S. 71-83.

Matthews, Gareth B.: Vom Nutzen der Perplexität: Denken lernen mit Hilfe der Philosophie. In: *Hastedt, Heiner* (Hrsg.) u. a.: Philosophieren mit Kindern. Rostock 1996. S. 11-26.

Pagès, Frédéric: Frühstück bei Sokrates. Philosophie als Lebenskunst. Frankfurt/M. 1994.

Pieper, Annenarie: Selber denken – Anstiftung zum Philosophieren. Stuttgart 1997.

Plickat, Bernt: Kleine Schule philosophischen Fragens. Stuttgart 1992.

Rosenberg, Jay F.: Philosophieren. Ein Handbuch für Anfänger. Frankfurt/M. 1989.

Wittschier, Michael: Erkenne dich selbst – Abenteuer Philosophie. Düsseldorf 1994.

Zoller, Eva: Philosophieren lernen und lehren in der Volksschule (Lizentiatsarbeit). Basel 1987.

Dies.: Philosophieren – Wie macht man das? In: *Dies.*: Philosophische Reise. Zürich 1998. S. 15-35.

1.4 Lernorte des Philosophierens

Philosophisches Denken hat seinen Ursprung in Griechenland, aber auch in anderen Kulturen wie Ägypten oder China. Durch die Arbeitsteilung zwischen körperlicher und geistiger Arbeit erhielten einige wenige Männer (und auch Frauen) die Möglichkeit, sich nicht mehr lebensnotwendigen Dingen widmen zu müssen. Sie hatten Muße, die Welt zu beobachten und Kenntnisse über sie zu systematisieren (vgl. 1.1). Sie taten dies als einzelne Philosophen und Philosophinnen, die wir heute in jedem Lexikon der Philosophen oder der Philosophie finden können. Schon sehr früh nahm die Philosophie auch dialogische Formen an, d. h. es philosophierte nicht jeder Mann oder jede Frau allein im stillen Kämmerlein, sondern gemeinsam mit anderen, beispielsweise wie Sokrates auf der Agora (Marktplatz) von Athen.

Lange bevor also die großen Werke der Philosophie eines Aristoteles oder Immanuel Kant veröffentlicht wurden, existierte die Philosophie als mündliche Praxis des Philosophierens, als gemeinsames Nachdenken über die Welt.

1.4.1 Philosophenschulen

Den ersten Kreis von Männern und Frauen, in dem bewusst philosophiert wurde, gründete Pythagoras ungefähr um 540 v. Chr. in der italischen Stadt Krolon. Wer Mitglied werden wollte, musste ein bestimmtes Wissen über die Welt vorweisen; danach richtete sich der Grad der Zugehörigkeit. Die *pythagoreische Vereinigung* war so etwas wie ein esoterischer Geheimbund, der ähnlich wie eine Bruderschaft nur Auserwählte umfasste. Sie gab das Vorbild ab für das platonische Erziehungsprogramm aus der „Politeia": Gymnastik, schöne Künste und vor allem politische Tätigkeit und gesellschaftliche Einflussnahme auf der Grundlage eines hohen (philosophischen) Wissens.

Die Pythagoreer zeichneten sich durch eine Gütergemeinschaft aus, die Platon später ebenfalls in seiner Staatstheorie forderte. Berühmtheit erlangten sie durch ihre Auffassung von der Seelenwanderung, die Platon in seiner Schrift „Phaidon" rezipierte.

In der zweiten Hälfte des 5. Jahrhunderts v. Chr. waren es vor allem die *Sophisten* mit ihrem bekannten Anführer Protagoras, die auf öffentlichen Plätzen philosophierten. Protagoras und die Sophisten traten neben Sokrates als Hauptdialogpartner in Platons Schriften auf.[32] Sie wurden kritisiert, weil sie für ihre philosophischen Dienste Geld annahmen.

Die Sophisten waren keine institutionelle Vereinigung wie die Pythagoreer, also kein esoterischer Bund, sondern verstanden sich in erster Linie als Philosophielehrer. Sie gaben sich bewusst den Namen Sophisten (= Lehrer der Weisheit) und versammelten um sich herum junge Leute, die sie in Rhetorik unterrichteten. Außerdem hielten die Sophisten die ersten öffentlichen Philosophievorträge und benutzten die Philosophie als Bildungsinstanz, um den „mündigen Polisbürger" zu formen. Mit ihrem Erziehungsbegriff schuf die Sophistik ein bis dahin ganz neues Bildungsideal: die Formung des menschlichen Geistes auf rationaler Grundlage, die den Grundstein für das Philosophieren legt, für die kritische Reflexion des Menschen über sein Wesen und seine Natur. Erziehung zum Selbstdenken war auch das Anliegen von Sokrates, einem Zeitgenossen der Sophisten (vgl. 2.3).

Dem Vorbild des pythagoreischen Bundes folgend, gründete *Platon* um 387 v. Chr. seine *Akademie*, nachdem er zuvor mit seinen Ambitionen, Politiker zu werden, gescheitert war.

Die platonische Akademie ist die erste Schule, in der Philosophie unterrichtet wurde, d. h. man lehrte und diskutierte Platons Gedanken. Allerdings hatte die Akademie nicht nur den Anspruch, gute Philosophen auszubilden, sondern auch Politiker und Feldherren philosophisch zu unterweisen. Denn neben den Tugenden Vernunft und Weisheit spielte auch die *phronesis* (Lebensklugheit) eine große Rolle. Absolvent der platonischen Akademie war z. B. der Herrscher Dion von Syrakus. Insofern lässt sich sagen, dass die platonische Akademie keine eindeutige esoterische Ausrichtung hatte, sondern auch für (Philosophen-)Herrscher offen stand.

32 Vgl. *Platon*: Protagoras. In: Sämtliche Werke, Bd. 1. Reinbek 1977.

Nach dem Muster der platonischen Akademie entstanden in der Antike noch weitere Schulen, etwa das *Lykeion des Aristoteles*, der 20 Jahre lang Schüler in Platons Akademie gewesen war. Besondere Kennzeichen dieser Schulen waren die Ausrichtung auf einen Lehrmeister, dessen Theorie im Wesentlichen gelehrt wurde, und die Auseinandersetzung mit anderen philosophischen Konzeptionen.

Die antiken Philosophenschulen haben dann *im frühen Mittelalter die Klöster* weitergeführt, allerdings nicht mit philosophisch-politischem Anspruch, sondern unter der Ägide der Theologie. Erstmalig entstand jedoch in den Klöstern die Textphilologie (Interpretation von philosophischen Texten), die bis heute an den Universitäten Priorität hat. Durch das Sammeln und Auswerten philosophischer Quellen etablierte sich auch Philosophiegeschichte als eigenständige Disziplin.[33]

Kennzeichen der antiken Philosophenschulen
- *esoterische Ausrichtung der Mitglieder auf einen kleinen Kreis von auserwählten besonders gebildeten Männern (in einigen Fällen auch Frauen);*
- *politische Orientierung: philosophische Tätigkeit in öffentlichen Räumen wie z. B. auf Marktplätzen;*
- *Institutionalisierung in Akademien, verbunden mit einer Lehrtätigkeit: Schüler gruppieren sich um einen Lehrmeister;*
- *Beginn der Systematisierung von Philosophie als Philosophiegeschichte (z. B. die Schriften des Römers Plutarch)*
- *Philosophieren wird als Tätigkeit geschätzt und durch Techniken wie die Rhetorik kultiviert*

1.4.2 Philosophie an den Universitäten

Die *Philosophenschulen* waren *Privatgründungen von Philosophen*, die einen Kreis von besonders Gebildeten um sich herum versammelten, jedoch auch einen bedeutenden Einfluss auf das politisch-kulturelle Leben ihrer Zeit nahmen.

Fast 1000 Jahre nach den Pythagoreern eröffnete Theodosius II. 425 n. Chr. in Konstantinopel die erste staatliche Universität mit öffentlichen Lehrstühlen, u. a. für griechische und römische Grammatik, Rhetorik sowie Philosophie und Rechtswissenschaft. Der *Philosophie* fiel dabei die Rolle zu, die *Grundlagenwissenschaft* der anderen Wissenschaften zu sein. Sie war sozusagen bis ins 20. Jahrhundert hinein die „Königin der Wissenschaften", weil sie durch ihre Beschäftigung mit fundamentalen Problemen menschlicher Existenz den Rahmen für einzelwissenschaftliche Disziplinen absteckt. Besonders die Bereiche Logik (seit Aristoteles) und Wissenschaftstheorie (besonders seit Ernst Mach und dem Wiener Kreis zu Beginn des 20. Jahrhunderts) geben eine Grundorientierung des folgerichtigen Denkens, die auch für andere Wissenschaften einen Maßstab darstellen.

33 Vgl. zu diesem Gesamtkomplex auch: *Capelle, Wilhelm* (Hrsg.): Die Vorsokratiker. Stuttgart 1968.

Die Philosophie etablierte sich nach den Universitätsgründungen im späten Mittelalter an allen höheren europäischen Bildungseinrichtungen. Gegenwärtig gibt es philosophische Lehrstühle an allen großen Universitäten der Welt, die unabhängig von speziellen Ausrichtungen Vorlesungen und Seminare in Philosophiegeschichte anbieten und in ihren Lehrkonzepten der aristotelischen Unterscheidung zwischen theoretischer und praktischer Philosophie folgen. Durch eine international einheitliche Modularisierung bestimmter grundlegender Anforderungen, z. B. im Bereich der Logik oder der antiken Philosophie, können Studierende an verschiedenen internationalen Universitäten Punkte sammeln und einen international anerkannten Abschluss erwerben: Bachelor, Magister oder Promotion sowie besonders in Deutschland, Frankreich oder den Niederlanden das 1. Staatsexamen für das Lehramt an Gymnasien; in dem Bundesland Mecklenburg-Vorpommern auch für das Lehramt an Grund-, Haupt- und Realschulen.

Das Philosophieren als Tätigkeit nach dem Vorbild der antiken Philosophenschulen und die Didaktik der Philosophie spielen in der Hochschulausbildung nur marginal eine Rolle und unterstreichen den esoterischen Charakter der Philosophie als Universitätsdisziplin.

Eine gewisse exoterische Ausrichtung hatte die Philosophie an den Universitäten bis zum Beginn der 70er Jahre. Damals war es noch für Lehramtsstudentinnen und -studenten aller Fachrichtungen obligatorisch, ein Philosophicum zu absolvieren, um Grundkenntnisse in der Philosophie nachzuweisen. Allerdings bezogen sich diese Grundkenntnisse nicht auf die Methoden der Philosophie (vgl. Kap. 2), sondern auf ausgewählte Gegenstände (vgl. 1.3).

1.4.3 Philosophie am Gymnasium

Bis zum 19. Jahrhundert wurden an den deutschen Lateinschulen die Disziplinen *Logik, Rhetorik und Ethik* unterrichtet, denen eine *wissenschaftspropädeutische Funktion als Vorbereitung auf ein Universitätsstudium* zukam. Besonders die Ethik erfüllte über den wissenschaftspropädeutischen Status hinaus die Aufgabe, der jungen Generation eine *Grundbildung in philosophischen Wissensfragen* zu vermitteln.[34]

Nach der preußischen Schul- und Curriculumreform durch Wilhelm von Humboldt wurde 1806 die Fächergruppe Logik, Rhetorik und Ethik aus den Curricula der höheren Schulen verbannt, denn ihre wissenschaftspropädeutische Aufgabe war mit dem von Humboldt konzipierten Lehrplan für die Gymnasien nicht vereinbar, die als „Gesamtschulen" für alle Bürgerinnen und Bürger gelten sollten.[35] An ihrer Stelle verblieb die Philosophie als didaktisch-methodisches Prinzip im Fächerkanon des Gymnasiums, um die Wissenschaftlichkeit des Unterrichts zu garantieren[36] – diese

34 Vgl. *Dolch, Josef*: Der Lehrplan des Abendlandes. Ratingen 1959. S. 212.

35 Vgl. *Stiegler, Ingrid*: Philosophiedidaktik von ca. 1800 bis 1972 – Findung, Konsolidierung und Modifikation ihrer „pädagogischen Identität". In: *Rehfus, Wulff D./Becker, Horst* (Hrsg.): Handbuch des Philosophie-Unterrichts. Düsseldorf 1986, bes. S. 27.

Tradition wird beispielsweise in der Vereinbarung der Kultusministerkonferenz zur Neugestaltung der gymnasialen Oberstufe der Bundesrepublik Deutschland von 1972 fortgeführt; dort wird die Philosophie ebenfalls zum fächerübergreifenden Unterrichtsprinzip erhoben.[37]

Georg Wilhelm Friedrich Hegel begründete 1812 in einem Gutachten für die preußische Regierung die Notwendigkeit der Wiedereinführung einer philosophischen Bildung der Jugend durch ein Unterrichtsfach in Philosophischer Propädeutik, das sich vor allem auf Logik, Altertumswissenschaft und Religion stützen sollte. Einen curricularen Themenbereich „Philosophiegeschichte" lehnte Hegel jedoch ab, da er die spekulative Idee voraussetzen würde, die sich im Gang der Geschichte realisiert. Sie sollte lediglich Gegenstand eines Universitätsstudiums sein.

Seine besondere Präferenz für die Logik begründete Hegel u. a. damit, dass sie die „Aufmerksamkeit der Jünglinge ... auf das Reich der Gedanken" lenken würde, die frei von sinnlicher Erfahrung selbst zum Gegenstand der Betrachtung werden.[38]

Von 1837-56 trat die Philosophie in einer doppelten Struktur in den humanistischen Gymnasien Preußens auf: Sie war als Philosophische Propädeutik ein eigenständiges obligatorisches Unterrichtsfach und blieb jedoch auch weiterhin fächerübergreifendes Unterrichtsprinzip, das als Bildungsferment eine integrative Funktion im Fächerkanon ausüben sollte. Dies trifft auch auf das Schulsystem anderer Staaten, wie z. B. Frankreich, die Niederlande, Italien und Spanien zu.[39]

Heute ist die Philosophie in fast allen europäischen Staaten neben dem Religionsunterricht ein eigenständiges Unterrichtsfach in der gymnasialen Oberstufe, das nicht mehr nur einen wissenschaftspropädeutischen Anspruch erfüllt, sondern jungen Menschen eine Sinn- und Wertorientierung ermöglichen soll, d. h. die Beschäftigung mit fundamentalen Problemen menschlicher Existenz ist Gegenstand des Unterrichts.

In der Bundesrepublik hat die Philosophie in der Sekundarstufe II den Status eines Ersatz- oder Wahlpflichtfachs zum Religionsunterricht, der laut Art. 7 des Grundgesetzes obligatorisches Lehrfach ist, von dem sich Schülerinnen und Schüler jedoch nach Abs. 3 abmelden können.

Als *Ersatzfach* erfüllt *Philosophieunterricht eine kompensatorische Funktion* zum Religionsunterricht, d. h. er wird nur angeboten, wenn gleichzeitig auch Religionsunterricht zur Wahl steht. Findet aus Schülermangel oder anderen Gründen kein Religionsunterricht statt, wird auch kein Philosophieunterricht durchgeführt.[40]

36 Vgl. hierzu: von *Humboldt, Wilhelm*: Werke in fünf Bänden, Bd. 4: Schriften zur Politik und zum Bildungswesen. Hrsg. v. *A. Flitner* u. *K. Giel*. Darmstadt 1964. S. 169.

37 Vgl. Vereinbarung zur Neugestaltung der gymnasialen Oberstufe in der Sekundarstufe II. In: Handbuch für die Kultusministerkonferenz. Bonn 1974. S. 117-130.

38 Ebd. S. 37.

39 Vgl. *Gruschka, Andreas* (Hrsg.): Philosophie für die europäische Jugend. Münster 1997.

40 Vgl. *Treml, Alfred K.*: Ethik als Unterrichtsfach in den verschiedenen Bundesländern, eine Zwischenbilanz. In: *Ders.* (Hrsg.): Ethik macht Schule. Frankfurt/M. 1994. S. 19/20.

Philosophie als Wahlpflichtfach gesteht demgegenüber dem Fach Philosophie einen *selbstständigen Status* zu. Die Schülerinnen und Schüler müssen zwischen Ethik- und Religionsunterricht wählen. Wenn alle Jugendlichen beispielsweise das Fach Philosophie wählen und keine Anmeldung für den Religionsunterricht erfolgt ist, wird Ethik auf jeden Fall unterrichtet. Philosophie ist beispielsweise Ersatzfach in Mecklenburg-Vorpommern und Wahlpflichtfach in Hamburg.

In den Bundesländern Baden-Württemberg, Bayern, Sachsen-Anhalt, Sachsen und Thüringen und teilweise in Niedersachsen wird nicht Philosophie, sondern Ethik bzw. Werte und Normen (Niedersachsen) in der Oberstufe angeboten, d. h. hier steht die Moralität menschlichen Handelns im Vordergrund.

Die Lehrpläne richten sich in Mecklenburg-Vorpommern und Schleswig-Holstein direkt nach den vier großen Fragen der Philosophie von Immanuel Kant: In anderen Bundesländern stehen indirekt, d. h. ohne ausdrückliche Erwähnung, die von Kant charakterisierten Problemgebiete im Mittelpunkt des Lehrplan.

Das Philosophieren als Tätigkeit wird in den meisten Präambeln als wünschenswertes Unterrichtsprinzip gefordert und durch die Methoden Begriffsanalyse, Argumentation und dialogisches Prinzip konkretisiert, z. B. in den Lehrplänen von Thüringen oder Schleswig-Holstein.

1.4.4 Philosophieren mit Kindern

Philosophie in der Schule galt seit dem 19. Jahrhundert als wissenschaftspropädeutisches Prinzip oder kulturgeschichtliche Notwendigkeit, im Sinne von „Man sollte die großen Philosophen während seiner Schulzeit schon mal kennen gelernt haben".

Das eigene philosophische Denken von Schülerinnen und Schülern, die sich selbstständig Gedanken über fundamentale Lebensfragen machen, spielte dabei keine oder nur eine untergeordnete Rolle. Dabei weiß allerdings jeder, der mit jüngeren Kindern als Eltern oder in Bildungseinrichtungen zu tun hat, dass bereits jüngere Kinder auch philosophische Fragen stellen, durch die sie versuchen, den Dingen der Welt auf den Grund zu gehen: Warum müssen alle Menschen sterben? Können Tiere denken? Hat der Himmel ein Ende? Was ist Zeit?

Solche Fragen entstehen beim Spielen, Fernsehen oder Lesen, und zwar immer dann, wenn Kinder auf Situationen und Dinge stoßen, über die sie staunen und die sie anregen, mehr wissen zu wollen. Und in Analogie zu den Philosophen und Philosophinnen denken Kinder über diese Fragen weiter nach, natürlich mit einer anderen Begrifflichkeit und nicht in wissenschaftlicher Absicht.

Matthew Lipman, ein ehemaliger Philosophieprofessor aus New York, hat als erster angeregt, philosophische Fragen von jüngeren Kindern ernst zu nehmen und im Unterricht in kontinuierlicher Form zu behandeln, entweder als eigenes Fach oder auch als Unterrichtsprinzip wie in der Oberstufe.[41] Er gründete Ende der 70er Jahre in Montclair bei New York ein spezielles Forschungsinstitut (Institute for the Advancement of

41 Vgl. z. B.: *Lipman, Matthew*: Philosophy in the Classroom. Philadelphia 1989, bes. S. 10-26.

Philosophy for Children), in dem vor allem philosophische Textbücher und didaktische Materialien entwickelt werden, z. B. „Harry Stottlemeiers Entdeckung", ein Buch über aristotelische Logik für Jugendliche. Darüber hinaus finden Lehrerfortbildungen und Vortragsreihen zu einzelnen philosophischen Problemkreisen statt.

Durch Ekkehard Martens, Professor für die Didaktik der Philosophie in Hamburg, kam Lipmans Methode Ende der 70er Jahre nach Europa. Hier werden gegenwärtig in mehr als 10 Staaten Schulversuche zum Philosophieren mit Kindern durchgeführt, d. h. Projekte zu einzelnen philosophischen Schwerpunkten wie z. B. Glück oder Gut und Böse.

Besonders in Deutschland, Österreich und der Schweiz finden auch schon Projekte im Kindergarten statt, die jedoch nur Einzelbeispiele darstellen. Philosophieren mit Kindergarten-Kindern bedeutet in erster Linie, dass Erwachsene wichtige Lebensfragen von Kindern ernst nehmen und mit ihnen in der Gruppe darüber sprechen. Im Unterschied zu anderen Gesprächsformen geht es dabei um einen spielerischen Umgang mit abstrakten Begriffen, die sich nicht nur verbal, sondern auch zeichnerisch oder durch eine Pantomime klären lassen – unter Zuhilfenahme von guten Gründen (vgl. auch 2.1).

Philosophieren erfordert von der Kindergärtnerin eine Sensibilität für die philosophischen Fragen und Probleme der Kinder. Aus den Erfahrungen und Erlebnissen, die Kinder den ganzen Tag über erzählen, muss das „Philosophische" herausgefiltert werden, beispielsweise durch eine kleine Ermunterung, wie: „Wundert ihr euch gar nicht darüber, dass Pippi Langstrumpf mit einem Affen und einem Pferd zusammenlebt!"

1.4.5 Philosophie an Grund- und Mittelschulen

Parallel zu verschiedenen Projekten des Philosophierens mit Kindern existieren in den Primarstufen mehrerer europäischer Staaten unabhängig vom Religionsunterricht verschiedene wertorientierende Fächer, deren Bezeichnung, Inhalte und Methoden spezifischen nationalen Traditionen entsprechen. So gibt es beispielsweise in *Frankreich* seit 1985 wieder das Fach *éducation civique* (staatsbürgerliche Bildung), das sich im Kontext bestimmter bildungspolitischer Entwicklungen im 19. Jahrhundert herausgebildet hatte und eine wechselvolle Geschichte der Etablierung, Abschaffung und Reetablierung im französischen Curriculum durchlebte und gegenwärtig in der Primar- und Sekundarstufe in Frankreich unterrichtet wird. Es zielt vor allem auf die Entwicklung politischer Moralität und stellt das begriffliche Arbeiten in Bezug auf den Umgang Werten verschiedener Generationen und Kulturen in den Vordergrund.[42]

In Spanien wird in der Primarstufe das Fach *conocimiento del Medio* (Welterkundung) unterrichtet, während Religion zusätzlich Bestandteil des obligatorischen Fächer-

42 Vgl. hierzu auch: *Brüning, Barbara*: Ethikunterricht in Europa – ideengeschichtliche Traditionen, curriculare Konzepte und didaktische Perspektiven. Leipzig 1999, bes. S. 83-92.

kanons ist. Der Lehrplan des Fachs „Welterkundung" enthält Themenbereiche, die sich im Wesentlichen auf drei Schwerpunkte beziehen: a) Der Mensch und seine persönliche Entwicklung; b) der Mensch als soziales Wesen und sein Verhältnis zur Natur sowie c) der Mensch und seine Möglichkeiten der Lebensgestaltung.

In *Großbritannien* gibt es zur Profilbildung für die einzelnen Schulformen curriculare *Empfehlungen und Handreichungen* (curricular guidelines), die fächerübergreifend die *education for citizenship* (staatsbürgerliche Bildung) vorsehen und in den Mittelpunkt die Rechte und Pflichten von Staatsbürgern/innen und das Zusammenleben von verschiedenen ethnischen Gruppen stellen.

In den ehemaligen sozialistischen Staaten Osteuropas, z. B. der *Russischen Föderation* und der *Slowakischen Republik*, wurde bereits in der Grundschule ein Fach zur ethischen Bildung eingeführt, um vor allem den radikalen Bruch mit bisherigen Werten sozialistischer Erziehung zu verarbeiten. In der Russischen Föderation heißt das Fach *etičeskaja grammatika* (ethische Grammatik) und in der Slowakischen Republik *etická výchová* (ethische Erziehung). Die Konzeption des in der praktischen Umsetzung noch nicht flächendeckend eingeführten Fachs „Ethische Grammatik" erfolgte im Wesentlichen nach inhaltlich-methodischen Vorschlägen des Buches „Ethische Grammatik"[43] des russischen Erziehungswissenschaftlers Alexandr Schemurin. Sie präferiert die Entwicklung ganzheitlicher ethischer Bildung, die Kinder in der Grundschule mit der Pluralität moralischer Wertvorstellungen bekannt machen und zum Nachdenken darüber anregen soll.[44] Dies trifft auch auf das Fach „Ethische Erziehung" zu, das in der Slowakei als Wahlpflichtfach zu Religion unterrichtet wird.

Wichtige Themen sind in den Fächern beider Staaten Gut und Böse, beispielsweise ein traditioneller Gegenstand der russischen Philosophie des 19. Jahrhunderts, sowie Identität, Freundschaft, die Geschlechterproblematik und Regeln der Etikette.[45] Dies sind zum einen Höflichkeitsformen des Umgangs mit anderen Menschen, z. B. wie man sich die Hand gibt oder Regeln bei Tisch, aber auch Tugenden wie Nachsicht, Mitbeteiligtsein oder Mildtätigkeit, die einen hohen Stellenwert in der Tradition der Ethik beider Staaten einnehmen.[46] In der Russischen Föderation werden auch zahlreiche Unterrichtsmaterialien für die Grundschule herausgegeben, u. a. die Bücher „Gut und Böse", die 1995 in Moskau erschienen sind und Märchen und Mythen zu dem genannten Thema enthalten.

Auch in der *Bundesrepublik* gibt es in *fünf Bundesländern* bereits in der Grundschule Ethikunterricht als Ersatz- oder Wahlpflichtfach zu Religion (vgl. Tabelle S. 37). In diesen Fächern steht die Moralität menschlichen Handelns im Vordergrund, d. h. die

43 Vgl. hierzu: *Schemurin, Alexandr*: Ethische Grammatik. Moskau 1992.

44 Ebd.

45 Ebd. S. 4.

46 Vgl. u. a.: *Goerdt, Wilhelm*: Russische Philosophie. Freiburg/München ^{4}1995, bes. S. 29-35.

Kinder sollen sich vorrangig mit ethischen Themen wie Glück, Gut und Böse oder Freundschaft sowie Regeln des Zusammenlebens beschäftigen. Allerdings gehören auch Problemfelder wie Arbeit und Beruf (besonders in Bayern und Sachsen) oder Umwelt und Natur zu den Lehrplanvorgaben. Daran zeigt sich, dass die Konzeptionen des Unterrichts nicht nur ethische Reflexionsfelder enthalten, sondern auch Probleme der Erkenntnistheorie, wie Zeit, oder der Anthropologie, wie Mensch und Natur, oder Identität (Wer ich bin und was ich kann) berücksichtigen. Besonders die Lehrpläne aus Thüringen und Sachsen stützen sich in ihren methodischen Empfehlungen auf die Methodik des Philosophierens mit Kindern, wie etwa begriffliches Arbeiten, Argumentieren oder das reflexive Gespräch.

In Mecklenburg-Vorpommern wird seit 1996 das Fach „Philosophieren mit Kindern“ laut Schulgesetz als Ersatzfach zum Religionsunterricht angeboten und seit dem Schuljahr 1998/99 auch in der Praxis verstärkt unterrichtet. Seit 1999 liegen für die Grundschule vorläufige *Rahmenrichtlinien* vor[47], die wie die Rahmenpläne der Sekundarstufe I und II vier großen Fragenkomplexen der Philosophie Kants folgen.

Die Gestaltung des Rahmenplans auf der Grundlage dieser vier Fragenkomplexe basiert auf der Voraussetzung, dass Kinder nicht nur ethische Fragen stellen, die menschliches Handeln betreffen, sondern auch Fragen nach Zeit, Gott oder Identität, die über den Bereich des Moralischen hinausgehen und sich auf philosophische Problemfelder wie die Erkenntnistheorie oder Anthropologie beziehen.

Methodisch stützt sich der Rahmenplan in Mecklenburg-Vorpommern im Wesentlichen auf die in Kapitel 2 explizierten Verfahren Begriffsanalyse, Argumentation, reflexives (sokratisches) Gespräch und Gedankenexperimente sowie andere in der Grundschule bevorzugte Methoden, beispielsweise Projektarbeit oder fächerübergreifendes Lernen. Er regt in seinen Lernzielen ausdrücklich zur Kooperation mit anderen Fächern an, besonders mit dem Religionsunterricht, der sich ebenso wie das Fach „Philosophieren mit Kindern“ Sinn- und Weltdeutungen zuwendet.[48]

Ähnlich wie in anderen europäischen Staaten gibt es auch in Hamburg bildungspolitische Bemühungen, in Bereich „Freies Gestalten“ der Verlässlichen Halbtagsgrundschule dem Philosophieren mit Kindern einen festen Platz zu verschaffen. Allerdings handelt es sich dabei nur um einzelne Projekte in verschiedenen Schulen, die den Status eines Experiments haben und im Schuljahr 1998/99 erstmals von einer Lehrerfortbildung begleitet wurden.

Im Bereich der Mittelschule haben verschiedene europäische Staaten ähnlich wie im Primarschulbereich neben dem Religionsunterricht eigenständige wertorientierende Fächer mit einer ethisch-politischen Zielstellung in das Curriculum aufgenommen,

47 Der Lehrplanentwurf wurde unter der Leitung von Barbara Brüning von den Lehrerinnen und Lehrern des ersten berufsbegleitenden Ausbildungsganges für das Fach „Philosophieren mit Kindern“ am Institut für Philosophie der Universität Rostock entwickelt.

48 Vgl. hierzu auch: *Hastedt, Heiner u. a.* (Hrsg.): Philosophie und Religion – Zukunft einer Fächergruppe. Rostocker Philosophische Manuskripte, Heft 5. Rostock 1998.

Ethikunterricht in der Primarstufe der Bundesrepublik Deutschland (Stand: März 1998)				
Bundesland	**Name des Fachs**	**Einführungsjahr und neuster Lehrplan oder Rahmenrichtlinien**	**Status**	**Wichtige Themen**
Bayern	Ethik	Lehrplan: 1993 Einführungsjahr: 1974	Ersatzfach	Freundschaft, Glück, Identität, Arbeit und Berufswahl, Familie, Weltreligionen
Mecklenburg-Vorpommern	Philosophieren mit Kindern	Lehrplan: 1999 Einführungsjahr 1996	Ersatzfach	gliedert sich nach den vier großen Fragenkomplexen der Philosophie: Einzelne Themen sind z. B. Zeit, Freundschaft, Glück, Identität, Gut und Böse, Rechte der Kinder.
Rheinland-Pfalz	Ethikunterricht	Lehrplan: 1985 Einführungsjahr: 1974	Ersatzfach	Regeln menschlichen Zusammenlebens, Freundschaft, Glück, Tod, Familie, Identität
Sachsen	Ethik	Lehrplan: 1997 Einführungsjahr 1997	Wahlpflichtfach[49]	Regeln menschlichen Zusammenlebens, Familie, Tod, Zeit, Entstehung der Welt
Sachsen-Anhalt	Ethikunterricht	Lehrplan: 1994 Einführungsjahr: 1991	Wahlpflichtfach	Regeln menschlichen Zusammenlebens, Weltreligionen, Zeit, Freundschaft, Glück
Thüringen	Ethik	Lehrplan: 1993 Einführungsjahr: 1993	Wahlpflichtfach	Regeln menschlichen Zusammenlebens, Weltreligionen, Freundschaft, Glück

z. B. *éducation civique* in Frankreich oder *education for citizenship* in Großbritannien. Auch hier entsprechen die Themenbereiche im Wesentlichen denen aus dem Grundschulbereich.

Die Philosophie gibt es in diesen Staaten nicht als eigenständiges Fach, sie spielt lediglich in den methodischen Empfehlungen der Lehrpläne eine wichtige Rolle: Begriffliches Arbeiten, Argumentation und sokratische Gespräch werden als methodische Instrumentarien für die Gestaltung des Unterrichts empfohlen.[50]

49 Die Schülerinnen und Schüler müssen wählen zwischen Religion oder Ethik/Philosophie.

50 Vgl. hierzu: *Brüning, Barbara*: Ethikunterricht in Europa. Leipzig 1999; tabellarische Zusammenstellung der Fächer und Inhalte in zehn europäischen Staaten, vgl. besonders die Seiten 183-195.

In der Bundesrepublik wird Ethikunterricht in 12 Bundesländern als Ersatz- oder Wahlpflichtfach zur Religion angeboten: in manchen Bundesländern bereits ab Klasse 5, z. B. Bayern oder Sachsen-Anhalt, in manchen erst ab Klasse 8, z. B. Baden-Württemberg.

Im Bundesland Brandenburg gibt es ab Klasse 5 ein für alle Schülerinnen und Schüler verbindliches Fach „Lebensgestaltung-Ethik-Religionskunde“ ohne den Status eines Ersatz- oder Wahlpflichtfachs[51]; Berlin hat aufgrund seines früheren politischen Status weder Religions- noch Ethikunterricht als verbindliches Fach. Bis 1998 wurden dort aber zahlreiche Schulversuche durchgeführt.

Lediglich in den Bundesländern *Schleswig-Holstein, Mecklenburg-Vorpommern und Nordrhein-Westfalen* wird Philosophie als *Fach im unteren Sekundarbereich* angeboten; in Nordrhein Westfalen bisher nur als Schulversuch „Praktische Philosophie“, der jedoch in den nächsten Jahren in ein Regelfach überführt werden soll.

In Schleswig-Holstein existiert bereits seit 1992 in der Sekundarstufe I das Fach Philosophie als Wahlpflichtfach.[52] Ausgehend von der didaktischen Konzeption des *Philosophy-for-Children-Curriculums von Matthew Lipman* sollen sich die Schülerinnen und Schüler in der Sekundarstufe I nicht nur mit Themenbereichen und Reflexionsfeldern aus dem Bereich der Ethik beschäftigen, sondern auch Problemstellungen aus anderen Disziplinen der philosophischen Tradition, wie z. B. der Anthropologie, der Sprachphilosophie und Logik oder der Metaphysik, reflektieren.

Diese Konzeption entspricht nicht nur dem systematischen Zusammenhang der Ethik mit anderen Disziplinen der philosophischen Tradition, sondern auch dem subjektiven Erfahrungshorizont der Schülerinnen und Schüler, die in ihrem alltäglichen Handeln nicht nur auf ethische Probleme stoßen, sondern auch auf metaphysische oder sprachphilosophische. So fragen Schülerinnen und Schüler beispielsweise immer wieder: Hat der Himmel ein Ende? Warum ist ein Tisch ein Tisch? etc. Die Genese derartiger philosophischer Fragestellungen in der Alltagspraxis begünstigt eine Öffnung des inhaltlich und methodisch auf die Moralität menschlichen Handelns eingegrenzten Ethikunterrichts in Richtung auf eine philosophische Reflexion.

Der schleswig-holsteinische Lehrplan sieht vor, „die Entwicklung aller Erkenntnis- und Verstehensanlagen der Kinder und Heranwachsenden“ zu fördern[53] und sie zur Nachdenklichkeit anzuregen. Dabei stehen die Selbstkompetenz, d. h. autoritätsfreies und auf eigenen Erfahrungen basierendes Selbstdenken im Vordergrund sowie die Sozialkompetenz. Sie bezieht sich auf die Bereitschaft zur Kommunikation und Verständigung mit anderen, um die Perspektivität des eigenen Standpunkts zu erkennen. Ergänzt werden diese beiden Kompetenzen durch eine Methodenkompetenz, wie sie im Curriculum von Matthew Lipman zu finden ist. Diese Methodenkompetenz zielt

51 Es ist jedoch möglich, sich von diesem Fach abzumelden und Religionsunterricht zu belegen.

52 Vgl. hierzu: *Kähler, Jutta*: Schleswig-Holstein: Philosophieren in der Sekundarstufe I. In: Zeitschrift für Didaktik der Philosophie und Ethik, 3/1994. S. 193/194.

53 Vgl. hierzu: Lehrplan Philosophie für die Sekundarstufe I. Kiel 1995. S. 1.

auf die Entwicklung von Denkfähigkeiten (thinking skills), deren Kernstück begriffsanalytische, argumentative und dialogische Fähigkeiten darstellen.[54]

Alle drei Kompetenzen sollen schließlich zu einer Handlungskompetenz führen, z. B. zur Entwicklung von rationalen und diskursiven Konfliktlösungsstrategien in Bezug auf die Lösung lebensweltlicher Probleme.

Die Themenbereiche des schleswig-holsteinischen Lehrplans orientieren sich an der Systematik der vier philosophischen Grundfragen Immanuel Kants (vgl. 1.2).

Für jede Klassenstufe werden aus jedem dieser vier Themenbereiche verschiedene, aufeinander aufbauende Schwerpunkte gesetzt, so dass die Schülerinnen und Schüler nicht durch ständige jahrgangsübergreifende Themenwiederholungen demotiviert werden, sondern die Themen von verschiedenen Blickwinkeln aus betrachten und vertiefen können.

So steht beispielsweise beim Themenbereich I (Erkenntnistheorie) in der Jahrgangsstufe 5 die Wirklichkeit als Gegenstand sinnlicher Wahrnehmung im Vordergrund, während in der Jahrgangsstufe 6 in diesem Themenbereich Raum und Zeit als Ordnung der Wahrnehmung und der Wirklichkeit fungieren.

In der Jahrgangsstufe 7 folgen dann Träumen und Denken, Erinnern und Vergessen als Möglichkeiten der Selbstwahrnehmung.

In dem Bundesland Mecklenburg-Vorpommern liegt seit 1997 ein Rahmenplan für das Fach Philosophie in der Sekundarstufe I vor, der in Inhalt und Methode dem Rahmenplan Schleswig-Holsteins entspricht.

Zusammenfassung

- Philosophie wird in Europa in allen Staaten in der Oberstufe als eigenständiges Fach angeboten; in der Bundesrepublik hat es den Status eines Ersatz- oder Wahlpflichtfachs zum Religionsunterricht und trägt in einigen Bundesländern die Bezeichnung Ethik, Ethikunterricht oder Werte und Normen.
- Im Primar- und Sekundarschulbereich haben die meisten europäischen Staaten neben dem Religionsunterricht ein eigenständiges wertorientierendes Fach mit einer inhaltlichen Ausrichtung auf ethische Fragen. Philosophie existiert nicht als eigenständiges Fach, jedoch als methodisches Unterrichtsprinzip.
- In den Bundesländern Schleswig-Holstein und Mecklenburg-Vorpommern gibt es Philosophie in der Sekundarstufe I als Ersatz- oder Wahlpflichtfach zur Religion; in Mecklenburg-Vorpommern wird „Philosophieren mit Kindern" bereits in der Grundschule als Ersatzfach zum Religionsunterricht angeboten. Die Lehrpläne orientieren sich inhaltlich an den vier großen Fragen der Philosophie Immanuel Kants.

54 Ebd. S. 3.

1.4.6 Philosophieren im außerschulischen Kontext

In den letzten zehn Jahren haben sich in verschiedenen europäischen Staaten drei Formen des außerschulischen Philosophierens mit Kindern und Jugendlichen herausgebildet. Die am weitesten verbreitete Form ist der *Philosophische Gesprächskreis*, in dem sich Kinder und Jugendliche *auf freiwilliger Basis* im Rahmen ihrer Freizeitgestaltung treffen, um über sie interessierende philosophische Fragen in einer Dialoggemeinschaft nachzudenken, die u. a. Barbara Brüning und Hans-Ludwig Freese in der Bundesrepublik Deutschland durchführen, beispielsweise als Freundesgruppe oder im Rahmen der Begabtenförderung als gezielte Nachmittagsbeschäftigung.[55]

Eine weitere Form des außerschulischen Philosophierens sind gemischte Gruppen, in denen Erwachsene, zumeist Eltern, gemeinsam mit Kindern über wichtige Lebensprobleme zu philosophieren. Erfahrungen auf diesem Gebiet sammelte in Zusammenarbeit mit Schulen in Graz u. a. die österreichische Philosophin Daniela Camhy, die Eltern-Kind-Gruppen als Nachmittagsbeschäftigung in der Schule anbietet.[56]

Eine besondere Form dieser gemischten Gruppen sind Kurse für Eltern, die besonders die Schweizer Philosophin Eva Zoller in ihrem Haus bei Zürich organisiert: In Wochenendkursen werden interessierte Eltern und Lehrerinnen und Lehrer in die inhaltlichen Problemkreise und methodischen Instrumentarien des Philosophierens mit Kindern eingeführt. Sie lernen, wie sie in Gesprächen über wichtige philosophische Fragen ihrer Kinder gemeinsam in der Familie oder in der Schule nachdenken können und werden mit Methoden des Philosophierens vertraut gemacht.[57]

Außerschulische Gesprächsgruppen eröffnen im Unterschied zur Schule die Möglichkeit, dass Jugendliche und Erwachsene gemeinsam ohne institutionelle Zwänge miteinander über sie interessierende philosophische Probleme diskutieren können. Sie haben keine Lehrplanvorgaben zu erfüllen und können sich Zeit nehmen bei der Beschäftigung mit für sie interessanten existentiellen Fragen. Eine Leistungsbewertung findet ebenfalls nicht statt, so dass Antworten, die z. B. dem Lehrer oder der Lehrerin gefallen und demzufolge eine gute Note in Aussicht stellen, keine Rolle spielen. Da nach den bisherigen Erfahrungen Kinder und Jugendliche in solche Gruppen auch philosophische und ethische Fragen aus ihrer Unterrichtspraxis einbringen[58], könnte eine engere Zusammenarbeit von Schule und außerschulischen Gesprächskreisen u. a. darin bestehen, umfangreiche Projekte und intensivere Diskussionen, die sich unter den institutionellen Bedingungen der Schule nicht oder nur in Ansätzen verwirklichen lassen, in den außerschulischen Bereich zu verlagern und die Eltern für eine verstärkte Mitarbeit zu interessieren.

55 Vgl. hierzu: *Brüning, Barbara*: Philosophieren im außerschulischen Kontext. In: *Hastedt, Heiner/Fröhlich, Michael/Thomä, Dieter* (Hrsg.): Philosophieren mit Kindern. Rostock 1996. S. 53-56.

56 Vgl. u. a.: *Camhy, Daniela* (Hrsg.): Wenn Kinder philosophieren. Graz 1990.

57 Vgl. hierzu: *Zoller, Eva*: Die kleinen Philosophen. Zürich/Wiesbaden 1991.

58 Vgl. die Sendung „Philosophieren mit Kindern“ des Deutschlandfunks vom 30. 3. 1997.

1.4.7 Philosophie in der Erwachsenenbildung

Die Philosophie hat sich auch im *Kursangebot der Volkshochschulen* etabliert. Dabei stehen nicht in erster Linie Philosophen oder Werke der philosophischen Tradition im Vordergrund, sondern vielmehr Kurse im Sinne von Philosophie als Lebenshilfe oder Lebenskunst in der Tradition des Sokrates oder der Sophisten.

In ähnlicher Weise bieten auch politische Stiftungen und Organisationen oder die Gewerkschaften *Bildungsurlaube* zu verschiedenen philosophischen Themen an wie z. B. die sokratischen Gesprächswochen der Friedrich-Ebert-Stiftung in Würzburg. Dorthin kommen Teilnehmerinnen und Teilnehmer aus verschiedenen Berufen, um eine Woche lang „Selberdenken" als sokratische Prinzip zu praktizieren. Dabei wird ein von allen Mitgliedern einer Gruppe akzeptiertes Problem im Prozess des gemeinsamen Nachdenkens bearbeitet (vgl. 2.3).

Philosophie hat auch Einzug gehalten in *verschiedene Vereine*, wie z. B. die Gesellschaft für angewandtes Philosophieren in Hamburg e. V. oder die Gesellschaft für philosophische Praxis in Bergisch-Gladbach. Diese wollen wie einst die Sophisten durch Vorträge oder Seminare die Philosophie in den öffentlichen Raum zurückbringen und ihre Verbindung mit dem „Leben" aufrechterhalten, die in der wissenschaftlichen Beschäftigung an den Hochschulen manchmal verloren zu gehen droht. Da es sich um gemeinnützige Vereine handelt, ist jedermann und -frau der Zugang offen. Die Themen dieser Vereine sind beispielsweise *Lebenskunst, Lebensklugheit oder Konflikte und Konfliktlösung.*[59]

Philosophie gilt auch als *fester Bestandteil des Kommunikationstrainings*, das verschiedene Firmen innerhalb ihrer Schulungen zur Verkaufsförderung durchführen. Hierbei sind dann weniger thematische Problemfelder der Philosophie gefragt als vielmehr ihr methodisches Instrumentarium wie Begriffsanalyse, Argumentation und sokratisches Gesprächstraining. Allerdings stehen auch Fragen nach dem Sinn des Lebens, Sinnkrisen der Gesellschaft und mögliche Auswege auf dem Programm.[60] Diese Seminare tragen einerseits den Charakter einer Denk- und Rhetorikschulung. Sie dienen jedoch andererseits auch der inhaltlichen Klärung wichtiger Lebensfragen oder der Stärkung der Persönlichkeit, die z. B. üben kann, mit Grenzsituationen des Lebens wie Tod oder Schuld besser umgehen zu lernen.

1.4.8 Philosophie in der Philosophischen Praxis

Die Sophisten forderten als erste Weisheitslehrer in der Geschichte der Philosophie, dass Philosophen für ihre Tätigkeit auch Geld annehmen dürften. Und auch heute wird diese Frage noch heftig diskutiert, warum Philosophie als Beruf nur an Universitäten und Schulen möglich sein soll.

59 Die Zeitschrift „Information Philosophie", die fünfmal jährlich erscheint, informiert über die Gründung solcher Gesellschaften.

60 Vgl. *Lay, Rupert*: Vom Sinn des Lebens. Frankfurt/M. 1993.

Gerd B. Achenbach gründete 1981 in Bergisch-Gladbach *die erste philosophische Praxis* mit dem Anspruch, von seinen philosophischen Dienstleistungen auch leben zu können. In Abgrenzung zu einer psychologischen Therapie versteht er sich als Gesprächspartner, der mit seinen Klienten deren Probleme „produktiv mitdenkt". Er bietet eine philosophische Lebensberatung an, die helfen soll, Probleme deutlich werden zu lassen, sie reflexiv zu bearbeiten, ohne dass dabei die eigene Persönlichkeit „bearbeitet" wird.[61]

In einer philosophischen Praxis steht also das gemeinsame Philosophieren über konkrete Lebensprobleme im Vordergrund und nicht eine philosophiegeschichtliche oder systematische Beschäftigung mit Fragen der philosophischen Tradition. Natürlich können bei einer philosophischen Beratung Methoden und systematisiertes Wissen von Philosophinnen und Philosophen genutzt werden, um Probleme zu bearbeiten, die für einen Klienten von Bedeutung sind. So haben Menschen, die eine Philosophische Praxis aufsuchen, beispielsweise Sinnlosigkeitserfahrungen in ihrem Dasein gemacht, sind in Lebenskrisen geraten oder können mit bestimmten Grenzerfahrungen wie Tod oder Schuld nicht umgehen. Gemeinsam mit dem Philosophen oder der Philosophin denken sie über diese Probleme nach, bringen sozusagen „Bewegung in das Problemknäuel" und analysieren es mit dem Ziel, Änderungen herbeizuführen. Wichtig sind dabei eine entspannte Konzentration auf wichtige Lebensprobleme oder das Weiterspinnen eines abgebrochenen Lebensfadens. Gerd B. Achenbach beschreibt seine Arbeit wie folgt:

Philosophisches Denken als Lebensberatung
- *weiß nicht Bescheid, manchmal aber weiter,*
- *hakt ein, nicht ab,*
- *argumentiert diskursiv und nicht strategisch,*
- *macht aus dem Einfachen ein Abenteuer (Hermeneutik des Alltagslebens) und aus dem Schwierigen ein (möglichst) einfaches Problem,*
- *bedeutet Amplifizieren (Erweitern, Konkretisieren, Genau-Machen) gegen alle Verführung zur Reduktion.*[62]

Seit Beginn der 80er Jahre sind in vielen größeren Städten der Bundesrepublik, Österreichs und der Schweiz philosophische Praxen entstanden, die Lebensberatung anbieten. Die Zeitschrift „Information Philosophie" informiert regelmäßig über die Gründung neuer Praxen und deren Tätigkeit.

61 Vgl. *Achenbach, Gerd B.*: Philosophische Praxis. Köln 1984. S. 6/7.

62 *Ders.*: Die reine und die praktische Philosophie. Wien 1983. S. 39.

1.4.9 Weiterführende Literatur

Achenbach, Gerd B.: Philosophische Praxis. Köln 1984.

Brüning, Barbara: Philosophieren mit sechs- bis achtjährigen Kindern in der außerschulischen Erziehung – Überlegungen zu einem handlungsorientierten Ansatz unter Berücksichtigung praktischer Erfahrungen. Hamburg 1985 (Dissertation).

Brüning, Barbara: Mit dem Kompass durch das Labyrinth der Welt – Wie Kinder wichtigen Lebensfragen auf die Spur kommen. Bad Münder 1990.

Brüning, Barbara: Ethikunterricht in Europa – Ideengeschichtliche Traditionen, curriculare Konzepte und didaktische Perspektiven. Leipzig 1999.

Brüning, Barbara: Philosophieren in der Grundschule. Berlin 2001.

Camhy, Daniela (Hrsg.): Das philosophische Denken von Kindern. Wien 1994.

Englhart, Stephan: Modelle und Perspektiven der Kinderphilosophie. Heinsberg 1997.

Freese, Hans-Ludwig: Kinder sind Philosophen. Weinheim 1989.

Hastedt, Heiner (Hrsg.).: Philosophieren mit Kindern. Rostocker Philosophische Manuskripte. Rostock 1996.

Hastedt, Heiner (Hrsg.): Philosophieren mit Kindern in der Grundschule. Rostocker Philosophische Manuskripte. Rostock 1999.

Henke, Roland W.: Philosophieren in der Schule – aber wodurch? In: Zeitschrift für die Didaktik der Philosophie und Ethik, 2/1997. S. 92-99.

Horster, Detlef: Philosophieren mit Kindern. Opladen 1992.

Lipman, Matthew: Philosophy in the Classroom. Philadelphia 1980.

Ders.: Philosophy Goes to School. Philadelphia 1988.

Lorenzen, Arnold K. D.: Philosophie in der Erwachsenenbildung. Untersuchungen zur Legitimationsgeschichte und Ansätze zu einem Konzept exoterisch-lebensorientierten Philosophierens. Göttingen 1986.

Macho, Thomas: Institutionen philosophischer Lehre und Forschung. In: Martens, Ekkehard/Schnädelbach, Herbert (Hrsg.): Philosophie – Ein Grundkurs, Bd. 2. Reinbek 1991. S. 783-797.

Martens, Ekkehard/Schreier, Helmut: Philosophieren mit Schulkindern – Philosophie und Ethik in Grundschule und Sekundarstufe I. Heinsberg 1994.

Ders.: Philosophieren mit Kindern – eine Einführung. Stuttgart 1999.

Matthews, Gareth B.: Philosophische Gespräche mit Kindern. Berlin: Freese 1990.

Themenheft „Philosophieren mit Kindern" der Zeitschrift für die Didaktik der Philosophie und Ethik, 1/1991.

Themenheft „Philosophieren mit Jugendlichen" der Zeitschrift Ethik & Unterricht, 3/1998.

Zoller, Eva: Die kleinen Philosophen – Vom Umgang mit „schwierigen" Kinderfragen. Zürich 1996.

Dies.: Philosophische Reise – Unterwegs mit Kindern auf der Suche nach Lebensfreude und Sinn. Zürich 1998.

2 Grundmethoden des Philosophierens

2.1 Begriffsanalyse

„Tante Gerties Blumen sind wieder glücklich", berichtete Fred.
„Blumen können nicht glücklich sein", sagte Alice in der Ecke finster, über eine Schale Cornflakes gebeugt. „Tante Gerti spricht gern über Blumen, als ob sie Menschen wären. Aber in Wirklichkeit haben sie gar keine Gefühle. Sie können nicht durstig, traurig oder glücklich sein."

„Ist das richtig, Mama?", fragte Fred enttäuscht.

„Du solltest darüber lieber mit Tante Gertie sprechen", sagte die Mutter, „sie weiß viel mehr über Blumen als wir alle zusammen."[1]

Diese kleine Geschichte, die vor allem jüngere Kinder zum Philosophieren anregen soll, kann in abgewandelter Form auch mit Jugendlichen diskutiert werden: Es geht dabei um die Frage, ob nur Menschen die Fähigkeit zum Glücklichsein entwickeln können, weil sie als wesentliche Eigenschaft Vernunft besitzen, wie beispielsweise Aristoteles hervorhob, oder ob auch andere Lebewesen wie Pflanzen und Tiere, denen Vernunft nicht zugesprochen wird, so etwas wie Glück empfinden können.

Bevor diese Frage Thema eines philosophischen Gesprächs werden kann, ist es wichtig, erst einmal darüber nachzudenken, was Glück überhaupt bedeutet. Denn philosophische Begriffe, wie z. B. Glück, Freiheit oder Gerechtigkeit, die von Philosophinnen und Philosophen im Kontext der philosophischen Tradition verwendet werden und auch in Geschichten und Märchen eine wichtige Rolle spielen, sind mehrdeutig und vage. Sie weisen einen hohen Grad an Verallgemeinerung auf und haben in verschiedenen Zusammenhängen unterschiedliche Bedeutungen, d. h., es lassen sich mehrere Objekte angeben oder zumindest vorstellen, bei denen nicht klar entschieden werden kann, ob der ausgewählte Begriff zutrifft oder nicht. Darüber hinaus werden *philosophische Begriffe* meistens auch *in mehreren Bedeutungsvarianten verwendet*, so dass in einer Diskussionsgemeinschaft keine vollkommene Übereinstimmung über ihren Gebrauch in philosophischen Urteilen besteht. Aus diesem Grund ist es notwendig, eine *Begriffserläuterung* oder eine *Begriffsexplikation* durchzuführen. Sie soll Kindern beim Philosophieren verdeutlichen, dass Begriffe keine starr festgelegten unveränderlichen Inhalte haben, sondern handlungs- und kontextabhängig sind. „Normalerweise hören Kinder lediglich, dass etwas so und so

1 *Matthews, Gareth B.*: Philosophische Gespräche mit Kindern. Berlin 1989. S. 23.

bezeichnet wird, ohne zu wissen, wie es zu diesen Bezeichnungen kam und dass sie auch selber Subjekte von Begriffs-Bildungen sind."[2]

2.1.1 Ziele der Begriffsanalyse

Philosophische Begriffe wie Glück, Freiheit und Gerechtigkeit spielen in vielen philosophischen Gesprächen eine tragende Rolle wie auch unsere Geschichte zeigt. Deshalb sollten die Schülerinnen und Schüler sich vor oder während eines Gesprächs Klarheit darüber verschaffen, welche verschiedenen Bedeutungen ein zentraler Begriff, den sie in einem Gespräch verwenden, haben kann. Sie sollten sich als Subjekte im Sinne von Ekkehard Martens darüber verständigen, in welchem Kontext sie den Begriff verwenden wollen, und sich nicht unreflektiert auf ihnen überlieferte Bedeutungen – auch aus philosophischen Texten – verlassen. Dabei kommt es darauf an, *zwischen konventionellen Bedeutungen*, d. h. Glück hat immer etwas mit Wohlbefinden zu tun, und *anderen begrifflichen Bedeutungen*, die eine bestimmte Diskussionsgruppe für das von ihr zu lösende Problem festlegt, zu unterscheiden. So könnte etwa die Charakteristik von Glück im Sinne eines berauschenden Augenblicks für eine Gruppe von Philosophierenden eine begriffliche Bedeutung haben, für andere jedoch nicht.

Begriffliches Arbeiten soll jedoch beim Philosophieren kein methodisches Dogma sein, sondern an denjenigen Stellen, wo die Lösung eines philosophischen Problems auf begriffliche Klarheit angewiesen ist, zum Einsatz kommen.

2.1.2 Methoden der Begriffsanalyse

Ein wichtiges methodisches Verfahren, das bereits beim Philosophieren mit jüngeren Kindern angewendet werden kann, ist die Begriffserläuterung. Sie ermöglicht den zu klärenden Begriff, das *Explikandum*, in verschiedene Bedeutungen zu zerlegen, um dadurch einen exakten Begriff, das *Explikat*, zu erhalten. Durch die Begriffserläuterung wird dann diejenige Bedeutung herausgearbeitet, auf die sich eine Diskussionsgemeinschaft im weiteren Gespräch stützen will. Um beispielsweise den Begriff „Glück" zu präzisieren, wird von mehreren möglichen Bedeutungen diejenige ausgewählt, die für den weiteren philosophischen Kontext Sinn gibt.

In Anlehnung an die Traditionen der analytischen Philosophie hat der englische Philosoph John Wilson[3] verschiedene Verfahren systematisiert, wie man Begriffsbedeutungen unterscheiden kann. Das geläufigste Verfahren, das auch in anderen Unterrichtsfächern wie z. B. Deutsch angewendet wird, ist die Suche nach *wesentlichen Merkmalen eines Begriffs*, nach verwandten Begriffen.

2 *Martens, Ekkehard*: Sich im Denken orientieren. Hannover 1990. S. 45.

3 Vgl. *Wilson, John*: Thinking with Concepts. Cambridge 1983, bes. S. 5-18.

Verwandte Begriffe werden a) anhand von *Modellfällen* (Beispielen von ähnlichen Situationen etc.) präzisiert. Sie sind Merkmale, die ein Begriff unbedingt haben muss, damit wir das Wesen eines Dinges, das er bezeichnet, auch erkennen. So lassen sich zu einem philosophischen Begriff wie Glück verwandte Begriffe suchen, die Bedeutungsähnlichkeiten mit dem Explikandum aufweisen.

Solche verwandten Begriffe, die das Glück näher charakterisieren, sind z. B. Begriffe wie Wunscherfüllung, Wohlbefinden oder der erfüllte Augenblick. Sie können als wesentliche Eigenschaften des Begriffs „gleichberechtigt nebeneinander stehen bleiben" und zur Klärung des philosophischen Problems beitragen. Es wäre jedoch auch möglich zu versuchen, sich auf eine wesentliche Eigenschaft des Begriffes zu beschränken, was allerdings in den seltensten Fällen gelingen wird. In Bezug auf unser Beispiel Glück wäre es auch möglich, den Begriff Glück lediglich als Wohlbefinden zu definieren und sich auf dieses eine charakteristische Merkmal zu beschränken. So hat eine Schülerin aus einer 10. Klasse gesagt: „Glücklich sein bedeutet, mit seinen Hoffnungen, Wünschen und Erwartungen im Einklang zu sein."[4]

Bei der Erarbeitung von Modellfällen kann man mehrere methodische Vorgehensweisen anwenden, die sich je nach Alter und verfügbarer Zeit unterschiedlich einsetzen und gewichten lassen:

a) Vor allem jüngere Kinder können als Modellfälle Beispiele und Situationen erzählen, die für sie modellhaft für einen Begriff wie Glück sind; die Gesprächsleiterinnen und -leiter sammeln diese Modellfälle mit entsprechenden Schlüsselwörtern an der Tafel (die Kinder können natürlich diese Schlüsselbegriffe auch selbst anschreiben).

Freude	Familie	Frieden
Gewissen	Lust	Wohlbefinden

b) Als ein *selbstständig handhabbares Verfahren* für die Bestimmung von Modellfällen kann auch die *Wortfelduntersuchung* dienen, d. h. die Schülerinnen und Schüler suchen selbstständig nach Begriffen (Substantiven, Adjektiven und Verben), die ihnen zu einem Begriff wie Glück einfallen: Zum Wortfeld von „Glück" gehören beispielsweise die Begriffe „Freude und Lust empfinden", „Freunde haben", „einen Sechser im Lotto haben", „sich wohlfühlen", „gut drauf sein", „die Zeit genießen" etc.

Dieses erarbeitete Wortfeld gibt Aufschluss über die Vielfalt der Beziehungen, die ein zu klärender Begriff mit anderen Begriffen hat, und zeigt dadurch die gesamte Breite des Bedeutungshorizonts.

Ausgehend von einem Wortfeld lässt sich dann auch die Verwandtschaft des gegebenen Begriffes mit anderen Begriffen oder seine Abgrenzung zu anderen Begriffen vor Augen führen.

Im weiteren Verlauf des begrifflichen Nachdenkens muss das Wortfeld dann bearbeitet werden, d. h. es erfolgt eine Phase der Prüfung oder ein „Begriffe sortieren":

4 Skript in meinem Besitz.

Welche Begriffe des Wortfeldes sind miteinander verwandt und können als Modellfälle dienen, welche sind konträr und passen demzufolge nicht dazu, wo lassen sich Ober- und Unterbegriffe unterscheiden? An dieser Stelle bietet sich weiterführend auch die Methode der Clusterbildung an, d. h es werden verschiedene begriffliche Stränge erarbeitet, die zusammengehören oder gegeneinander stehen (vgl. 3.2.3 Clusterbildung).

c) Philosophische Begriffe sind sehr komplex und unanschaulich. Deshalb ist es besonders beim Philosophieren mit jüngeren Kindern hilfreich, einen abstrakten Begriff wie Glück anschaulich zu machen, ihn sozusagen durch konkrete Sachverhalte verständlich werden zu lassen. Veranschaulichen bedeutet, mit dem Einfachen zu beginnen und die Bedeutung schrittweise aufzubauen. Dafür eignet sich das Verfahren der deduktiven Leiter, die vier Stufen umfasst, und vom Abstrakten zum Konkreten nach folgendem Schema fortschreitet[5]:

1. Stufe
Abstrakter Begriff, Hypothese, Behauptung: Glück

2. Stufe
Konkretion: *Menschen können glücklich sein*

3. Stufe
Beispiel: *Ich war auch schon mal glücklich*

4. Stufe
ein Detail des Beispiels: *Als Mama mit mir in den Zoo gegangen ist*

d) Ein ähnliches Verfahren zur *Konkretion von Begriffen ist das Bilden von Sätzen.* Dadurch wird der zu analysierende Begriff in einen Zusammenhang gestellt und in verschiedenen Kontexten erprobt: Alles, was die Seele durcheinander rüttelt, ist Glück (Arthur Schnitzler). Es geht hier nicht wie im Bereich der Logik um den Wahrheitsgehalt von Sätzen, sondern um ein Nachdenken darüber, wie jemand den Begriff inhaltlich verwenden will. Vor allem bei jüngeren Kindern lässt sich dieses begriffliche Nachdenken am geeignetsten in Form von Sätzen realisieren.

e) Im Anschluss an eine Wortfelduntersuchung kann man einen philosophischen Begriff bestimmen, indem man seine Gemeinsamkeiten mit anderen Begriffen herausfindet. Hierzu können auch der Vergleich, die Analogie und die bildhafte Umschreibung herangezogen werden. Schülerinnen und Schüler suchen nach jeweils

5 Vgl. hierzu: *Werder, Lutz von*: Kreatives Schreiben in den Wissenschaften. Milow 1995. S. 37.

übereinstimmenden Merkmalen des zu klärenden Begriffes mit anderen Begriffen und arbeiten das „tertium comparationis“ heraus (vgl. auch Kap. 3.2). Vergleiche, Analogien und bildhafte Umschreibungen sind anschaulicher als herkömmliche philosophische Definitionen. Ihre oft einseitigen und überspitzten Formulierungen regen in besonderem Maße zum Nachdenken über den Inhalt des zu analysierenden Begriffes an. Die Form eines solchen Vergleichs lautet: Glück ist wie … das Rauschen eines Baches (Epikur) oder: Das größte Glück auf Erden ist es, eine Nacht zwischen einer schönen Frau und einem schönen Himmel zu teilen (Napoleon).

f) Zur Erläuterung von Begriffen dienen auch Strukturskizzen (siehe Glückspyramide, S. 49), Karikaturen (siehe 2.6), Symbole und Allegorien (siehe 3.1.2.1); sie können bei der Begriffsanalyse als Modellfälle dienen, da sie wesentliche Bedeutungen von Begriffen herausstellen und Begriffe vereinfachen.

g) Bedeutungen von Begriffen lassen sich auch überprüfen, indem eine *etymologische Untersuchung* stattfindet, durch die man der ursprünglichen Bedeutung eines Wortes nachgehen kann. So bedeutet Philosophie beispielsweise Liebe zur Weisheit, abgeleitet von den griechischen Wortstämmen philos (Liebe) und sophia (Weisheit). Diese Bedeutung hat sich bis in die Gegenwart hinein in dem Sinne erhalten, dass Philosophie eine Problemdisziplin ist, die sich mit fundamentalen Fragen der Vernunft und ihrer Bedeutung für wichtige Lebensfragen beschäftigt (siehe Kap. 1).

Inhaltliche Merkmale von Begriffen lassen sich auch herausfinden, indem ihr Gebrauch in anderen Sprachen analysiert wird. Für Glück lassen sich im Englischen die Wörter „luck“ im Sinne von Glück haben und „happiness“ im Sinne von Glück als menschliche Eigenschaft aufspüren. Auch im Französischen gibt es diese semantische Unterscheidung von fortune und bonheur.

h) Zur inhaltlichen Bestimmung eines Begriffes können nicht nur Modellfälle im Sinne von charakteristischen Merkmalen angeführt werden, sondern auch Gegenbegriffe oder, wie man in der Fachsprache sagt, kontradiktorische und korrelierende Begriffe, die dazu beitragen zu zeigen, *welchen Bedeutungsbereich ein zu analysierender Begriff nicht abdeckt*, d. h. einige Bedeutungen lassen sich von vornherein ausschließen.

Bei diesem Verfahren werden anhand von entgegengesetzten Fällen Begriffe gefunden, die das Gegenteil des anderen Begriffes bilden. In unserem Beispiel wäre das Gegenteil von Glück Unglück; es ließen sich aber auch Gegenbegriffe wie Leid oder Unzufriedenheit anführen.

i) Ähnlich wie bei den Modellfällen könnten die Schülerinnen und Schüler die Bedeutung von Gegenbegriffen durch Sätze oder Gegenbeispiele erproben; dies ist immer auch eine Frage, welche Rolle oder welches Zeitbudget einer Begriffsanalyse bei der Klärung eines philosophischen Problems eingeräumt werden soll.

Im Anschluss an eine Wortfelduntersuchung ist es in manchen Fällen auch hilfreich, bei (verwandten) Begriffen nicht übereinstimmende Merkmale herauszuarbeiten, um jeden Begriff in seiner Eigenbedeutung zu zeigen. So gibt es beispielsweise einen Unterschied zwischen Glück und Freude. Freude bezieht sich auf ein konkretes Objekt (sich über einen Gegenstand freuen) und ist in der Regel von kurzer Dauer, während Glück eine bestimmte Qualität des Lebens umfasst, die sich auch über einen längeren Zeitraum hinziehen kann. Die Unterscheidung zwischen verwandten Begriffen führt dazu, den Bedeutungsbereich eines zu analysierenden Begriffes schärfer einzugrenzen.

j) Ein weiteres Verfahren der begrifflichen Klärung umfasst die *Beschäftigung mit Grenzfällen.* Unsere alltäglichen Erfahrungen bieten nicht in jedem Fall eine ausreichende Grundlage zur Präzisierung von Begriffen, d. h. es können nicht immer anhand von Modellfällen oder entgegengesetzten Fällen begriffliche Grenzen klar festgelegt werden. Deshalb ist es manchmal notwendig, *erdachte Fälle* einzuführen, die außerhalb des Bereichs sinnlicher Erfahrung liegen und hohe Anforderungen an das Imaginationsvermögen stellen. John Wilson erklärt dieses Verfahren am Beispiel des Begriffes „Mensch“: „In der Praxis lassen sich Menschen genau von Maschinen, Affen oder Gemüse etc. unterscheiden. Wenn wir jedoch wesentliche Kriterien für einen Begriff herausfinden wollen, so müssen wir uns mit anderen Fällen beschäftigen, die Imagination erfordern und eher mit Sciencefiction vergleichbar sind als mit dem wirklichen Leben. Stellen wir uns also vor, dass Hunderte von Kilometern unter der Erdoberfläche Gestalten leben, die mehr oder weniger wie Menschen aussehen, über Intelligenz verfügen, jedoch keine Gefühle und keine Kunst haben und niemals Witze machen können. Würden wir sie als Menschen bezeichnen?“[6]
Anhand diese Gedankenexperiments (vgl. 2.4) soll erreicht werden, dass wir uns Gedanken über die Wesensmerkmale des Begriffs Mensch machen. Gehören Gefühle beispielsweise zu diesen Wesensmerkmalen oder die Herkunft des Menschen vom Planeten Erde?

k) In einem engen Zusammenhang mit Grenzfällen steht das *Erfinden neuer Begriffe.* Denn beim Philosophieren geht es nicht nur darum, dass man in veränderten Situationen Begriffe neu verwendet. Oftmals brauchen wir für kreative Gedanken auch kreative Begriffe, die „alte“ Begriffe erweitern oder neu zusammensetzen. Durch dieses Verfahren kommt vor allem die eigenständige Denkleistung der Philosophierenden zum Ausdruck, denn sie schafft einen neuen Begriff, in dem sie Merkmale des alten aufhebt. So haben Kinder in einer Diskussion über das von Wilson angeführte Beispiel der „inner“irdischen Wesen darüber nachgedacht, was sie unter einem Menschen verstehen. Und zum Schluss entstand dann eine neue Kreation für den Begriff Mensch, der als „denkender Vierbeiner“ bezeichnet wurde (vgl. auch 3.1).

6 *Wilson, John*: Thinking with Concepts. Cambridge 1983. S. 32/33.

l) Die bisher erwähnten Verfahren der Begriffserläuterung dienen dazu, ein Explikat herauszuarbeiten und eine oder mehrere wesentliche Bedeutungen eines Begriffs festzulegen, die für die weitere philosophische Diskussion eines Problems wichtig sind. Danach kann dann als zusätzliches Verfahren eine *Begriffsexplikation* erfolgen, durch die man das Explikat in ein System von Begriffen einordnet, so dass seine Anwendung in einem philosophischen Kontext durch Regeln gestützt wird.

Die Begriffsexplikation wird mit Hilfe von *klassifikatorischen Begriffen* durchgeführt, die einen explizierten Begriff in eine bestimmte Begriffsklasse einfügen, d. h. es entstehen *begriffliche Netzwerke.* So lässt sich z. B. der Begriff Glück gemeinsam mit den Begriffen Freude und Zufriedenheit dem Oberbegriff „gelingendes Leben" zuordnen. Man nennt dieses Verfahren auch die *Bestimmung des Begriffsumfangs,* bei der das Gemeinsame aller Begriffe herausgearbeitet werden soll. Innerhalb dieser Klassifikation lässt auch eine Hierarchisierung vornehmen, die in der Didaktik als *Begriffspyramide*[7] bezeichnet wird. Dabei werden verschiedene Bedeutungen eines Begriffs unterschiedlich gewichtet, d. h. wesentliche Merkmale werden von partikulären unterschieden: Die Bedeutung Wohlbefinden hat einen größeren Stellenwert für das Glück als beispielsweise die Bedeutung Gesundheit. Letztere kann, muss aber nicht wichtig für das Glück sein.

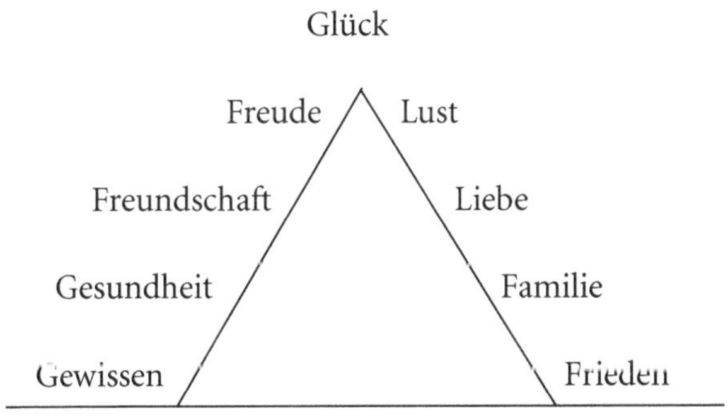

Die angeführten *Verfahren der Begriffsanalyse haben keinen Selbstzweck,* sondern müssen in einem philosophischen Gespräch als eine Methode angewendet werden, die dazu dient, bei der Klärung eines philosophischen Problems hilfreich zu sein. „Es kann nicht alles zu jeder Zeit geschehen. Der Lehrer sollte aber versuchen, … das ganze Spektrum der Verfahren auszunutzen. Dabei empfiehlt es sich, dass er den Schülern jeweils bewusst macht, wie er vorgeht und weshalb er eine bestimmte Methode gewählt hat."[8]

Manche philosophische Begriffe müssen auch vom Lehrer oder der Lehrerin eingeführt werden: Dies geschieht beispielsweise, indem ein bestimmter philoso-

7 Vgl. hierzu: *Brüning Barbara*: Können Blumen glücklich sein? Eine Ethikstunde mit Fünftklässern in St. Petersburg. In: Ethik & Unterricht, 3/1995. S. 27.

8 *Engels, Helmut*: Zum Umgang mit Begriffen im Philosophieunterricht. In: Kerncurriculum Philosophie. Soest 1998. S. 132.

phischer Begriff, der für einen Text oder eine Theorie zentral ist, wie z. B. der Entfremdungsbegriff bei Georg W. F. Hegel und Karl Marx, den Schülerinnen und Schülern im Kontext einer Theorie erläutert wird. Dabei kann man je nach Schwierigkeitsgrad dieser Begriffe beispielsweise die deduktive Leiter oder das Wortfeld anwenden. Wichtig ist, dass der zentrale Begriff mit anderen philosophischen Begriffen, die in dem betreffenden Text oder der Theorie eine wesentliche Rolle spielen, in Beziehung gesetzt wird, um seinen Bedeutungshorizont zu klären.

2.1.3 Didaktische Anregungen zur Begriffsanalyse

Kant ging davon aus, dass Lehrerinnen und Lehrer die junge Menschen zu philosophischem Nachdenken anregen wollen, in erster Linie lernen sollten, wie sie gut nachfragen, um Schülerinnen und Schülern Geburtshilfe für eigene Ideen zu leisten.[9]

Solche Fragen nach dem Bedeutungsgehalt von Begriffen wären beispielsweise:

- *Was verstehst du unter … dem Wort / dem Begriff …?*
- *Kennst du ein anderes Wort / einen anderen Begriff für …?*
- *Wann/in welcher Situation hast du diesen Begriff schon einmal verwendet? Kannst du uns ein Beispiel geben?*
- *Was ist bei den Begriffen, die du verwendet hast, gleich?*
- *Wodurch unterscheiden sich diese Begriffe?*
- *Kennst du ein Wort einen Begriff, der das Gegenteil von dem Wort / dem Begriff … ausdrückt?*
- *Kennst du Worte/Begriffe, die mit dem Wort/ Begriff … verwandt sind?*
- *Welche der herausgefundenen Bedeutungen hältst du für besonders wichtig?*
- *Gibt es Doppeldeutigkeiten der Begriffe …?*
- *Erinnerst du dich an eine Geschichte, in der das Wort/der Begriff … eine wichtige Rolle spielte? Welche Funktion hat das Wort / der Begriff in dieser Geschichte?*

Begriffe werden in der philosophischen Tradition im Wesentlichen durch sprachliche Präzisierung geklärt. Sie lassen sich jedoch auch durch visuelle Methoden und durch Spiele in ihrem vielfältigen Bedeutungskontext zeigen (vgl. hierzu 2.2 und 3).

9 Vgl. *Kant, Immanuel*: Metaphysik der Sitten. In: Werke, Bd. VIII. Hrsg. v. *W. Weischedel*. Frankfurt/M. 1977. S. 618.

2.1.4 Weiterführende Literatur

Brüning, Barbara: Philosophische Gespräche mit Kindern – inhaltliche und methodische Charakteristika. In: *Schulte-Rohling, Ludger/Münnix, Gabriele* (Hrsg.): Philosophieren mit Kindern in der Sekundarstufe I. Münster 1998. S. 66-79.

Dies.: Können Blumen glücklich sein? – Eine Ethikstunde mit Fünftklässlern in St. Petersburg. In: Ethik & Unterricht, 3/1995. S. 27/28 (Begriffsanalyse in einer 5. Klasse).

Engels, Helmut: Der Umgang mit Begriffen im Philosophieunterricht. In: Praktische Philosophie. Soest: Landesinstitut für Schule und Ausbildung NRW 1997. S. 127-133 (Vorschläge für die Sekundarstufe II).

Kyle, Judy: Philosophy for Children, Montreal 1974 (Magisterarbeit mit Vorschlägen für die Begriffsanalyse nach John Wilson für die Grundschule, ausleihbar am Fachbereich Erziehungswissenschaft der Universität Hamburg).

van der Leeuw, Karel/Mostert, Peter: Das Erlernen philosophischer Begriffe. In: Philosophieren lehren. Amsterdam/Maastricht 1988. S. 67-84 (in deutscher Sprache; Vorschläge für die Sekundarstufe II).

Martens, Ekkehard: Begriffsbildung. In: *Ders.*: Philosophieren mit Kindern. Stuttgart 1999. S. 97-124.

Ritz, Eberhard: Ein Beispiel produktiver Unterrichtsverfahren. In: *Hastedt, Heiner* (Hrsg.): Philosophieren mit Kindern. Rostock 1996. S. 115-125.

Wilson, John: Begriffsanalyse. Stuttgart 1984.

Zoller, Eva: Hinter den Sternen ... (Metaphysik). Einiges über Namen und Begriffe. In: *Dies.*: Die kleinen Philosophen. Wiesbaden 1991. S. 33-74 (begriffliches Arbeiten mit Grundschulkindern).

Methoden der Begriffsanalyse – Übersicht

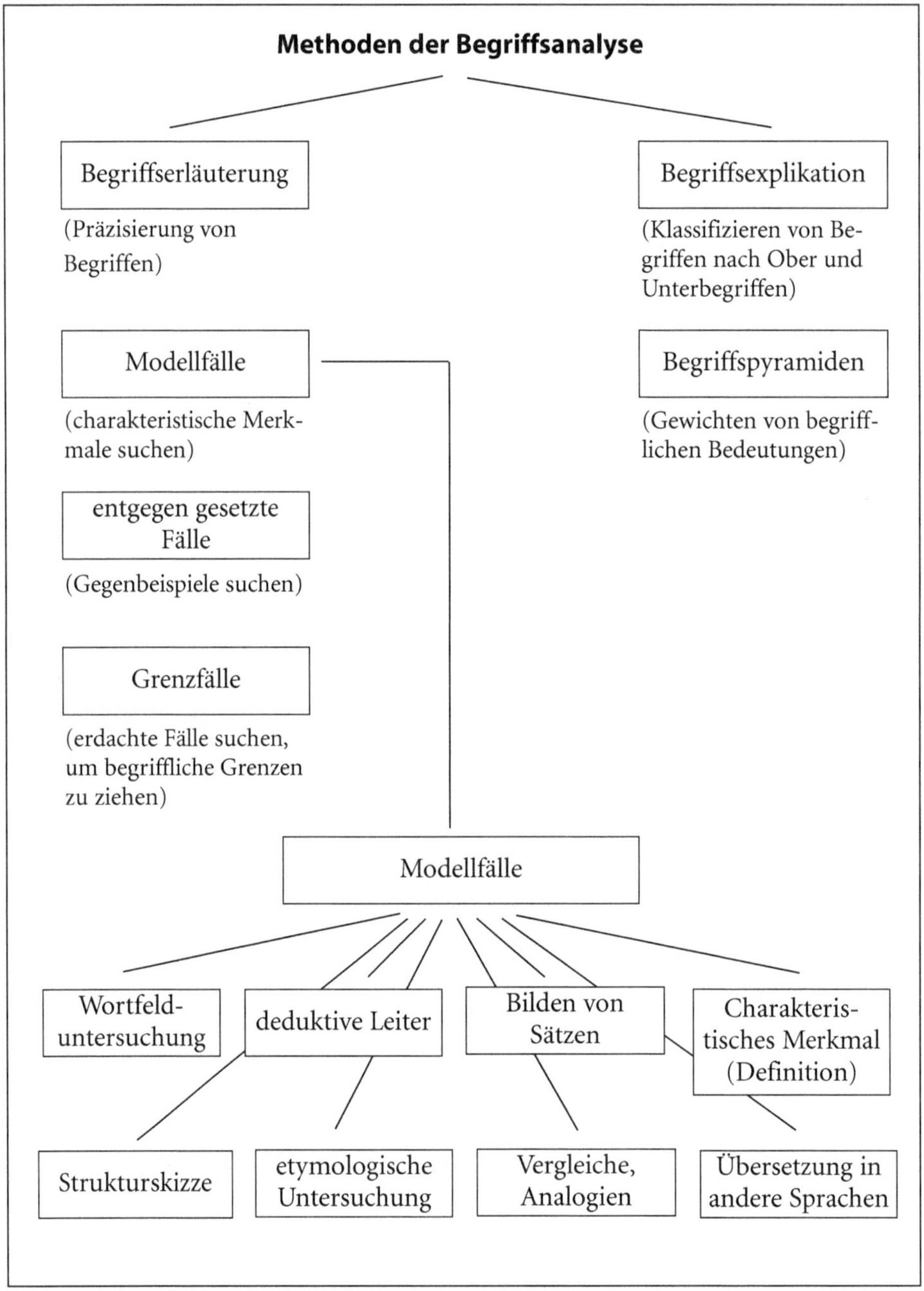

2.2 Argumentieren

Der englische Schriftsteller Lewis Carroll gehörte zu jenen Autoren, deren Intention es war, vor allem die junge Generation zu philosophischem Nachdenken zu ermuntern. In seinem Buch „Alice im Wunderland“ steht neben begrifflichen Spielereien und Gedankenexperimenten vor allem auch das Argumentieren im Mittelpunkt, kombiniert mit dem philosophischen Problemfeld der Identität (vgl. 1.2). Im Laufe des Romans unterzieht sich das Mädchen Alice verschiedenen Verwandlungen, für die der folgende Dialog exemplarisch ist.

Die Raupe und Alice starrten einander ein Weilchen schweigend an. Schließlich nahm die Raupe die Pfeife aus dem Mund und fragte mit schläfriger, schleppender Stimme: „Wer bist du?“

Das war nicht gerade ein ermutigender Anfang für ein Gespräch. Alice erwiderte scheu: Ich – ich weiß es leider im Augenblick selbst nicht genau. Ich weiß allerdings, wer ich war, als ich heute früh aufwachte; seither habe ich mich ein paar Mal verwandelt. Ich kann mich also leider nicht erklären, weil ich nicht ich bin! Verstehst du das?“

„Nein!“, sagte die Raupe.

„Ich kann es aber nicht klarer ausdrücken“, sagte Alice so höflich wie möglich, „weil ich es selbst nicht verstehe. Wenn man im Laufe eines Tages so oft seine Größe verändert, ist das äußerst verwirrend.“

„Durchaus nicht“, behauptete die Raupe.

„Vielleicht hast du diese Erfahrung noch nicht gemacht“, meinte Alice, „aber wenn du dich in eine Schmetterlingspuppe verwandelst, wie das alle Raupen tun, wirst du dir auch etwas merkwürdig vorkommen.“

„Kein bisschen!“, sagte die Raupe.

„Es kann ja sein, dass du das anders empfindest“, meinte Alice, „mir käme es bestimmt merkwürdig vor.“

„Dir!“, sagte die Raupe verächtlich. „Wer bist du denn überhaupt?“[10]

2.2.1 Sinn und Zweck des Argumentierens

Alice hat Probleme mit ihrer Identität. Ist sie wirklich größer und anschließend auch wieder kleiner geworden, macht sie körperliche Verwandlungen durch? Warum kann sie der Raupe nicht erklären, wer sie ist? Können physische Veränderungen dazu führen, dass ein Mensch seine Identität verliert? Wenn sich jemand körperlich verändert, ist er dann noch der gleiche Mensch wie vorher? Kann der Verlust eines Körperteils dazu beitragen, dass jemand ein anderer Mensch wird? Woher kann ich überhaupt wissen, wer ich bin? Brauche ich dazu die anderen Menschen? Was verbirgt sich hinter dem Begriff der Identität?

10 *Carroll, Lewis*: Alice im Wunderland. Wien/München/Zürich 1984. S. 81.

Wenn wir dieser Frage nachgehen wollen, dann könnten wir zuerst – wie im vorigen Kapitel beschrieben – eine Begriffsanalyse durchführen und den Begriff der Identität beispielsweise durch eine Wortfelduntersuchung näher eingrenzen, in der Begriffe wie Körper und Geist, also physische und psychische Eigenschaften, voneinander unterschieden werden. Wir könnten aber auch die Frage stellen: Warum zweifelt Alice eigentlich an sich selbst?

Eine mögliche Antwort diese Frage wäre: Alice zweifelt an ihrer Identität, weil sie körperliche Veränderungen durchmacht. Der mit „weil" eingeleitete Satzteil gibt eine Begründung für den von Alice initiierten Prozess des Nachdenkens über sich selbst.

Argumente erweitern also das Verständnis einer Meinungsäußerung wie „Alice zweifelt an sich" und zeigen, warum jemand so und nicht anders denkt.

2.2.2 Argumentationsformen

Zur Begründung von Behauptungen und Meinungen, lassen sich *zwei Grundformen* des Argumentierens unterscheiden: a) *empirische* und b) *nichtempirische Argumente.*[11]

a) Die den meisten Menschen geläufige Möglichkeit zu argumentieren ist die Bezugnahme auf empirische Gründe. Sie umfassen Tatsacheninformationen, die gegebenenfalls nachgeprüft werden können: Ich habe der Frau geholfen, weil sie gestern Vormittag auf dem Eis ausgerutscht ist. Der Wahrheitsgehalt dieser Aussage kann im Zweifelsfall nachgeprüft werden, z. B. indem man die betroffene Person fragt, ob dies wirklich so geschehen ist.

Empirische Gründe dienen dazu, die Angemessenheit von einzelnen Handlungen auf der Grundlage von Fakten zu erklären. Auch Kinder kennen diese Argumentationsform aus ihrer Alltagspraxis, in der sie Handlungen häufig durch die Bezugnahme auf Fakten rechtfertigen: Ich bin heute zu spät in die Schule gekommen, weil wir verschlafen haben.

Eine Untergruppe dieser Kategorie bilden *literarische Gründe.* Sie beziehen sich auf Textstellen aus Büchern, die sich nachprüfen lassen und die man ebenfalls zur Erläuterung von Behauptungen heranziehen kann. So äußerte beispielsweise eine Schülerin aus einer 8. Klasse über das Problem von Alices Identitätszweifeln: „Ich meine, dass die Textstelle, in der gesagt wird, dass Alice lieber Mabel sein will, Alices Identitätskrise zum Ausdruck bringt, weil Alice wieder einmal an ihren geistigen Fähigkeiten zweifelt".

Beim Philosophieren haben literarische Argumente die Funktion, ein Argument zu verstärken, indem man zeigt, dass ein bestimmter Autor oder Philosoph eine ähnliche begründete Auffassung vertritt.

So wäre es beispielsweise möglich, Alices Identitätszweifel mit der Berufung auf John Lockes Überlegungen zu widerlegen. Locke behauptet, dass körperliche Veränderungen nicht zu Veränderungen der Identität eines Menschen führen: „Es sind

11 Vgl. *Brüning, Barbara*: Ethik 5/6, Begleitbuch. Leipzig 1994. S. 13f.

für jeden die Glieder seines Körpers ein Teil seines Selbst. Er empfindet mit ihnen und kümmert sich um sie. Wird ihm aber eine Hand abgeschlagen und dadurch von dem Bewusstsein losgelöst, das er von ihrer Wärme, Kälte und ihren sonstigen Zuständen hatte, dann ist sie nicht mehr ein Teil seines Selbst ... Wir sehen also, die Substanz, aus der das persönliche Ich in einem Augenblick bestand, kann sich ändern, ohne dass die Identität der Person davon berührt würde. Denn die Identität der Person steht außer Frage, mögen auch die Glieder, die eben noch einen Teil von ihr bildeten, abgehauen sein."[12]

b) Einen größeren Schwierigkeitsgrad hinsichtlich ihrer Überzeugungstauglichkeit weisen nichtempirische Gründe auf, die das Hauptinstrumentarium der philosophischen Tradition darstellen. Sie sind begriffliche Konstruktionen, die nicht an Fakten überprüft werden können: Alice zweifelt an ihrer Identität, weil sie körperliche Verwandlungen durchmacht.[13] Zwar lassen sich die körperlichen Veränderungen durchaus empirisch nachprüfen, aber müssen sie in ihrer logischen Konsequenz zu Zweifeln an der eigenen Identität führen? Jemand könnte genauso gut im Sinne John Lockes sagen: Ich habe mich zwar körperlich verändert, bin aber dennoch die gleiche Person wie vorher.

Bei nichtempirischen Gründen handelt es sich – wie unser Beispiel zeigt – um so genannte *Verstehensargumente*, die das *Verständnis einer Handlung oder eines Urteils „verbessern“* sollen. Sie erklären, warum jemand eine bestimmte Handlung ausgeführt hat oder warum er gerade diese (und keine anderen) Konsequenzen daraus zieht.

Verstehensargumente können sich beispielsweise auf einen tradierten Moralkodex (System von Normen, im Sinne so genannter „höherer Wahrheiten“) beziehen, der für eine bestimmte soziale Gruppe einen mehr oder weniger stillschweigend anerkannten Regelkatalog bildet und von allen Mitgliedern anerkannt wird, wie etwa allgemeine Menschenrechte oder auch eine Konvention wie: In Not geratenen Menschen sollte man helfen. Hierzu gehört auch die Bezugnahme auf Respektspersonen, denen ein hohes Maß an moralischer Urteilsfähigkeit zugebilligt wird, wie den Papst oder einen Philosophen, oder die Berufung auf das eigene Gewissen oder eine religiöse Überzeugung als Begründungsprinzipien: Ich habe der Frau geholfen, weil es mir mein Gewissen geraten hat.

Bei der *Bezugnahme auf Respektspersonen oder das Gewissen* ist es in manchen Fällen erforderlich, dass der oder die Argumentierende weiterführend begründet, warum diese oder jene Handlung mit seinem Gewissen vereinbar oder nicht vereinbar ist (vgl. hierzu auch 2.3).[14] In anderen Fällen muss eine Dialoggemeinschaft auch

12 Vgl. *Locke, John*: Untersuchungen über den menschlichen Verstand, Buch II. Hamburg 1973. Kap. 27.

13 Vgl. hierzu auch: *Schnädelbach, Herbert*: Philosophische Argumentation. In: *Martens, Ekkehard/ Ders.* (Hrsg.): Philosophie – Ein Grundkurs. Hamburg 1991, bes. S. 697-706.

14 Vgl. hierzu: *Rorty, Richard*: The Linguistic Turn. Recent Essays in Philosophical Method. Chicago/ London 1967.

akzeptieren, dass eine Gewissensentscheidung jede weitere Argumentation überflüssig macht, wenn durch sie das Selbstverständnis eines Argumentierenden in Frage gestellt wird.

In gleicher Weise verhält es sich mit Gefühlen, durch die vor allem Handlungen gerechtfertigt werden können. Hierzu gehören Gefühle, wie Angst, Liebe, Freundschaft oder Abneigung und Trauer: Ich habe der Frau geholfen, weil ich ihr gegenüber Dankbarkeit empfinde.

Der Rekurs auf Emotionen erklärt eine bestimmte Handlung oder subjektive Wünsche, Einstellungen und Beziehungen, ohne sie jedoch von vornherein zu rechtfertigen. Deshalb sollte der oder die Argumentierende bestimmte Gefühle, die in philosophischen Diskussionen oder bei moralischen Entscheidungen eine bedeutende Rolle spielen können, gegebenenfalls durch eine Kombination mehrerer Argumentationsformen rechtfertigen.

2.2.3 Das Schema einer philosophischen Argumentation

Die *Begriffsanalyse* bildet die *semantische Basis für eine Argumentation*, d. h. die überprüfte inhaltliche Tauglichkeit der in einer Meinungsäußerung verwendeten Begriffe ermöglicht zu erklären, warum jemand diese und keine andere Antwort auf ein philosophisches Problem geben möchte.

„Hat man erst einmal die begrifflichen Zusammenhänge – Gilbert Ryle[15] spricht hier von ‚logischer Geografie' geklärt, dann kann man sie auch in Argumentationszusammenhänge einbringen, in denen es nicht nur um Begriffsklärung geht."[16]

So kann z. B. ein Dialogteilnehmer oder -teilnehmerin die Behauptung aufstellen, dass Alice ihre Identität nicht verliert, nachdem der Begriff „Identität" vorher anhand von Modellfällen geklärt wurde. Er oder sie wird aber möglicherweise mit der Frage konfrontiert werden, warum er/sie dieser Meinung ist, d. h. er oder sie muss seine/ihre Behauptung durch Gründe stützen, um sie gegen konträre Auffassungen „zu verteidigen.

Der englische Philosoph Stephen Toulmin hat in der Tradition der antiken Logik des Aristoteles und der in der Jurisprudenz üblichen Argumentationspraxis allgemeine Grundlagen entwickelt, wie der Prozess einer Argumentation abläuft. Jemand stellt eine Behauptung (Meinung) auf, zu deren Erklärung er eine Begründung anführt. Toulmin nennt die Behauptung in der Sprache der Logik „Schlussfolgerung" und die Gründe „Daten". Diese beiden Bestandteile bilden das Basisschema einer Argumentation.

15 Englischer Gegenwartsphilosoph mit Schwerpunkt Sprachphilosophie.

16 *Schnädelbach, Herbert*: Philosophische Argumentation. In: *Martens, Ekkehard/Ders.*: (Hrsg.): Philosophie – Ein Grundkurs. Reinbek 1991. S. 502.

Schema I

Grund ⟶ *Behauptung*

D ⟶ *Deshalb K*

(Datum) *(Konklusion = Schlussfolgerung)*

D ⟶ *Deshalb K*

Alice wird größer und kleiner (durch den Genuss von Pilzen und den Trunk aus einer Flasche). *Alice zweifelt, ob sie noch sie selbst ist*

Die Daten, die eine Schlussfolgerung stützen, können sowohl empirische Gründe sein (Tatsacheninformationen, literarische Tatbestände als auch nichtempirische Argumente sein (vgl. 2. 2).

Nun kann jemand zu einer Behauptung (K) eine Gegenbehauptung (K') anführen oder die Frage stellen, warum gibst du diesen Grund (D) und keinen anderen an ? Wie kommst du denn dazu zu behaupten, dass körperliche Veränderungen zu Identitätszweifeln führen ? Durch diese Frage wird der oder die Argumentierende aufgefordert, die Relevanz der Daten, die eine Schlussfolgerung stützen, zu erläutern und einen Grund für den Grund anzugeben. Toulmin nennt diese Metaargumente *warrant*, was soviel wie Ermächtigung, Befugnis oder Rechtfertigung heißt - in der deutschen Übersetzung seines Buches wird dafür der Begriff „Schlussregel“ verwendet.[17] Ein „warrant“ soll zeigen, „... dass der Schritt von diesen als Ausgangspunkt dienenden Daten auf die ursprüngliche Behauptung oder Schlussfolgerung angemessen und legitim ist“[18], d. h. er rechtfertigt die angegebene Begründung.

Schema II

D ⟶ *Deshalb K*

↓

Wegen

SR = Schlussregel

17 Vgl. hierzu: *Toulmin, Stephen*: Der Gebrauch von Argumenten. Weinheim ^{2}1996. S. 89.
18 Ebd. S. 90.

D → *Deshalb K*

Alice wird größer und kleiner (durch den Genuss von Pilzen und den Trunk aus einer Flasche).

Alice zweifelt, ob sie noch sie selbst ist.

↓

Wegen W

körperliche Veränderungen führen zu geistigen Veränderungen.

Ein *warrant* ist sozusagen kein zweiter Grund (Datum) für eine Behauptung (Schlussfolgerung). Er stellt vielmehr einen Zusammenhang zwischen beiden her und erläutert, *warum gerade dieser Grund wichtig ist*, die Behauptung zu stützen. Insofern erfordert er von den Argumentierenden eine große Reflexionsanstrengung, denn sie müssen sich überlegen, warum sie diesen und keinen anderen Grund gewählt haben.

Das *warrant* hat die Funktion, eine Argumentation für Dialogpartner überzeugend zu machen, den Argumentationsgang abzuschließen und den Plausibilitätsgrad des gegebenen Arguments unter Beweis zu stellen.

– *Wie kommst du darauf zu behaupten, dass größer und kleiner werden zu Identitätszweifeln führt?*
– *Aufgrund der Überlegung, dass körperliche Veränderungen auch geistig-seelische Veränderungen bewirken.*

Es wäre beispielweise auch möglich, ein anderes *warrant* zu formulieren:

D → *Deshalb K*

Alice wird größer und kleiner (durch den Genuss von Pilzen und den Trunk aus einer Flasche).

Alice zweifelt, ob sie noch sie selbst ist.

↓

Wegen W

sie macht körperliche Veränderungen durch.

In diesem Argumentationsgang wird in dem *warrant*, das den Grund rechtfertigen soll, lediglich die Information wiederholt, die bereits in D gegeben wurde, d. h. der oder die Argumentierende erläutert nicht, wieso er oder sie dazu kommt, den in D genannten Grund anzuführen. Insofern trägt das *warrant* nicht dazu bei zu erklären, wie Alices Identitätszweifel zu Stande kommen. Es stellt keinen gedanklichen Zusammenhang zwischen Daten und Schlussfolgerung her.

Dennoch kann in einer philosophischen Diskussion auch ein gut durchdachtes *warrant* in Frage gestellt werden, wenn es unter den Dialogpartnern nicht die notwendige Akzeptanz findet. So ließe sich z. B. im Sinne von John Locke weiterfragen, warum körperliche Veränderungen zu geistig-seelischen Veränderungen führen?

Diese verstärkte Nachfrage veranlasst die Argumentierenden dazu, wiederum zu erläutern, aufgrund welcher Überlegung sie ein bestimmtes *warrant* zur Stützung eines Arguments gewählt haben, d. h. sie müssen auch einen *Grund für die Wahl der Schlussregel angeben*, der in der Argumentationstheorie mit dem Begriff *backing* bezeichnet wird.

Schema III

D ——————————→ *Deshalb K*

↓

wegen W

↓

aufgrund B

D ——————————→ *Deshalb K*

Alice wird größer und kleiner (durch den Genuss von Pilzen und den Trunk aus einer Flasche). | *Alice zweifelt, ob sie noch sie selbst ist.*

↓

Wegen W

körperliche Veränderungen führen zu geistigen Veränderungen.

↓

Aufgrund B

Körper und Geist bilden eine Einheit.

Die *backings* (B) sollen eine Argumentation zu einem vorläufigen Abschluss führen und mögliche Gegenargumentationen verhindern. Sie stellen in diesem Sinne eine vorläufige Letztbegründung (B) einer Schlussfolgerung (K) dar, wobei es sowohl in der esoterischen als auch in der exoterischen Philosophie durchaus möglich ist, auch ein *backing* infrage zu stellen. In diesem Fall bricht die Argumentation zusammen, d. h. sie war entweder in sich nicht schlüssig oder konnte die Dialogpartner nicht überzeugen.

In ein philosophischen Diskussion treffen meistens verschiedene Meinungen und sie stützende Argumentationen aufeinander. In der Regel setzt sich die überzeugendere durch, die dann den Widerstreit der Meinungen zu einem relativen Abschluss bringt.

2.2.4 Analytische und substantielle Argumentationen

Das von Toulmin entworfene Argumentationsschema trifft auf alle Arten von Argumentationsvorgängen zu, die auch außerhalb der Philosophie angewendet werden, beispielsweise Argumentationen im täglichen Leben oder im juristischen Bereich. Jemand, der nach diesem Schema seinen Argumentationsgang aufbaut, reflektiert über seine Meinung und die sie stützenden Gründe.

Philosophische Argumentationen unterscheiden sich von anderen Argumentationsformen dadurch, dass sie *sich auf einen philosophischen Gegenstand beziehen*, also ein fundamentales Lebensproblem von existentieller Bedeutung für den Menschen bearbeiten (vgl. 1.2).

Philosophische Argumentationen können jedoch im *Aufbau des Argumentationsgangs untereinander differieren.* Toulmin unterscheidet zwischen der *analytischen und der substantiellen Argumentation.*

Der analytische Argumentationstypus betrifft in der Philosophie vor allem die formale Logik: „Eine von D zu K führende Argumentation heißt analytisch genau dann, wenn die Stützung für die Schlussregel, die die Argumentation ermöglicht, explizit oder implizit die Information enthält, die in der Schlussfolgerung selbst übermittelt wird.“[19]

D ⟶ *Deshalb K*

Sokrates ist ein Mensch | *Sokrates ist sterblich*

↓

Wegen W

Alle Menschen sind sterblich

Die Aussage „Sokrates ist sterblich“ wird in der vorangegangenen Argumentation durch die Schlussregel „Alle Menschen sind sterblich“ begründet. Das nun zu formulierende *backing* würde sich substantiell, d. h. inhaltlich nicht von K unterscheiden, weil man W durch die Aufzählung *aller* sterblichen Menschen, d. h. einschließlich der Information „Sokrates ist sterblich“ belegen müsste. Bei einer *analytischen Argumentation* existiert also im Unterschied zu einer substantiellen Argumentation eine *Identität (Gleichheit) des Inhalts*, der in D, K, W und B nur umgeformt wird.

Bei einer substantiellen Argumentation unterscheiden sich K und B substantiell, d. h. inhaltlich voneinander. Die Stützung für die Schlussregel W enthält demzufolge nicht die Information, die bereits in der Schlussfolgerung K mitgeteilt wird. Bezogen auf das Schema III unterscheidet sich daher die Schlussfolgerung K „Alice zweifelt, ob sie noch sie selbst ist“ substantiell (inhaltlich) von der Stützung B für die Schlussregel W, die besagt, dass Körper und Geist eine Einheit bilden.

19 Ebd. S. 113.

Das Besondere einer philosophischen substantiellen Argumentation besteht darin, dass sie sich, wie oben erwähnt, auf einen philosophischen Gegenstand beziehen muss und dass die Schlussregel W und die Stützung B nichtempirischer Natur sind. „In der Regel ist das, worauf man ein philosophisches Argument aufbaut, ein begrifflicher Zusammenhang. Begriffliche Zusammenhänge sind nicht empirisch, weil sie nicht von der Wirklichkeit, sondern von den Bedeutungen bzw. Bedeutungsregeln der betreffenden Begriffe abhängen."[20]

Abgesehen von der Unterscheidung zwischen analytischen und substantiellen Argumentationen ist für das Philosophieren auch die Differenzierung zwischen Schlussregel verwendenden (mit W, aber ohne B; vgl. Schema II) und Schlussregel begründenden Argumentationen (mit W und B; vgl. Schema III) interessant. Schlussregel verwendende Argumentationen werden dann angewendet, wenn die Dialogteilnehmer und -teilnehmerinnen ein *warrant* als vorläufige Letztbegründung akzeptieren. Bei den meisten Argumentationen, vor allem in der esoterischen Philosophie, ist es jedoch erforderlich, die *warrants* durch *backings* zu stützen.

2.2.5 Didaktische Anregungen zum Argumentieren

Häufig passiert es auch in philosophischen Diskussionen, dass Dialogpartner und -partnerinnen ihre Behauptungen (Meinungen) nicht durch Gründe stützen. Deshalb sollte ein/e Gesprächsleiter/-leiterin in erster Linie darauf achten, dass jeder, der philosophiert, den anderen auch erklärt, warum er so und nicht anders denkt. Dazu sind folgende Fragen und Anregungen hilfreich:

Frage nach Gründen
- *Warum meinst du, dass ... Alice an sich selbst zweifelt?*
- *Kannst du begründen, warum ... Alice an sich zweifelt?*
- *Welche Gründe gibt es noch dafür, dass ... körperliche Veränderungen auch zu geistigen Veränderungen führen können?*
- *Habt ihr alle Gründe genannt, die für ... Alice' Zweifel wichtig sind?*
- *Welcher der genannten Gründe überzeugt euch am meisten?*

Frage nach warrants und backings
- *Wie kommt ihr darauf zu behaupten, dass ... körperliche Veränderungen zu Identitätszweifeln führen?*
- *Wie können wir herausfinden, ob dieser Grund ... „Alice verändert sich körperlich" ein guter Grund ist?*
- *Könnt ihr erklären, warum dieser Grund wichtig ist, eure Behauptung zu stützen?*
- *Aufgrund welcher Überlegung habt ihr dieses warrant formuliert?*
- *Womit können wir das warrant stützen, damit es uns überzeugt?*

20 *Schnädelbach, Herbert*: Philosophische Argumentation. A. a. O. S. 500.

- *Überprüft, ob eure Schlüsse K, Schlussregeln W und Stützungen B schlüssig sind, und die Information aus D nicht wiederholen.*

2. 2. 6 Weiterführende Literatur

Brüning, Barbara: Philosophieren mit sechs- bis achtjährigen Kindern in der außerschulischen Erziehung - Überlegungen zu einem handlungsorientierten Ansatz unter Berücksichtigung praktischer Erfahrungen. A. a. O. (s. S. 00) S. 121-184.

Dies.: Alice in einer achten Klasse unter besonderer Berücksichtigung des Themas Identität und der philosophischen Grundstruktur des Begründens, Hamburg 1986 (Staatsexamensarbeit, im Staatlichen Studienseminar Hamburg erhältlich)

Dahms, Günther: Nachdenken im Unterricht. Fragemethoden und Anleitung zum argumentierenden Gespräch. Königstein/Ts. 1979.

Schneider, Hans-Julius: Ethisches Argumentieren. In: *Martens, Ekkehard/Hastedt, Heiner* (Hrsg.): Ethik – Ein Grundkurs. Reinbek 1994.

Toulmin, Stephen: Der Gebrauch von Argumenten. Weinheim [2]1996, bes. S. 3-21 und S. 113-122.

Schnädelbach, Herbert: Philosophische Argumentation. In: *Martens, Ekkehard/Ders.* (Hrsg.): Philosophie – Ein Grundkurs. Reinbek 1991. S. 683-707.

2. 3 Das sokratische Gespräch

1. Sokrates:	*Thrasymachos gab alles zu, allerdings nicht so leicht, wie es in meiner Erzählung jetzt erscheint, sondern nur unter Drängen und Zwang, unter staunenswert viel Schweiß – weil ja Sommer war! Damals sah ich Thrasymachos zum ersten Mal erröten, früher noch nie! Als wir nun übereingekommen waren, dass die Gerechtigkeit eine Tüchtigkeit und Verständigkeit sei, die Ungerechtigkeit das Gegenteil, sagte ich: „Gut, das soll nun feststehen! Nun sagen wir auch, die Ungerechtigkeit ist eine Macht. Oder erinnerst du dich nicht, Thrasymachos?*
2. Thrasymachos:	*Ich weiß schon, aber mir gefallen deine Worte jetzt nicht, ich könnte darüber eine Rede halten. Wenn ich's täte, würdest du mich gewiss einen Demagogen nennen. Also, lass mich sprechen nach meiner Art oder, wenn du willst, frage! Ich werde dir wie den alten Frauen, die Märchen erzählen, immer jaja antworten und mit dem Kopf ja oder nein nicken.*
3. Sokrates:	*Aber keineswegs gegen deine Überzeugung!*
4. Thrasymachos:	*Wie es dir gefällt, da du mich nicht reden lässt. Also, was willst du denn?*

5. Sokrates:	*Nichts, bei Zeus! Aber wenn du zustimmst, gut – ich will fragen.*
6. Thrasymachos:	*Nur zu!*
7. Sokrates:	*Doch frage ich wie eben – um genau der Untersuchung zu folgen –, wie sich die Gerechtigkeit gegenüber der Ungerechtigkeit verhält. Denn es wurde eine Überlegenheit und größere Macht der Ungerechtigkeit gegenüber der Gerechtigkeit behauptet. Wenn nunmehr die Gerechtigkeit etwas Verständiges und Tüchtiges ist, wird sich ihre Überlegenheit über die Ungerechtigkeit leicht herausstellen, zumal diese Unwissen ist. Das dürfte wohl keiner verkennen. Aber so schlicht und einfach, mein Thrasymachos, will ich die Sache nicht erledigen, sondern ungefähr so vorgehen. Du sagst, ein Staat könne ungerecht sein und dabei andere Staaten gegen alles Recht zu unterjochen versuchen, dies auch vollenden und somit viele unterjocht halten.*
8. Thrasymachos:	*Wie auch nicht? Und darin wird der tüchtigste und vollendet ungerechte Staat am erfolgreichsten sein.*
9. Sokrates:	*Ich verstehe: Dies war ja deine Meinung. Erhält sich nun dieser überlegen gewordene Staat seine Macht ohne Gerechtigkeit oder muss er dazu gerecht sein?*
10. Thrasymachos:	*Wenn deine Rede gilt und Gerechtigkeit Klugheit ist, dann mit der Gerechtigkeit, wenn aber meine Rede gilt, mit der Ungerechtigkeit.*
11. Sokrates:	*Ich muss dich wirklich bewundern, weil du nicht bloß mit dem Kopf ja oder nein nickst, sondern so trefflich antwortest!*“[21]

In diesem Dialog aus Platons Schrift „Der Staat“ treten der Philosoph Sokrates und der junge Sophist Thrasymachos auf, die miteinander über das Problem der Gerechtigkeit philosophieren.

Sokrates war der erste Philosoph in der Geschichte der europäischen Philosophie, der auf dem Marktplatz von Athen, der Agora, sowie auf Straßen und in Werkstätten mit Bürgerinnen und Bürgern über alltägliche Probleme philosophierte. Von ihm sind keine Schriften überliefert. Alle Informationen über Sokrates stammen von seinen Schülern Platon und Xenophon. Platon machte ihn zur Hauptfigur seiner philosophischen Dialoge, während der Historiker und Schriftsteller Xenophon „Erinnerungen über Sokrates“ (Memorabilia) hinterließ, in denen er neben den Charakterzügen des Sokrates auch dessen Gesprächsmethode beschrieb.[22]

21 *Platon*: Der Staat. Stuttgart 1983. S. 112-113.

22 Vgl. *Xenophon*: Memorabilia (verschiedene Ausgaben), und: *Martens, Ekkehard*: Die Sache des Sokrates. Stuttgart 1992, bes. S. 5-23.

2.3.1 Die Gesprächsmethode des Sokrates

Sokrates führte mit seinen Gesprächspartnern einen Dialog von *These und Gegenthese*: Muss ein Staat, der seine Macht behaupten will, gerecht sein oder kann er auch, wie Thrasymachos behauptet, ungerecht sein?

In einem sokratischen Gespräch wird versucht, *alltäglich verwendete Begriffe* – in unserem Beispiel die Gerechtigkeit – *von anderen Begriffen abzugrenzen* und durch eine umfassende Begriffsanalyse zu klären (vgl. 2.1). Dieser Klärungsprozess erfolgt durch gezieltes Nachfragen des Sokrates (Sokrates 5 und 7), der in den Gesprächen mit seinen Schülern dominiert, d. h. er ist derjenige, der fragt, begriffliche Bedeutungen einkreist und somit seine Gesprächspartner zwingt nachzudenken bzw. den von ihm präsentierten Gedanken mitzudenken (Thrasymachos 8 und 10).

Die sokratische Methode verläuft dabei in zwei Schritten: Sokrates hält sich zunächst mit seiner Meinung zurück und geht auf die Ansichten seiner Gesprächspartner ein. Dabei stellt er sich meistens unwissend und lässt sich sogar belehren. In einem zweiten Schritt versucht er durch „Kreuz- und Querfragen“ die Behauptungen seiner Gesprächspartner „auseinander zu nehmen“ oder Folgerungen daraus zu ziehen. Dabei werden Widersprüche offengelegt, die zu einem Prozess des reflexiven Nachdenkens führen.

Sokrates intendiert, dass philosophische Gespräche dazu beitragen sollen, ein philosophisches Problem begrifflich-argumentativ durch These und Gegenthese unter der Führung eines Lehrmeisters systematisch einzukreisen; er spricht in unserem Beispiel von einer Untersuchung. Dabei stützt er sich auf Erfahrungen und Beispiele, die wir bei der Methode der Begriffsanalyse als Modellfälle kennen gelernt haben. Sie sollen das Problem verdeutlichen und den Gesprächspartnern die Möglichkeit des Mitdenkens erleichtern: Jemand kann nur bei einem Thema mitreden, bei dem er sich auskennt; Thrasymachos befasste sich zum damaligen Zeitpunkt mit der Kriegs- und Staatskunst.

Die von Sokrates angewendete *induktive Methode eines von Einzeldingen* und konkreten lebensweltlichen Situationen *ausgehenden Abstraktionsprozesses* galt ihm als wichtiges Instrument zur Stimulation reflexiver Verhaltensweisen seiner Gesprächspartner. Dabei spielte – wie in der gesamten antiken Philosophie – das Verhältnis von Existenz (Dasein der Gegenstände) und Essenz (Wesen der Gegenstände) eine bedeutende Rolle.

Zur Erkenntnis der Essenz wird im Reflexionsprozess von konkreten Einzeldingen und -beispielen wie einem ungerechten Staat ausgegangen. Sie bilden die Wahrnehmungsbasis für den weiteren Denkprozess, der zum Wesen einer Sache führen soll. Denn der Wahrnehmende kann sich nicht sicher sein, ob das von ihm Wahrgenommene verallgemeinerungsfähig ist oder lediglich seine Meinung darstellt. Deshalb bietet ihm der Dialog mit anderen die Möglichkeit, seine Meinung mit Gegen-Meinungen in einem argumentativen Prozess zu überprüfen, bis alle Einwände durch das *schrittweise Herausarbeiten von wesentlichen Merkmalen einer Sache*, d. h. eines Begriffes, ausgeräumt sind.

Durch das induktive Verfahren gelangten die antiken Philosophen von der bloßen Meinung (doxa) zu gesichertem, überprüftem Wissen. Aus der Vielfalt konkreter Beispiele und Einzelheiten arbeiteten sie durch gemeinsame Reflexion das Abstrakt-Allgemeine heraus, indem sie von den Einzeldingen das Wesentliche, Unbedingte abstrahierten, bis sich allmählich klare begriffliche Vorstellungen entwickelten.

Dabei klärten sie allerdings nicht mit letzter Gewissheit, wie ein debattiertes philosophisches Problem zu lösen ist. Dieses Problem erörterten sie lediglich in seiner Komplexität mit dem Ziel, vorgefasste Meinungen in Frage zu stellen und neue Aspekte in den reflexiven Betrachtungshorizont einzubeziehen. Die meisten platonischen Dialoge enden deshalb auch in einer Aporie, d. h. *sie haben einen offenen Ausgang* und präsentieren ein reflexiv bearbeitetes philosophisches Problem mit verschiedenen (denkbaren) Lösungsansätzen.

Merkmale eines von Platon überlieferten sokratischen Gesprächs
- *Ziel des Gesprächs ist die Klärung eines philosophischen Problems.*
- *Der Ausgangspunkt sind Beispiele und lebensweltliche Erfahrungen der Gesprächspartner.*
- *Sokrates dominiert das Gespräch durch eine gezielte Fragetechnik (der Lehrer fragt, die Schüler denken mit und antworten).*
- *Im Vordergrund der Dialoge steht die Begriffsanalyse.*
- *Die Gespräche enden in einer Aporie (offener Ausgang).*

2.3.2 Der sokratische Dialog als Selbstdenken

Die von Sokrates praktizierte Gesprächsmethode hat zu Beginn der Neuzeit John Locke explizit wiederbelebt. In seiner pädagogische Schrift „Gedanken über Erziehung" empfahl Locke Eltern und Erziehern, die Fragen von Kindern ernst zu nehmen und sie so kunstvoll zu beantworten, dass daraus neue Fragen entstehen (vgl. auch 1.3.2). Locke betrachtete im Gegensatz zum platonischen Sokrates die Kinder und Jugendlichen als die ursprünglich Fragenden. Die Eltern und Erzieher geben zwar Antworten, allerdings mit der Intention, dass diese Antworten zu neuen Fragen führen. Für Locke hatten dabei die *Warum-Fragen Priorität*, weil durch sie Wissen über die Welt erfragt werden kann d. h. der sokratische Lehrmeister rückt in den Hintergrund zugunsten der Fragen der Schüler. „Und vielleicht ist ein solches Gespräch für einen Erwachsenen doch nicht ganz so nichtssagend und unbedeutend, wie er anzunehmen geneigt ist. Die natürlichen und unbelehrten Vermutungen wissbegieriger Kinder bringen oft Dinge hervor, die den Geist eines denkenden Erwachsenen in Erstaunen versetzen."[23]

Bei Immanuel Kant steht in philosophischen Dialogen der Aspekt des Selberdenkens im Vordergrund. Kant empfahl in seiner „Ethischen Methodenlehre der Metaphysik der Sitten" das sokratische Gespräch als Methode, um dieses Selber-

23 *Locke, John*: Gedanken über Erziehung. Stuttgart 1996. S. 105.

denken zu stimulieren. Der Lehrer soll im Sinne des sokratischen Vorbilds „durch Fragen den Gedankengang“ seiner Schüler leiten, wobei auch vorläufige Urteile, „durch die man auf Gedanken gebracht wird“ den Ausgang eines ethischen Gesprächs bestimmen können.[24] In Ergänzung der von Locke intendierten philosophischen Fragekultur von Kindern hebt Kant als wesentliches Charakteristikum eines sokratischen Gesprächs hervor, dass auch die Lehrenden ihre Technik des Fragens kultivieren sollten, „dass der Lehrer nach dem *docendo discimus* selbst lernt, wie er gut fragen müsse.“[25]

Locke und Kant räumen also dem von Sokrates präferierten gezielten Nachfragen Priorität ein: Jemand tastet sich durch Fragen an den Sinn und Zweck der Welt heran und wird dabei durch einen Lehrer geführt, der seinerseits eine ausgereifte Fragetechnik entwickeln muss, damit er die Dialogpartner zum reflexiven Nachdenken über die Welt anregt.

Kant hat für das Philosophieren insgesamt drei Regeln formuliert, die beispielsweise in den Präambeln der Rahmenpläne für den Philosophieunterricht von Schleswig-Holstein und Mecklenburg-Vorpommern zu finden sind.

- Die erste Regel lautet im sokratischen Sinne: Selbst denken. Damit meint Kant, dass der Mensch nicht andere Menschen für sich denken lässt, z. B. Autoritäten oder philosophische Texte, die ihn sozusagen ans „Gängelband“ nehmen. Praktisch gesehen bedeutet dies, dass Lehrerinnen und Lehrer z. B. nicht nur die Frage stellen: Was meint Kant mit ... dem Begriff praktische Vernunft, sondern auch weiterfragen, was dieser Begriff für das eigene Leben der Schülerinnen und Schüler bedeuten könnte.
- Die zweite Regel besagt, dass Menschen lernen müssen, „sich in die Stelle jedes anderen zu denken“. Philosophieren im Dialog heißt also nicht, dass jeder nur seine eigene Meinung vorträgt, sondern den anderen als Gesprächspartner und -partnerin ernst nimmt und sich bemüht, ihn zu verstehen. Warum denkt jemand so (und nicht anders)? Wie kommt er eigentlich dazu, diese Meinung zu vertreten? Was will er mit dieser Meinung zum Ausdruck bringen?
- Als dritte Regel fordert Kant, dass der Mensch jederzeit mit sich „selbst einstimmig“ denken solle, also konsequent und folgerichtig. Damit wird angestrebt, Widersprüche zu vermeiden bzw. eine philosophische Meinungsäußerung überlegt, also begrifflich klar und argumentativ folgerichtig in die Diskussion zu bringen, beispielsweise auf der Grundlage von *warrants* und *backings.*[26]

Merkmale eines sokratischen Gesprächs nach John Locke und Immanuel Kant

- *Selbst denken steht im Vordergrund anstelle von „denken lassen“.*

24 *Kant, Immanuel*: Metaphysik der Sitten. In: Werke, Bd. VIII. Hrsg. v. *W. Weischedel*. Frankfurt/M. 1977. S. 618.

25 Ebd.

26 Vgl. *Kant, Immanuel*: Drei Regeln für das Philosophieren. In: Werke, Bd. X. Hrsg. v. *W. Weischedel*. Frankfurt/M. 1977. S. 548 (§ 56).

- *Dialogpartner sollen vom Lehrer oder der Lehrerin angeregt werden, eigene (philosophische) Fragen zu stellen.*
- *Der Gesprächsleiter oder die -leiterin sollen ihre eigene Fragetechnik kultivieren, damit sie Schülerinnen und Schüler durch gezieltes Nachfragen zu eigenen Gedanken ermuntern.*
- *Entwickeln der Fähigkeit zum Austausch von Meinungen (nicht nur die eigene Meinung ist gefragt).*
- *Denken muss widerspruchfrei sein, z. B. logischen Regeln folgen*

2. 3. 3 Der sokratische Dialog im Bildungsbereich

Die Göttinger Philosophieprofessor Leonard Nelson entdeckte die sokratische Methode Anfang nach 1920 für den Bildungsbereich. Er gründete 1922 eine Philosophisch-politische Akademie, die in Analogie zum mündigen Polisbürger der Sophisten philosophische Bildung und politisches Engagement, vor allem gegen die sich damals abzeichnende nationalsozialistische Machtergreifung kombinieren sollte (vgl. 1.4.1).

Die *Philosophisch-politische Akademie* war auch die Trägerin eines Landerziehungsheims bei Walkemühle, in dem Kinder und junge Erwachsene auf der Grundlage der sokratischen Methode zur politischen Arbeit herangebildet wurden.[27] Der Unterricht war dort in allen Fächern auf die sokratische Methode hin ausgerichtet; 1933 gingen die Lehrerinnen und Lehrer nach Dänemark ins Exil.

Gustav Heckmann war Lehrer an der Schule in Walkemühle und Schüler von Leonard Nelson. Er reaktivierte 1946 die Philosophisch-politische Akademie und führte die sokratische Methode in die Lehrerausbildung in Niedersachsen ein. Heckmann arbeitete mit kleinen Gruppen und kombinierte in der Ausbildung seiner Studentinnen und Studenten Theorie und Praxis.[28]

Sein Schüler Detlef Horster brachte das *sokratische Prinzip an die Volkshochschulen* und gründete gemeinsam mit anderen Heckmann-Schülerinnen und -Schülern die *Gesellschaft für sokratisches Philosophieren*, die jährlich im Rahmen der Erwachsenenbildung sokratische Gesprächswochen organisiert, die auch als Bildungsurlaub für Arbeitnehmerinnen und Arbeitnehmer anerkannt werden. Durch Ekkehard Martens, der 1978 die erste Professur für Philosophiedidaktik nach der Wiedereinführung des Fachs Philosophie an der gymnasialen Oberstufe in der Bundesrepublik Deutschland erhielt, fand die sokratische Methode endgültig Anerkennung als Gesprächsmethode für den Philosophieunterricht.[29]

Gegenwärtig gibt es in vielen europäischen Staaten sokratische Gesellschaften und Seminare an den Universitäten, die sich der Weiterentwicklung dieser Methode

27 Vgl. hierzu: *Nielsen, Birgit*: Erziehung zum Selbstvertrauen. Ein sozialistischer Schulversuch im dänischen Exil 1933-1938. Wuppertal 1983.

28 Vgl. hierzu: *Heckmann, Gustav*: Das sokratische Gespräch. Erfahrungen in philosophischen Hochschulseminaren. Hannover 1981.

29 Vgl. *Martens; Ekkehard*: Dialogisch-pragmatische Philosophiedidaktik. Hannover 1978.

widmen. Vor allem durch Karel van der Leeuw, der an der Universität von Amsterdam lehrt, ist diese Methode in die Ausbildung von Philosophielehrerinnen und -lehrern systematisch integriert wurden.[30]

In Großbritannien wird jährlich von Peter Abbs eine *Zeitschrift „Socratic Education“* herausgegeben, die sich mit aktuellen *Problemen der sokratischen Erziehung und Lehrerausbildung beschäftigt.*

Leonard Nelson hat unter Bezugnahme auf Immanuel Kant das Selbstdenken in den Mittelpunkt seiner didaktischen Überlegungen gestellt. Ihm ging es in erster Linie darum sicherzustellen, dass auch die esoterische Philosophie diese Methode braucht. Die Philosophie als Wissenschaft benötige, um ihre vordringliche Aufgabe zu erfüllen und zu einer „begründeten Welt- und Lebensansicht“ zu gelangen, keine „Systemsucht“, sondern die Kunst des Philosophierens. Eigene Denkbewegungen seien im Sinne Kants bei der philosophischen Wahrheitssuche gefragt. „Die philosophische Wahrheit ist aber von besonderer Art. Sie ist keine Sache der Kenntnis, sondern eine solche der Einsicht. Man beherrscht sie nicht durch Gelehrsamkeit, sondern durch *Selbstdenken.* Daher ist nicht sowohl die Philosophie, als vielmehr nur die Kunst zu philosophieren, lernbar.“[31]

Für Nelson ging es jedoch nicht nur um das Selbstdenken, sondern auch um die „Bestimmtheit des Denkens“. In Ergänzung des Prinzips der Folgerichtigkeit bei Kant präferierte er einen geordneten Denkprozess, in dem Begriffe geklärt und Argumente vorgebracht werden. Dabei sollten sich die Philosophen einer Sprache bedienen, die den Verständigungsprozess fördert, auf den es im sokratischen Dialog ankommt. Eine „selbsterfundene Sprache“, die eine allgemein nicht verständliche Terminologie verwendet, lehnte Nelson ab. Einfachheit und Klarheit der Sprache waren für ihn wichtige Voraussetzungen eines sokratischen Gesprächs, in dem ein Höchstmaß an Verständigung realisiert werden sollte.

Die von Kant geforderte Regel, sich jederzeit in die Stelle eines anderen zu denken, erweiterte Nelson durch die Aufrichtigkeitsregel: Den Anderen ernst zu nehmen, bedeutet auch die „Ehrlichkeit des Denkens und Sprechens“. „Damit der Andere mich verstehen kann, muss ich ihm Einblick in mein Denken geben. Ich muss ihm mitteilen, was ich über die zur Diskussion stehende Sache *wirklich* denke. Wovon ich überzeugt bin, muss ich aussprechen, wenn es zu der erörterten Sache gehört, und Zweifel muss ich ebenfalls aussprechen. Ich darf nicht um der Freude am Disput willen, eine These verfechten, von der ich in Wahrheit nicht überzeugt bin.“[32]

Hinsichtlich der Rolle des Gesprächsleiters vertrat Nelson die Auffassung, dass er sich der Gesprächsführung widmen solle, sich jedoch aus der Problemdiskussion heraushalten muss, um die Meinung der Teilnehmerinnen und Teilnehmer durch

30 Vgl. *van der Leeuw, Karel/Mostert, Pieter*: Die sokratische Methode im Philosophieunterricht. In: *Dies.*: Philosophieren lehren. Maastricht 1988 (in deutsch).

31 *Nelson, Leonard*: Von der Kunst zu philosophieren. Bonn 1922. S. 21.

32 *Heckmann, Gustav/Krohn, Dieter*: Über Sokratisches Gespräch und Sokratische Arbeitswochen. In: Zeitschrift für Didaktik der Philosophie, 1/1988. S. 39.

seine Sonderstellung nicht zu beeinflussen.[33] Dieses Auffassung ist in der sokratischen Theorie und Praxis umstritten (vgl. auch 2.3.5).

Gustav Heckmann hat als Schüler Nelsons das *sokratische Gespräch in zwei Gesprächsformen eingeteilt*: in das *Sachgespräch* über ein (philosophisches) Thema und in das *Metagespräch*, das er in die sokratisches Gesprächstheorie als neues Prinzip eingeführt hat.

Ein Metagespräch kann in verschiedenen Phasen eines sokratischen Gesprächs „zwischengeschaltet" werden. Es dient nicht der Klärung des (philosophischen) Problems, sondern thematisiert das Verhalten der Gesprächsteilnehmer und -teilnehmerinnen. In diesem Gespräch werden zum einen zwischenmenschliche Probleme besprochen, wie z. B. die Dominanz oder Zurückhaltung einzelner Teilnehmer. Zum anderen lassen sich auch Gesprächsprobleme erörtern, die ein Gespräch ins Stocken geraten lassen oder zu Unübersichtlichkeit der Gesprächssituation führen. An dieser Stelle lassen sich dann metakognitive Verfahren zur Anwendung bringen (vgl. zur Methode 1.3.5).

In einem Metagespräch verliert der Gesprächsleiter oder die -leiterin ihre Sonderstellung. Er oder sie muss sich beispielsweise der Kritik der anderen Teilnehmer stellen und über Fragen der Gesprächsführung Diskussionen zulassen. Ein Metagespräch verfolgt nach Heckmann das Ziel, „das Sachgespräch fruchtbar zu machen", ihm sozusagen einen neuen Impuls zu geben.

Sowohl Nelson als auch Heckmann und seine Schüler sind sich darüber einig, dass am Schluss eine sokratischen Gesprächs nicht wie bei dem platonischen Sokrates die Aporie steht, sondern ein gut begründeter Konsens. Die unterschiedlichen Standpunkte sollen im Verlauf eines sokratischen Gesprächs deutlich herausgearbeitet werden. Nach dieser Phase der Konfrontation soll dann jedoch die Phase der Kompromissbildung folgen. Die gegensätzlichen Meinungen werden wie von Sokrates praktiziert einer rationalen Prüfung unterzogen. Diejenigen Meinungen, welche die überzeugendsten Begründungen aufweisen, sollen sich durchsetzen; im Unterschied zu den Sophisten gilt jedoch, dass die *gemeinsame Wahrheitssuche* (Suche nach einer Problemlösung) *das verbindende Element des Gesprächs* darstellt. „Das Hinarbeiten auf Einmütigkeit – in Interessenkonflikten oder in Fragen des Wissens oder Wertens – setzt den Glauben an ein Vermögen zur Einmütigkeit voraus, an ein uns Menschen einigendes Geistesvermögen, das mir, wenn ich ehrlich und ernsthaft bin, keine andere Wahl lässt, als dem anderen zuzustimmen, wenn dieser mir einem guten Grund für seine Auffassung aufzeigt. Wir nennen dieses Vermögen Vernunft."[34]

Merkmale eines sokratischen Gesprächs nach Leonard Nelson und Gustav Heckmann

- *Klarheit des Denkens steht im Mittelpunkt: Begriffe müssen geklärt und Meinungen durch Argumente gestützt werden.*

33 Ebd. S. 43.

34 Ebd. S. 40.

- *Verwendung einfacher Termini fördert den Verständigungsprozess.*
- *Die Aufrichtigkeitsregel gilt: Jeder Teilnehmer und jede Teilnehmerin muss sagen, was er oder sie wirklich denkt.*
- *Auf eine außergewöhnliche Meinung wird nicht mit Ablehnung, sondern mit Neugier reagiert: Warum denkt jemand so?*
- *Orientierung auf einen Konsens hin: Am Schluss der Gesprächs muss ein gut begründeter Kompromiss stehen (eine vorläufige Problemlösung).*
- *Unterscheidung von Sach- und Metagespräch: Ein Metagespräch bietet die Möglichkeit, zwischenmenschliche Probleme unabhängig von der Sachdiskussion zu thematisieren.*
- *Zurückhaltung des Gesprächsleiters oder der Gesprächsleiterin bei der Artikulation eigener Meinungen.*

2.3.4 Das sokratische Gespräch im philosophischen Kontext

Die von Leonard Nelson und Gustav Heckmann praktizierte Methode des sokratischen Gesprächs richtet sich auf Gespräche ganz allgemein, d. h. sie ist nicht notwendigerweise nur an das Philosophieren gebunden. Themen wie z. B. „Brauchen wir eine neue Parteienfinanzierung?" oder „Soll die Familie im Prozess der Erziehung wieder eine größere Rolle spielen?" sind beispielsweise keine originär philosophischen Themen. Deshalb ist es wichtig in Ergänzung zu Nelson und Heckmann hervorzuheben, dass sich ein sokratisches Gespräch beim Philosophieren immer auf ein philosophisches Problem wie Gerechtigkeit oder Glück beziehen muss (vgl. 1.2).

Die in 2.2.1 und 2.2.2 dargestellten methodischen Instrumentarien finden dagegen auch beim Philosophieren Anwendung. Matthew Lipman hat sie in der Tradition der antiken Philosophenschulen durch die Theorie und Praxis der *community of inquiry*, einer philosophischen Denkgemeinschaft, erweitert.

Philosophieren als Prozess des gemeinsamen Nachdenkens sollte nach Auffassung von Lipman immer in einer solchen Denkgemeinschaft stattfinden. Sie impliziert die bewusste und aktive Teilnahme jedes Gesprächspartners und jeder Gesprächspartnerin an der Lösung eines zur Diskussion stehenden philosophischen Problems. In diesem Sinne weiß jeder von vornherein: Wir wollen ein philosophisches Problem lösen und uns gemeinsam auf die Suche nach einer Antwort begeben. „Eine Dialoggemeinschaft ist eine reflexive Gemeinschaft, die sich mit philosophischem Denken befasst. Das bedeutet, ihre Überlegungen stellen keine bloßen Unterhaltungen oder Gespräche dar, sondern logisch disziplinierte Dialoge. Die Tatsache ihrer logischen Strukturierung bedeutet jedoch nicht, dass sie keine Plattform für kreatives Denken sind."[35]

Der von Lipman hervorgehobene Akzent einer logischen Strukturierung intendiert nicht, dass eine Dialoggemeinschaft Regeln der formalen Logik folgen soll, sondern dass sie sich selbst bestimmte Diskussionsregeln oder -voraussetzungen auf-

35 *Lipman, Matthew*: Thiking in Education. New York 1991. S. 209.

erlegt, mit dem Ziel, innerhalb des gemeinsamen Reflexionsprozesses ein philosophisches Problem klären zu wollen und zu einem Ergebnis zu gelangen. Dieses Ergebnis kann beispielsweise die Antwort auf eine ungelöste Frage oder die Zusammenfassung unterschiedlicher begründeter Meinungen enthalten, d. h. die Diskussion kann auch mit einem offenen Ausgang enden. An dieser Stelle ergibt sich ein wesentlicher Unterschied zur sokratischen Gesprächsmethode nach Nelson und Heckmann. Die Orientierung auf einem Konsens hin – wir wollen eine Antwort auf ein uns interessierendes philosophisches Problem finden – ist angestrebt, muss aber nicht notwendigerweise folgen. Auch ein *Dissens, der allerdings allen Teilnehmerinnen und Teilnehmern bewusst sein muss*, kann am Ende eines philosophischen Gesprächs herauskommen. Für Lipman steht die gemeinsame Arbeit an einem philosophischen Problem im Vordergrund; sie kann jedoch trotz begrifflicher Klarheit und argumentativer Basis zu mehreren möglichen Lösungsansätzen führen, die am Schluss einer Diskussion allen Beteiligten klar sein müssen.

Für Lipman ist Philosophieren in einer *community of inquiry* nicht nur ein gemeinsamer Reflexionsprozess zur Klärung philosophischer Fragen, sondern auch ein Austausch von Individualität in dialogischer Verantwortung (*exchange of individualities*). Diese Intention ist eine konzeptionelle Fortführung der Traditionslinie des jüdischen Religionsphilosophen Martin Buber, für den eine ICH-DU-Beziehung die eigentliche Substanz einer menschlichen Gesprächskultur darstellt.

Lipman rezipiert als Grundlage seiner *community of inquiry* Bubers Begriff der Gemeinschaft und dessen grundlegende Charakteristik des dialogischen Prinzips.[36]

Für Buber besteht der Idealtypus einer Gemeinschaft darin, eine freiwillige Vereinigung von Menschen zu sein, die in einen Austausch zueinander treten, um miteinander Erfahrungen zu sammeln und diese Erfahrungen auf ihr Leben bezogen auszuwerten.[37] Durch die Betonung des Libertären wollte Buber seinen Idealtypus einer Gemeinschaft von kommunitären Traditionen eines funktionalistischen Staatsapparates abgrenzen und vor allem die „freiwillig gewollte Zwischenmenschlichkeit" hervorheben. Lipmans community of inquiry kann vor allem unter den institutionellen Bedingungen der Schule kein freiwilliger Zusammenschluss von Dialogpartnern sein. Sie stellt aber dennoch eine Fortführung der libertären Tradition Bubers dar, weil sie bestimmten, von allen Teilnehmerinnen und Teilnehmern freiwillig akzeptierten Grundvoraussetzungen folgen soll, wie z. B.: Jeder darf seine Meinung sagen und wird nicht von vornherein daran gehindert; wir lassen einander ausreden und hören zu, was die anderen zu sagen haben.

Zu den Grundvoraussetzungen einer Denkgemeinschaft gehört nach Lipmans Auffassung auch, dass alle Teilnehmerinnen und Teilnehmer eines Dialogs „ihre

36 Lipman bezieht sich direkt auf Buber, indem er u. a. hervorhebt, dass dieser als erster einen Zusammenhang zwischen Gemeinschaft und Dialog expliziert habe (vgl. *Lipman, Matthew*: Thinking in Education. Ebd. S. 236).

37 Vgl. *Buber, Martin*: Der Jude und sein Judentum. In: Gesammelte Aufsätze und Reden. Heidelberg [2]1985, bes. S. 359.

Gesprächspartner als eine Person ansehen, und nicht als eine Position[38]. Diese personale Akzeptanz hebt auch Buber hervor. Er betont, dass ein Dialog nicht zwischen Individuen, sondern zwischen Personen geführt wird, die einander in ihrem eigentümlichen Wesen, d. h. einer ganzheitlichen Existenzweise akzeptieren und sich nicht nur als „Denksubjekte" betrachten, die lediglich bestimmte rational begründete Positionen vertreten.[39]

Bei Buber wird diese personale Akzeptanz nicht nur durch die Kategorie der Hinwendung zum Anderen geprägt, die vom ICH ausgeht, sondern vor allem durch die Kategorie der „Rückbiegung", die in einer weiteren Ausarbeitung des Konzepts der *community of inquiry* stärker berücksichtigt werden sollte.

Rückbiegung bedeutet, dass die Dialogpartner in einer dialogischen Beziehung die Fähigkeit entwickeln, „... dass man den Andern in dessen eigentümlichen Dasein vergegenwärtigt, ja ihn umfasst, so dass man die ihm und einem selber gemeinsamen Situationen auch von seinem, des Andern, Ende aus erfährt ...".[40] Dies bedeutet, dass sich ein Dialogpartner nicht nur bemüht, die begründeten Meinungen, Überzeugungen und Eigentümlichkeiten seiner Dialogpartner ernst zu nehmen, sondern im Sinne von Kants „Sich an die Stelle des Anderen denken" versucht, die Gründe und Ursachen ihrer Entstehung herauszufinden und zu verstehen: Warum denkt jemand so und nicht anders? Was würde passieren, wenn ich an seiner Stelle wäre? Warum bin ich jetzt wütend auf den Anderen? Passt mir eigentlich nur seine Meinung nicht oder missfällt mir seine Person?

Den Anderen von seinem ICH her verstehen heißt jedoch für Buber nicht, seine Ansichten zu billigen, sondern sie als eine mögliche Position, die eine konkrete Personen vertritt, unter vielen ernst zu nehmen. Oftmals fällt es Menschen nämlich schwer zu akzeptieren, dass jemand, der eine andere Meinung vertritt, nicht gleich ein schlechter Mensch sein muss. Insofern bietet das von Gustav Heckmann in die sokratische Gesprächstheorie eingeführte Meta-Gespräch eine gute Grundlage, über das eigentliche philosophische Gespräch hinaus, Probleme zwischenmenschlicher Kommunikation zu verbalisieren.

2. 3. 5 Didaktische Anregungen zum sokratischen Gespräch

Ein sokratisches Gespräch hat beim Philosophieren die Funktion, das gemeinsame Nachdenken über ein philosophisches Problem auf den Weg zu bringen mit dem Ziel, eine Lösung zu finden, die alle Teilnehmerinnen und Teilnehmer überzeugt. Sollte dies nicht gelingen, so müssen am Ende der Diskussion die Gründe für das Scheitern klar herausgearbeitet werden.

38 *Lipman, Matthew*: Thinking in Education. A. a. O. S. 226.

39 Vgl. *Buber, Martin*: Das dialogische Prinzip. Heidelberg 1976. S. 173.

40 Ebd.

Ein sokratisches Gespräch kann in drei Phasen unterteilt werden:
1. Phase: Vorbereitungsphase

- Herausfinden des philosophischen Problems, das geklärt werden soll (auf der Grundlage einer philosophischen Frage, die jemand stellt oder eines Textes etc.)
- Formierung einer community of inquiry: Zur Klärung des philosophischen Problems werden Arbeitsstrukturen festgelegt, z. B. Festlegung der Gesprächsleitung, Bildung von Arbeitsgruppen etc.
- Aufstellen von Gesprächsregeln, die während des gesamten Gesprächs beachtet werden sollen

2. Phase: philosophisches Gespräch

- Bearbeitung des philosophischen Problems
- Gesprächsleitung
- Begriffsklärung und Argumentation
- Formulierung einer vorläufigen Antwort (Konsens oder Dissens)

3. Phase: Metagespräch
(kann während des philosophischen Gesprächs als Unterbrechung des Denkprozesses oder im Anschluss an das Sachgespräch stattfinden)

- Anwendung metakognitiver Verfahren zur Festlegung einzelner Problemlösungsschritte (vgl. 1.3.5)
- Verständigung über zwischenmenschliche Probleme (Ursachen von Kommunikationsstörungen etc.)

Aufgaben des Gesprächsleiters

- Lenkung des philosophischen Gesprächs (impliziert nicht notwendigerweise die Lenkung des Meta-Gesprächs);
- gezieltes Nachfragen während des Gesprächs (Anregung zu Begriffsklärungen, Argumentationen; Hinweise auf logische Widersprüche etc.);
- Zusammenfassen verschiedener Positionen (Zuspitzen von unterschiedlichen Meinungen);
- Verdeutlichen von einzelnen Denkschritten (z. B. Übergang von einem *warrant* zu einem *backing*);
- Rückführung des Denkprozesses auf das ursprüngliche philosophische Problem falls zu große Themensprünge auftreten;
- Koordinierung der verschiedenen Denk- und Gesprächsstile der Teilnehmerinnen und Teilnehmer (z. B. Vermeiden einer zu großen Dominanz Einzelner);
- die Einhaltung der in der Vorbereitungsphase aufgestellten Gesprächsregeln überwachen;
- Zusammenfassung der Ergebnisse am Schluss der Diskussion.

Das Sokratische Gespräch als philosophische Methode

Ausgangspunkt

- ein philosophisches Problem oder eine Frage
- Formierung einer Denkgemeinschaft (community of inquiry)

Methode

- Aufstellen von Gesprächsregeln
- dialogisches Prinzip
- Rekurs auf Erfahrungen, Beispiele, Situationen
- Reflexion vom Einzelnen auf das Allgemeine (Herausstellen von wesentlichen Aspekten)
- begrifflich-argumentatives Einkreisen des Problems
- Metagespräch (Thematisierung zwischenmenschlicher Probleme)
- Gesprächsleitung
  - größtmögliche Zurückhaltung bei der Koordination des Gesprächs
  - Fragen, Zusammenfassungen, Verdeutlichungen
  - Zusammenfassung der Ergebnisse

Ziel

- Anregung zum Selbstdenken
- Klärung eines philosophischen Problems
- Finden eines Konsenses (Lösung des Problems, der alle zustimmen können)
- Herausarbeiten der Gründe für einen Dissens (es wurde keine Lösung gefunden)

Praktische Gesprächsimpulse

1. Klarheit des Denkens

- Meinst du, dass …
- Wenn du … sagst, meinst du … oder vielleicht etwas anderes?
- Folgt aus dem, was du sagst, …?
- Kannst du sowohl …, als auch … sagen?
- Vorhin hast du … behauptet, jetzt sagst du … Wie erklärst du dir den Unterschied?
- Meinst du, dass es zweifelhaft ist, dass …?
- Stimmst du mit … überein, oder ist für dich das Gegenteil entscheidend?

2. Begründungen einfordern

- Warum hast du behauptet, dass …?
- Warum bist du der Ansicht, dass du Recht hast?

- Warum bist du der Ansicht, dass es (k)ein guter Grund ist ...?
- Was wäre, wenn jemand behaupten würde, dies sei (k)ein guter Grund?
- Gibt es noch mehrere Gründe für die These ...?
- Widersprechen sich die genannten Gründe?
- Könnt ihr eure Thesen durch warrants und backings stützen?
- Auf welche Kriterien stützt ihr eure Behauptung?

3. Unterscheidungen herausfinden
- Ist ... dasselbe wie ...? Warum? Warum nicht?
- Wenn wir davon ausgehen, dass ... ähnlich sind, könnt ihr Merkmale finden, wodurch sie sich unterscheiden?
- Was haben ... und ... gemeinsam?
- Könnt ihr ein Merkmal nennen, wo ... nicht zutrifft?

2.3.6 Weiterführende Literatur

Abbs, Peter (ed.): Socatic Education, No. 71, Hull 1993 (engl.) (Gesprächsführung, Argumentation, Begriffsanalyse).

Birnbacher, Dieter: Philosophie als sokratische Praxis. In: Landesinstitut für Schule und Ausbildung NRW (Hrsg.): Praktische Philosophie. Soest 1997. S. 10-21.

Brüning, Barbara: Das reflexive Gespräch in der Familie, das reflexive Gespräch in der Gruppe, die Rolle der Erwachsenen in reflexiven Gesprächen mit Kindern. In: *Dies.*: Mit dem Kompass durch das Labyrinth der Welt. Bad Münder 1990. S. 30-60.

Freese, Hans L.: „Das Gespräch – die nützlichste und naturlichste Übung unseres Geistes". In: *Ders.*: Kinder sind Philosophen. Weinheim 1989. S. 83-95.

Heckmann, Gustav: Das sokratische Gespräch - Erfahrungen in philosophischen Hochschulsemestern. Hannover 1981.

Ders./Krohn, Dieter: Über Sokratisches Gespräch und Sokratische Arbeitswochen. In: Zeitschrift für Didaktik der Philosophie, 1/1988. S. 38-43.

Heckmann, Gustav: Socratic Dialogue. In: Thinking, Vol. 8/1, 1988. S. 34-37.

Horster, Detlef: Das sokratische Gespräch in Theorie und Praxis. Opladen 1994.

Ders./Krohn, Dieter (Hrsg.): Vernunft, Ethik, Politik. Gustav Heckmann zum 85. Geburtstag. Hannover 1983.

Kant, Immanuel: Ethische Methodenlehre. In: *Ders.*: Metaphysik der Sitten. In: Werke. Hrsg. v. *W. Weischedel*. Frankfurt/M. 1977.

Nelson, Leonard: Von der Kunst zu philosophieren. In: Gesammelte Werke, Bd. I. Hrsg. v. *P. Bernays*. Hamburg 1970. S. 269-316.

Ders.: Die sokratische Methode. In: Ebd.

Nielson, Birgit: Erziehung zum Selbstvertrauen. Ein sozialistischer Schulversuch im dänischen Exil 1933-1938. Wuppertal 1985.

Raupach-Strey, Gisela: Das sokratische Gespräch. In: Ethik & Unterricht, 2/1997. S. 18-23.

Reed, Ronald: Kinder möchten mit uns sprechen. Hamburg 1990 (u. a. Struktur eines philosophischen Gesprächs mit Kindern).

Wöhrmann, Karl R.: Über einen strukturellen Unterschied zwischen der Maeutik des Sokrates und dem Sokratischen Gespräch nach Leonard Nelson. In: *Horster/ Krohn*: Vernunft, Ethik, Politik. Gustav Heckmann zum 85. Geburtstag. Hannover 1983.

2.4 Gedankenexperimente

Stellen wir uns vor, die Naturwissenschaften würden das Opfer der Auswirkungen einer Katastrophe. Die Öffentlichkeit lastet den Wissenschaften mehrere verheerende Umweltpannen an. Es kommt verbreitet zu Unruhen. Labors werden niedergebrannt, Physiker gelyncht, Bücher und Geräte vernichtet. Schließlich übernimmt eine politische Bewegung des Nichtwissens die Macht und schafft mit Erfolg den naturwissenschaftlichen Unterricht an Schulen und Universitäten ab, indem sie die noch lebenden Wissenschaftler ins Gefängnis wirft und liquidiert. Später setzt die Gegenströmung gegen diese zerstörerische Bewegung ein, und einige aufgeklärte Menschen versuchen, die Wissenschaften wieder zu beleben, wenngleich sie weitgehend vergessen haben, was das einmal war. Sie besitzen nur noch Bruchstücke: ein Wissen um Experimente ohne Kenntnis des theoretischen Zusammenhangs, der diesen Experimenten erst ihre Bedeutung verlieh; Teile von Theorien, die entweder zu den anderen Theoriefragmenten, die noch bekannt sind, oder zu den Experimenten keinen Bezug haben; Geräte, deren Verwendungszweck man vergessen hat; halbe Kapitel aus Büchern, einzelne Seiten von Artikeln, die nicht immer ganz lesbar sind, weil sie zerrissen worden oder angekohlt sind …

Mit diesem Gedankenexperiment beginnt die englische Philosoph Alasdair MacIntyre sein berühmtes Buch „Der Verlust der Tugend“[41]. Er beschäftigt sich darin mit der Frage, ob wir mit unserem lückenhaften Wissen über die griechischen Tugenden genaue Aussagen darüber machen können, welche Bedeutung sie einst in der antiken Polis hatten. Um die Leserinnen und Leser zu eigenen Reflexionen anzuregen und gleichzeitig jedoch die Fragestellung seiner Untersuchung zu verdeutlichen, überträgt MacIntyre dieses Beispiel auf die Naturwissenschaften. Wie würde eine Gesellschaft funktionieren, die sich nur auf Bruchstücke aus den Naturwissenschaften stützen kann?

MacIntyre setzt mit seinen Überlegungen eine Tradition fort, die bereits Platon in seinen Dialogen angewendet hat: *die Aktivierung der philosophischen Phantasie durch Gedankenexperimente.*

41 *MacIntyre, Alasdair*: Der Verlust der Tugend. Frankfurt/M. 1995. S. 13-14.

2.4.1 Arten von Gedankenexperimenten

Gedankenexperimente sind imaginativ-spielerische Experimente mit Gedanken und imaginären Möglichkeiten, die von faktischen Gegebenheiten abstrahieren und Sachverhalte betreffen, die in der Realität nicht existieren, aber dennoch existieren *könnten* und in bestimmten Fällen auch dem gesunden Menschenverstand zuwiderlaufen. Sie regen zu neuen Sichtweisen der Wirklichkeit an, indem sie Umstände und Elemente kombinieren, die in der Realität nicht zusammentreffen, aber möglicherweise *zusammentreffen könnten, sollten oder müssten*: „Ohne den Möglichkeitssinn würde unser Wirklichkeitssinn verkümmern, und wir wären auf immer Gefangene im Hier und Jetzt. Die Fähigkeit, durch das Tatsächliche hindurch das Mögliche zu erkennen, verdankt der Mensch sich selbst und seinem bisherigen evolutionären Erfolg. Ohne sie wäre sein Handeln niemals über das Niveau der Reflexe und Instinkte hinausgelangt. In der Entwicklung des Möglichkeitssinns sollten wir deshalb eines der vornehmsten Ziele von Bildung erblicken, denn er schärft nicht nur sinnliche Wahrnehmung, sondern ist auch eine exzellente Schulung des analytischen Denkens.“[42]

Helmut Engels unterscheidet zwischen *Gedankenexperimenten im engeren Sinn (kontrafaktische Gedankenexperimente)* und Gedankenexperimente *im weiteren Sinn (realitätsnahe Gedankenexperimente)*.[43]

Gedankenexperimente im engen Sinn haben einen Hypothesencharakter und sind ganz oder teilweise Gegenstand philosophischer Phantasie. Wenn wir also das Beispiel einer Gesellschaft ohne Naturwissenschaften von MacIntyre in Gedanken durchspielten, so kämen wir entweder zurück zur Urgesellschaft, über deren Struktur wir nur sehr wenig wissen, oder wir würden darüber spekulieren, wie ein Leben ohne Technik aussehen könnte. Diese Spekulation hätte von vornherein irrealen Charakter. Sie könnte nicht verifiziert oder falsifiziert werden und wäre auch nicht Gegenstand einer philosophischen Theorie, sondern lediglich Methode zur Überprüfung unseres Denkens: Wäre ein Leben ohne oder mit Bruchstücken von Naturwissenschaften überhaupt möglich oder wünschenswert? Bezogen auf MacIntyres Intention heißt dies: Können wir mit bruchstückhaften Kenntnissen überhaupt sichere Aussagen über die Wirkungsweise der Tugenden in der griechischen Antike machen?

Kontrafaktische Gedankenexperimente zeichnen sich dadurch aus, dass sie lediglich instrumentellen Charakter tragen und ihre eigenen Prämissen nicht befragen. Sie erheben im Unterschied zu Hypothesen keinen Wahrheitsanspruch, der empirisch (experimentell) oder nichtempirisch in Form einer Plausibilitätsprüfung bewiesen werden soll, sondern fungieren nur als Katalysatoren des Denkprozesses. So

42 *Freese, Hans-Ludwig*: Abenteuer im Kopf – Philosophische Gedankenexperimente. Weinheim/Berlin 1995. S. 19-20.

43 *Engels, Helmut*: Das Gedankenexperiment. In: *Rehfus, Wolff D./Becker, Horst* (Hrsg.): Handbuch des Philosophieunterrichts. Düsseldorf 1986. S. 34. – Vgl. auch: *Engels, Helmut*: Das Gedankenexperiment in didaktischer Absicht. Weinheim/Basel: Beltz 2003.

geht es MacIntyre nicht darum, plausibel zu machen, dass eine imaginäre Welt ohne Bezug zu naturwissenschaftlichen Erkenntnissen eintreten werde oder sollte. Er will lediglich zum Nachdenken darüber anregen, ob ethische Ideen und Theorien ohne die Kenntnis ihres Kontextes zu neuen philosophischen Erkenntnissen beitragen können.

Eine besondere Variante der Gedankenexperimente im engeren Sinn ist die *Methode des „fremden Blicks"*. Hierbei handelt es sich um ein Verfahren, bei dem die fiktive Betrachtung eines Menschen und seiner Lebensverhältnisse einschließlich der Kultur durch einen Nichtmenschen oder Außerirdischen realisiert wird. Durch den fremden Blick wird das bisher als selbstverständlich Akzeptierte im Sinne des Sokrates einer neuen Betrachtungsweise unterzogen, d. h. „in einem neuen Licht gesehen". Bestimmte Eigentümlichkeiten treten zu Tage, die vorher niemand bemerkt hat.

In der philosophischen Tradition war es vor allem der französische Aufklärer Voltaire, der in seinem Roman „Mikromégas" (Kleiner Großer) dieses Verfahren angewendet hat. Mikromégas stammt von einem anderen Planeten (ähnlich wie heute Alf aus der gleichnamigen amerikanischen Fernsehserie) und betrachtet die Erdbewohner mit den Augen eines Riesen.

Im 20. Jahrhundert hat der Schweizer Autor Erich Scheurmann mit seinem Roman „Der Papalagi" einen ähnlichen Erfolg errungen wie einst Voltaire. Der Papalagi ist der weiße Mann, dessen Lebensweise von dem Südseehäuptling Tuiavii einer kritischen Betrachtung unterzogen wird.[44]

Realitätsnahe Gedankenexperimente beschäftigen sich demgegenüber mit „Ausflügen in mögliche Welten"[45], die im Unterschied zu kontrafaktischen Gedankenexperimenten Gegenstand einer verifizierenden und falsifizierenden Betrachtungsweise sein können und potentiell die Möglichkeit enthalten, von realen Experimenten abgelöst zu werden.

Zu dieser Kategorie gehören innerhalb der europäischen philosophischen Tradition die großen Gesellschafts- und Staatsutopien von Platon bis Karl Marx, in denen Modelle menschlichen Zusammenlebens, wie etwa gesellschaftliche Systeme, die als Vision eine Gleichheit an materiellen Gütern prädisponieren, „durchgespielt" werden. Auch viele europäische Kunst- und Volksmärchen nehmen Bezug auf Entwürfe möglicher gerechter Welten, wie beispielsweise in dem russischen Märchen „Listige Wissenschaft" von Nikolaj Afanasjev. Dort treibt ein Vater seinen Sohn zur Wissenschaft, damit er gehorsam, aber gelehrt ausführt, was der Vater von ihm verlangt, wie z. B. die Erfindung von Unsterblichkeit. Der Sohn wird jedoch von einem Zaubermeister zum Gebrauch der eigenen Vernunft angeleitet und verwirft die Unsterblichkeitsthese. Stattdessen konstruiert er eine Welt, in der alle Menschen ver-

44 Vgl. *Voltaire*: Mikromégas. Stuttgart 1984; *Scheurmann, Erich*: Der Papalagi. Die Reden des Südseehäuptlings Tuiavii aus Tuiavea. Zürich 1979 (zuerst 1920).

45 Vgl. hierzu: *Freese, Hans-Ludwig*: Abenteuer im Kopf – Philosophische Gedankenexperimente. Weinheim/Berlin 1995. S. 23.

nünftig handeln.[46] Das Märchen regt durch seinen offenen Schluss an, darüber nachzudenken, ob eine derartige Welt wünschenswert wäre.

Gedankenexperimente im weiteren Sinn sind also eine *gedankliche Konstruktion von fiktiven Welten*, die im Bereich einer reell vorstellbaren Zukunftsvision stehen, sozusagen eine wirklichkeitsnahe Fiktion sind, wie z. B. die Utopie „Nova Atlantis" von Francis Bacon. Sie entwarf das Bild einer Gesellschaft mit Laboratorien, Sternwarten und unterirdischen Fabriken, die heutzutage Wirklichkeit geworden ist.

Zu den Gedankenexperimenten im weiteren Sinn gehören
- *Utopien*, in denen Gesellschaftsmodelle gedanklich unter bestimmten Gesichtspunkten durchgespielt werden;
- *methodische Zweifel*: Ein formulierter Gedanke, eine Theorie wird in Frage gestellt, um sie beispielsweise noch einmal auf ihre Gültigkeit hin zu prüfen (vgl. auch 1.3.4);
- *Umkehrung von Theorien, Gedanken, Meinungen*, um sie noch einmal „von der anderen Seite her zu durchdenken", z. B. die Weiterentwicklung unserer Gesellschaft ist (nicht) auf Technik angewiesen oder der Mensch ist (k)ein Vernunftwesen.

2. 4. 2 Die didaktischen Funktionen von Gedankenexperimenten

Die Entwicklung eines philosophischen Möglichkeitssinns, der über eine Beschäftigung mit dem Faktischen in Form von Meinungen, Argumenten und Theorien hinausgeht, hat mehrere didaktische Funktionen, besonders für ihre Verwendung im Unterricht.[47]

Gedankenexperimente haben in erster Linie eine verifizierende Funktion, d. h. sie stellen die Frage nach der Berechtigung oder nach dem Geltungsbereich einer bestimmten Theorie oder Kategorisierung oder einer Argumentation, was besonders deutlich in dem auf der Seite 48 beschriebenen Gedankenexperiment von John Wilson zum Ausdruck kommt. Wilson will eine Reflexion darüber anregen, ob außerirdische Wesen, die wie Menschen aussehen und denken können, jedoch keine Gefühle haben, der Kategorie Mensch zugeordnet werden können.

Gedankenexperimente haben auch eine *erklärende oder verdeutlichende Funktion*, d. h. sie greifen wie im Falle John Wilsons auf *Elemente der Sciencefiction* zurück, um Sachverhalte, scheinbare Plausibilitäten oder Handlungsdispositionen zu erläutern: So verdeutlicht Glaukon in Platons „Politeia" seine These, dass der Gerechte nur unter Zwang und nicht aus eigenem Willen heraus gerecht handelt, damit, dass er sowohl den Gerechten als auch den Ungerechten die Möglichkeit gibt, unsichtbar zu werden und unbeobachtet zu handeln. Glaukon will durch dieses Gedankenexpe-

46 Vgl. *Strelzova, D. E. /Tartschenko, N. A.*: Das Märchen und das Gute. Moskau 1995. S. 11-17.

47 Vgl. hierzu: *Engels, Helmut*: Das Gedankenexperiment. In: *Rehfus/Becker* (Hrsg.): Handbuch des Philosophieunterrichts. A. a. O. (s. S. 77), bes. S. 397-398.

riment erläutern, dass es keinen Unterschied zwischen dem Gerechten und dem Ungerechten gibt, wenn ihnen eine günstige Gelegenheit geboten wird, unbeobachtet zu ihrem eigenen Vorteil zu handeln.[48]

Auch das eingangs skizzierte Gedankenexperiment von MacIntyre hat eine verdeutlichende Funktion. Es weist darauf hin, dass der Autor alle bisherigen philosophischen Erkenntnisse über die Rolle der Tugenden in der Antike als bruchstückhaft einschätzt und zuverlässige Aussagen über deren Wirkungsweise in Frage stellt. MacIntyre benutzt seine imaginäre Welt, um zu zeigen, dass wir Schlüsselbegriffe vergangener moralischer Theorien nicht ohne eine genaue Kenntnis ihres historischen Kontextes verwenden sollten. Die Verwahrlosung der Naturwissenschaften in einer imaginären Welt dient ihm als Gedankenexperiment, um die „Verwahrlosung des moralischen Denkens und Handelns" in gegenwärtigen ethischen Diskussionen zu problematisieren.[49]

Die *wichtigste Funktion* von Gedankenexperimenten ist allerdings ihre *heuristische Orientierung*. So ermöglichen Gedankenexperimente, Gedanken durchzuspielen und fiktive, alternative Lösungen zu finden, d. h. neue Sichtweisen, Fragerichtungen und Modelle zu entwickeln und zu erproben. So könnte man anhand des Beispiels der gefühllosen außerirdischen Wesen von John Wilson (vgl. S. 48) möglicherweise zur Einführung einer neuen Kategorie gelangen: Die Kategorie Lebewesen hätte dann anstelle von drei Unterkategorien vier: Pflanzen, Tiere, Menschen und Außerirdische.

Helmut Engels weist noch auf eine vierte Funktion hin, indem er die mäeutischen[50] Aspekte von Gedankenexperimenten hervorhebt: Sie schärfen die Fähigkeit, Unterschiede und Zusammenhänge zwischen Begriffen, Ideen oder Sichtweisen herauszufinden, wie dies Sokrates in den platonischen Dialogen praktizierte. John Wilsons Außerirdische haben physische und psychische Ähnlichkeiten mit den Menschen, ihre Differenz bezieht sich auf die nicht existente Fähigkeit, Gefühle zu haben. Durch Wilsons Beispiel werden selbstverständliche Annahmen, Kategorisierungen und Urteile aufgehoben: Wir sollten eigentlich wissen, wer ein Mensch ist, aber wissen wir das wirklich?

Gedankenexperimente eröffnen wie kein anderes methodisches Verfahren die Möglichkeit, *Bekanntes und Selbstverständliches zu befragen* – wie dies Sokrates und Glaukon in ihrem Gespräch über Gerechtigkeit und Ungerechtigkeit tun. Dadurch werden starre und routinierte Handlungs- und Denkgewohnheiten in Frage gestellt und die Möglichkeit einer anderen Betrachtungsweise in den Reflexionsprozess integriert.

Gedankenexperimente betreffen *nicht nur kognitive Aspekte philosophischer Reflexion*, sondern *auch emotionale Prozesse*. Der spanische Sozialwissenschaftler Ro-

48 Vgl. *Platon*: Politeia. A. a. O. (s. S. 63) 359b-360a.

49 Vgl. *MacIntyre, Alasdair*: Der Verlust der Tugend. A. a. O. (s. S. 76) S. 13-18.

50 Mäeutik bedeutet Geburtshilfe, in der sokratischen Theorie ist damit die Geburtshilfe für eigene Gedanken gemeint.

bert Roche Olivar und der Religionspädagoge Heinz Schmidt[51] sehen in ihnen auch ein Medium, sich mit Gefühlen zu beschäftigen, wie z. B. Empathie, oder sich affektive Dispositionen vorzustellen, deren Realisierbarkeit unmöglich erscheint. So ließe sich beispielsweise das Gedankenexperiment von John Wilson (vgl. S. 48) dahingehend abwandeln, dass sich jemand eine Welt vorstellt, auf der Menschen ohne Gefühle agieren oder sich mit der Frage beschäftigen, ob Wesen ohne Gefühle überhaupt lebensfähig sind.

Gedankenexperimente regen nach Auffassung von Heinz Schmidt dazu an, „Erlebnisse im Grenzbereich von Denken und Träumen" zu fördern, die kreative Kontrasterfahrungen ermöglichen: Wo beginnt beispielsweise der Übergang von einer vorgestellten in eine reale Welt? Wo beginnt der Übergang von Verstand zum Gefühl?

2.4.3 Didaktische Anregungen zu den Gedankenexperimenten

Gedankenexperimente regen dazu an, eigene Lösungsvorschläge zu unterbreiten (Sind John Wilsons Wesen nun Menschen oder nicht?), moralische Urteile zu fällen (Führt Glaukon gute Gründe für seine Identitätsbehauptung über gerecht und ungerecht an?) oder Modelle menschlichen Zusammenlebens zu entwerfen (Wie würde eine Gesellschaft aussehen, in der es keine Technik gibt?)

Das Gedankenexperiment

(Erproben imaginativ-spielerischer Möglichkeiten des Denkens)

fiktive Gedankenexperimente	realitätsnahe Gedankenexperimente
– Annahme hat irrealen Charakter,	– geht von einer realen Annahme aus
– geht an die Grenze des Unmöglichen	– nähert sich einer Hypothese an
– wird nicht verifiziert oder falsifiziert	– wird ganz oder teilweise überprüft
– ist lediglich Gegenstand des Denkens	– ist Gegenstand einer philosophischen Untersuchung

Die Entwicklung von Phantasie und Möglichkeitssinn kann durch folgende Formulierungen entwickelt werden:

– *Nehmen wir an, es gebe (keine) ... Naturwissenschaften, wie würde dann ... eine Gesellschaft aussehen?*

51 Vgl. *Roche Olivar, Robert*: Psicología y educación para la prosocialidad. Barcelona 1993. S. 127-139; *Schmidt, Heinz*: Didaktik des Ethikunterrichts, Bd. II. Stuttgart/Berlin/Köln/Mainz 1984. S. 28-29.

- *Könnte es sein, dass … Außerirdische Menschen sind?*
- *Stellen wir uns vor, die … Naturwissenschaften würden plötzlich abgeschafft, wie würde dann … eine Gesellschaft funktionieren?*
- *Was wäre, wenn (nicht)… alle Menschen statt Augen grüne Gläser hätten?*
- *Wie würdet ihr reagieren, wenn plötzlich … Außerirdische in euer Zimmer kämen?*

2.4.4 Weiterführende Literatur

Engels, Helmut: Das Gedankenexperiment in didaktischer Absicht. Weinheim/Basel: Beltz 2003.

Ders.: Das Gedankenexperiment im Philosophieunterricht. In: Landesinstitut NRW: Praktische Philosophie. Soest 1997. S. 134-147.

Ders.: Das Gedankenexperiment. In: *Rehfus, Wolff D./Becker, Horst* (Hrsg.): Handbuch des Philosophieunterrichts. Düsseldorf 1986.

Freese, Hans L.: Abenteuer im Kopf – Philosophische Gedankenexperimente. Weinheim/Berlin 1995.

Ders.: Phantasie und Reflexion. In: Ebd. S. 13-40.

Ders.: Sucht und Sinn. In: Ethik & Unterricht, 3/1998. S. 7-14.

Ders.: Was wäre, wenn … Gedankenexperimente im Philosophieunterricht. In: *Camhy, Daniela* (Hrsg.): Das philosophische Denken von Kindern. A. a. O. S. 37-48.

Kähler, Jutta: Jenseits der Diskursivität – Von Gedankensammlern und letzten Riesen. In: Zeitschrift für Didaktik der Philosophie und Ethik, 2/1998. S. 95-101.

Poser, Hans: Wovon handelt ein Gedankenexperiment? In: *Ders./Schütt, Peter* (Hrsg.): Ontologie und Wissenschaft. Berlin: TUB-Dokumentationen, 19/1984. S. 13-24.

Rodari, Gianni: Grammatik der Phantasie. Leipzig 1992.

2.5 Textinterpretation

Philosophieren bedeutet, dass jemand über fundamentale Probleme menschlicher Existenz selbstständig nachdenkt. Und in diesem Kontext haben Texte die Funktion, den Prozess des Nachdenkens zu unterstützen; sie sind sozusagen im Sinne des sokratischen Gesprächs historische Gesprächspartner, die verdeutlichen, dass es innerhalb der philosophischen Tradition zu einem bestimmten Thema verschiedene Reflexionsbemühungen gibt.

Philosophische Texte präsentieren Gedanken, Argumente und Argumentationsketten, Ideen, Gedankenexperimente und Theoriegebäude, über die es sich lohnt, intensiv nachzudenken. Die Rezipientinnen und Rezipienten sind aufgefordert, sie zu prüfen, zu kritisieren und durch eigene reflexive Anstrengungen umzudenken. Dabei erweitert sich ihr eigener Denkhorizont, d. h. sie erhalten neue Impulse und Argumentationshilfen für das eigene Philosophieren.

Im Mittelpunkt der Textarbeit stehen der begriffliche und argumentative Erkenntnisgewinn für die Philosophierenden, d. h. Texte fördern die Begriffserläuterung und -explikation (vgl. 2. 1) und die Fähigkeit zur Argumentation, indem sie beispielsweise Argumentationsfiguren präsentieren, in denen nicht nur Gründe, sondern auch *warrants* und *backings* eine wichtige Rolle spielen (vgl. 2.2).

Über den diskursiven Begriffsgewinn hinaus sind Texte wie eingangs erwähnt auch *historische Gesprächspartner*, die etwas über *philosophiegeschichtliche Epochen* und *Denkweisen* aussagen und die Intention des Autors oder der Autorin offen legen.

2.5.1 Verfahren der Texterschließung

Sittliche Einsicht (phronesis) hat als Bereich die menschlichen Dinge und das, was ein Mit-sich-zu-Rate-Gehen zulässt. Denn dies bezeichnen wir vor allem als die Leistung des Einsichtsvollen, dass er klug mit sich zu Rate geht, niemand aber geht mit sich zu Rate über das, was keine Veränderung zulässt und des echten Ziels entbehrt: Endziel aber bedeutet hier einen Wert, der durch unser Handeln erreicht werden kann.

Das Prädikat des Klug Mit-sich-zu-Rate-Gehens aber gebührt ohne Einschränkung dem, der wesenhaft nach dem obersten menschlichen Ziel strebt[52]*, das durch Handeln erreicht werden kann, indem er sich eben durch die erwägende Reflexion leiten lässt.*

Die sittliche Einsicht ist aber auch nicht lediglich auf das Allgemeine gerichtet, sie muss vielmehr auch in den Einzelfällen klar sehen. Denn ihr Wesen ist Handeln, das Handeln aber hat es mit Einzelfällen zu tun. Daher kommt es vor, dass manche, obwohl sie über eine theoretische Fundierung ihres Könnens nicht verfügen, geschickter im Handeln sind als solche, die darüber verfügen - auch auf anderen Gebieten übrigens: Es sind das die Leute mit praktischer Erfahrung. Wenn jemand nämlich (ganz allgemein) wüsste, dass Fleisch, wenn es leicht ist, gut verdaulich und somit gesundheitsfördernd ist, jedoch nicht wüsste, welches Fleisch leicht ist, so könnte er keinen Heilerfolg erzielen. Wer dagegen weiß, dass Geflügelfleisch leicht und gesund ist, kann eher zu einem Heilerfolg kommen.

Das Wesen der sittlichen Einsicht ist Handeln. Man muss also beide Formen haben (die auf das Allgemeine und die auf das Besondere gerichtete Einsicht) oder die letztere in höherem Grade als die erstere …

Nun, als Merkmal des Menschen mit sittlicher Einsicht gilt, dass er fähig ist, Wert oder Nutzen für seine Person richtig abzuwägen, und zwar nicht im speziellen Sinn, z. B. Mittel und Wege zu Gesundheit oder zu Kraft, sondern in dem umfassenden Sinn: Mittel und Wege zum guten und glücklichen Leben … So bleibt denn als Ergebnis, dass sittliche Einsicht eine mit richtigem Planen verbundene, zur Grundhaltung verfestigte Fähigkeit des Handelns ist, des Handelns im Bereiche dessen, was für den Menschen wertvoll oder nicht wertvoll ist … Aus diesem Grunde glauben wir, dass Perikles und Männer seiner Art sittliche Einsicht haben, weil sie nämlich einen Blick dafür besitzen, was für sie selbst und für den Menschen wertvoll ist.[53]

52 Damit meint Aristoteles ein glückliches Leben.

53 *Aristoteles*: Nikomachische Ethik. A. a. O. (s. S. 15) 1140a und b, 1141b.

In dem vorliegenden Text von Aristoteles aus der „Nikomachischen Ethik“ steht der philosophische Begriff der sittlichen Einsicht, *die phronesis*, im Vordergrund.

Wer sich mit der Erschließung dieses Textes beschäftigt, kann im Wesentlichen *drei Verfahren* anwenden[54]: Das *Verfahren der Texterschließung mit Anleitung*, d. h. ein Tutor oder ein Lehrer/ eine Lehrerin geben Hilfestellung bei der Interpretation. Bei der *eigenständigen Texterschließung mit Anleitung* werden die individuellen Reflexionsbemühungen verstärkt, indem die Rezipientinnen und Rezipienten den Text mit Hilfe von Arbeitsaufgaben selbstständig in Sinneinheiten gliedern, während sie bei dem *selbständigen Texterschließen* eigenständig Reflexionsschwerpunkte setzen.

2.5.1.1 Texterschließung mit Anleitung

Dieses Interpretationsverfahren wird bei philosophischen Texten angewendet, in denen viele *schwierige philosophische Begriffe* zu finden sind, komplizierte Argumentationsverfahren verwendet oder komplexe philosophische Probleme in langen Sätzen zur Diskussion gestellt werden. Hierzu gehören beispielsweise Texte von Immanuel Kant aus der „Kritik der reinen Vernunft“ oder Reflexionen von Martin Heidegger aus „Sein und Zeit“.

Bier dieser Art von Texten lässt sich als *Methode der Texterschließung das Satz-für-Satz-Verfahren* anwenden, das beispielsweise im altsprachlichen Unterricht gängige Praxis ist. Der vorliegende Text von Aristoteles eignet sich nicht für diese Methode, weil er nur einen einzigen Begriff, nämlich die *phronesis*, in den Mittelpunkt stellt und von seiner Sinnstruktur her leicht verständlich ist, d. h. es gibt keine Komplexität philosophischer Probleme, die sich überlappen.

Bei der Satz-für-Satz-Methode werden durch lautes Vorlesen der einzelnen Sätze Sinneinheiten analysiert oder schwierige Begriffe geklärt. Dabei lassen sich die in 2.1 beschriebenen Verfahren der Begriffsanalyse anwenden. Vor allem in der Schule sollte nach der Lektüre einzelner Textpassagen der Gebrauch der semantisch analysierten Begriffe überprüft werden, was die eigenen Aktivitäten der Rezipientinnen und Rezipienten erhöht. Pieter Mostert und Karel van der Leeuw schlagen dafür das *Verfahren der Begriffsevaluation*[55] vor, d. h. die im Text erschlossenen Begriffe sollen in philosophische Zusammenhänge gebracht werden, indem die Philosophierenden mit ihnen selbstständig Sinneinheiten formulieren (vgl. hierzu 2.6.1). Darüber hinaus können diese Begriffe – in unserem Beispiel der Begriff *phronesis* – auf Alltagsprobleme übertragen werden, indem man überlegt, in welchen Bereichen der eigenen lebensweltlichen Zusammenhänge sie eine Rolle spielen. Dafür lassen sich verschiedene Beispiele anführen. So können Schülerinnen und Schüler zu schwierigen philosophischen Begriffen *deduktive Leitern anfertigen* (vgl. S. 46). Dadurch erhöht

54 Die Strukturierung dieser drei Verfahren folgt: *Langebeck, Klaus*: Verfahren der Texterschließung im Philosophieunterricht. In: Zeitschrift für Didaktik der Philosophie, 1/1985. S. 3-11.

55 Vgl. hierzu: *van der Leeuw, Karel/Mostert, Pieter*: Verfahrensmäßige Aspekte der Begriffsbildung. In: *Dies.*: Philosophieren lehren. A. a. O. (s. S. 68) S. 80-81.

sich auch bei der Satz-für-Satz-Analyse der Anteil der eigenen produktiven Arbeit am Text.

Begriffsevaluation nach van der Leeuw und Mostert

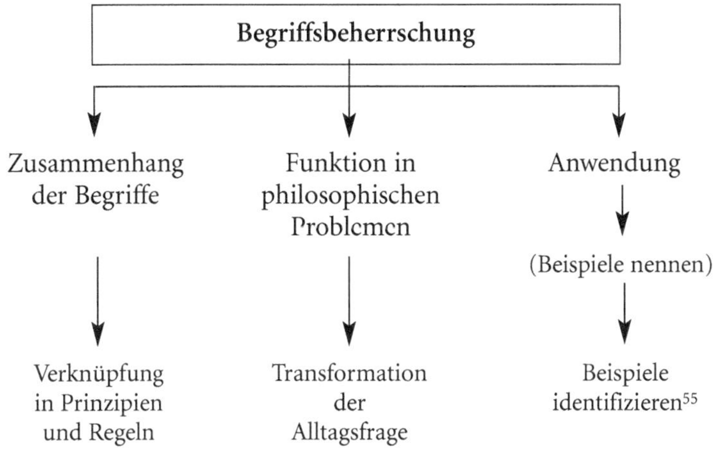

Ein weiteres Verfahren mit enger Anleitung sind *Leitfragen zum Text*, die man in schriftlicher Form auch als Arbeitsblätter anwenden kann. Sie geben den Philosophierenden eine gewisse Denkrichtung vor, weil sie bestimmte Sinneinheiten des philosophischen Textes in den Vordergrund stellen und andere vernachlässigen.

Solche Leitfragen haben folgende allgemeine Form:
- *Was versteht der Autor/die Autorin unter … phronesis?*
- *Warum verwendet er/sie diesen Begriff? Könnte er/sie nicht auch den Begriff … Vernunft verwenden? Gibt es Begriffe, die mit … phronesis verwandt sind? Findet Modellfälle oder entgegengesetzte Fälle (vgl. 2.1).*
- *Welche Bereiche … menschlichen Handelns umfasst … die phronesis?*
- *Wie begründet der Autor seine These, dass … das Wesen der phronesis Handeln ist?*
- *In welchem Zusammenhang stehen die Begriffe … phronesis und Vernunft?*
- *Gibt es einen Widerspruch zwischen … der phronesis, die auf das Allgemeine gerichtet ist, und der phronesis, die auf das Besondere gerichtet ist?*
- *In welchen Bereichen eures Lebens spielt der Begriff … phronesis eine wichtige Rolle?*
- *Könntet ihr euch vorstellen, dass … es ein Leben ohne … phronesis geben könnte?*

55 Ebenda S. 81.

Verfahren der Texterschließung mit Anleitung unterliegen der Gefahr, dass sie die Philosophierenden zur Passivität drängen, weil der Anleiter oder die Anleiterin die Interpretation des Textes führt und in eine bestimmte Denkrichtung lenken kann. Deshalb ist es wichtig, diese Methode auch bei schwierigen Texten nicht als einziges didaktisches Instrumentarium zu verwenden, sondern sie mit kreativen Schreibaufgaben zu kombinieren (vgl. auch 2.6).

2.5.1.2 Eigenständiges Texterschließen mit Anleitung

Bei dieser Methode der Textinterpretation tritt die *Anleitung* in den Hintergrund, sie wirkt sozusagen *unterstützend für das eigene Nachdenken* über den Text. Die Philosophierenden gliedern ihn selbstständig in verschiedene Sinneinheiten und setzten dadurch eigene Reflexionsschwerpunkte, d. h. sie entscheiden ohne Anleitung darüber, welche Begriffe, Argumente oder Ideen ihnen wichtig sind.

Ein erstes Verfahren dieser Methode ist das *Herausfinden von Schlüsselbegriffen* aus dem Text. Hier können die Philosophierenden eigenständig Akzente setzen und müssen dann auch begründen, warum sie gerade diese Begriffe und keine anderen gewählt haben. In unserem Text wäre beispielsweise neben dem Begriff der sittlichen Einsicht (*phronesis*) auch der Begriff des Mit-sich-zu-Rate-Gehen interessant. Hierzu ließe sich z. B. eine deduktive Leiter anfertigen (vgl. 2.1.2, S. 46).

Bei philosophischen Texten, in denen mehrere komplexe Begriffe auftreten, kann auch ein Cluster (visuelles Begriffsschema) angefertigt werden, also ein Schema der wichtigsten Begriffe und ihres Zusammenhangs (vgl. 3.2).

Eine Unterkategorie dieses Verfahrens ist die *eigenständige Gliederung des Textes* in Sinneinheiten, die mit einer Überschrift versehen werden. In unserem Fall ließen sich

- *die ersten beiden Abschnitte* des Textes mit der Überschrift „*Phronesis als abwägende Reflexion*“ charakterisieren;
- *der dritte Abschnitt* könnte die Überschrift erhalten „*Phronesis als Handeln in Einzelfällen*“;
- und für *die letzten beiden Abschnitte* wäre die Überschrift: „*Sittliche Einsicht als Wert für sich und andere*“ eine mögliche Variante.

Zum Schluss könnten *philosophische Texte generell mit einer neuen Haupt-Überschrift* versehen werden, durch die Philosophierende zum Ausdruck bringen, welcher Gedanke im Text für sie am wichtigsten ist. Ein Vorschlag für den Aristoteles-Text wäre: *Kein glückliches Leben ohne phronesis.*

Ein zweites Verfahren dieser Methode ist das *selbstständige Herausfinden von Argumentationsfiguren* aus dem Text. Hierzu müssen allerdings Hilfestellungen in Form von Fragen oder Arbeitsaufträgen gegeben werden, wie z. B.

- *Welche Hauptthese vertritt der Autor/die Autorin? (Z. B. Phronesis ist Mittel und Weg, ein glückliches Leben zu führen.)*

- *Wie begründet er/sie diese These? (Zu einem glücklichen Leben gehört praktisches Handeln und ohne abwägende Reflexion ist praktisches Handeln nicht möglich.)*
- *Welche warrants und backings werden formuliert? (Aufgrund von richtigem Planen und Beurteilen weiß der Mensch, was in praktischen Dingen für ihn wertvoll ist.)*
- *Handelt es sich um eine analytische oder eine substantielle Argumentation? (In unserem Fall handelt es sich um eine substantielle Argumentation, vgl. auch S. 60/61)*
- *Rechtfertigt das vom Autor formulierte warrant den angeführten Grund? Wenn nein, warum nicht?*
- *Welche weiteren Gründe zur Stützung der Hauptthese gibt es?*
- *Fertigt ein Argumentationsschema an (vgl. S. 57/58).*

2.5.1.3 Selbstständiges Texterschließen

Aus dem Deutschunterricht ist die *Methode der Inhaltsangabe* bekannt, die darauf abzielt, dass der Gedankengang des Textes mit eigenen Worten wiedergegeben wird oder die wesentlichen Gedanken in kurzer und knapper Form dargelegt werden. Oftmals entsteht dabei besonders bei Schülerinnen und Schülern das Problem, fremde Gedanken und eigene Bewertungen nicht auseinander halten zu können. Dafür lassen sich beispielsweise Formulierungen finden wie „Nach Aristoteles“ oder „Aristoteles vertritt die Meinung, dass …“ oder „nach Ansicht des Aristoteles“ bzw. innerhalb einer Satzverbindung „so der Autor“.

In philosophischen Texten wird jedoch mehr als in literarischen Texten analysiert und expliziert, argumentiert und gerechtfertigt, bezweifelt und in Frage gestellt, oder widerlegt und neuformuliert oder bekräftigt und erweitert. Um diese speziellen philosophischen Denkschritte adäquat zu erfassen, schlägt Helmut Engels vor, bei der Inhaltsangabe von philosophischen Texten vor allem die *Sprechakte zu erfassen.*[56]

Sprechakte enthalten *performative Verben*, mit deren Hilfe etwas vom Autor oder der Autorin gesagt wird, d. h. es wird „eine im Sprechen oder Denken vollzogene Handlung, eine so genannte Illokation“ benannt.[57]

Performative Verben umfassen beispielsweise *Verben wie sagen, erzählen, berichten, behaupten* oder *zustimmen.* Im Bereich der Philosophie beziehen sich Philosophinnen und Philosophen auf Denkbemühungen aus anderen Epochen, d. h. sie vergleichen, verweisen oder erläutern in besonders intensiver Form.

Zur Rekonstruktion dieses speziellen Geflechts an Sprechakten ist es wichtig, dass sie in einer Inhaltswiedergabe auch benannt werden, und zwar als zusammengesetzte Formulierungen:

- *In dem folgenden Text gibt der Autor/die Autorin seine Überlegungen zum Problem der … wieder;*

56 Vgl. *Engels, Helmut*: „Geben Sie den Inhalt des Textes wieder und ...!“ In: Zeitschrift für Didaktik der Philosophie, 1/1990. S. 22-26.

57 Ebd. S. 23.

- *er/sie geht davon aus, dass …;*
- *er/sie behauptet, dass …;*
- *er/sie formuliert als Hauptthese, dass …;*
- *er/sie führt als Rechtfertigung dieser These die folgenden Gründe an: …;*
- *er sie verdeutlicht seine These an einem Beispiel …;*
- *er/sie abstrahiert vom Einzelfall, indem er/sie … folgende Schlussfolgerung zieht: …;*
- *als Einwand gegen … führt er/sie an …*

Sprechakte zwingen dazu, bei der Wiedergabe des Textes auch die *Denkschritte zu berücksichtigen*, die ein Autor oder eine Autorin vollzogen hat. Helmut Engels hebt für den Bereich der Schule hervor, dass Sprechakte in einer Inhaltsangabe nicht um ihrerselbst willen benannt werden sollten[58], in dem Sinne, dass jemand schreibt: „Aristoteles geht von der sittlichen Einsicht aus, die er an einem Beispiel erläutert, von der theoretischen Einsicht abgrenzt und schließlich dann als Grundhaltung des Menschen bewertet." In dieser Inhaltsangabe fehlen die konkreten Inhalte, die im Vordergrund stehen und mit Hilfe von Sprechakten differenziert werden sollen.

Darüber hinaus ist es wichtig, *Sprechakte von mentalen Akten abzugrenzen.* Bei einer Inhaltsangabe wird nicht referiert, was ein Philosoph gedacht, geglaubt oder vermutet hat, sondern wie er seine Gedanken (als Resultat des Reflektierens, Hoffens und Glaubens) formuliert hat. Helmut Engels weist noch daraufhin, dass bei einer Inhaltsangabe auch nicht alle Sprechakte benannt werden müssen, sondern nur die wesentlichen.[59]

Für den Aristoteles-Text lässt sich folgende Zusammenfassung mit Sprechakten geben:

In dem Text „Sittliche Einsicht" formuliert Aristoteles einige Überlegungen zum Begriff der phronesis, die für ihn erwägende Reflexion im Sinne eines Mit-sich-zu-Rate-Gehens bedeutet.

Der Autor vertritt als Hauptthese, dass die phronesis die Grundlage eines glücklichen Lebens darstellt. Sie ist nicht (wie die Vernunft) nur auf das Allgemeine gerichtet, sondern vor allem auf das Besondere, den Einzelfall. Aristoteles verdeutlicht dies an einem Beispiel: Wenn jemand allgemein weiss, dass Fleisch gut verdaulich ist, jedoch nicht weiss, welche Art von Fleisch besonders bekömmlich ist, so wird er keinen Heilerfolg erzielen können. Daraus zieht der Philosoph die Schlussfolgerung, dass die erwägende Reflexion für den Erfolg im praktischen Handeln einen Vorteil darstellt.

Eine Inhaltsangabe kann natürlich auch in Form eines Clusters erfolgen (vgl. S. 136 ff.), in dem die wesentlichen Gedanken aus dem Text in einer systematischen Form wiedergegeben werden. Auch hier können die Philosophierenden eigene Akzente setzen.

58 Ebd.

59 Ebd.

2.5.2 Didaktische Anregungen zur Texterschließung

Wie eingangs erwähnt dienen philosophische Texte als Gesprächspartner, als Anregung zum eigenen Philosophieren. Deshalb ist es wichtig, dass nach der Interpretation eine eigene Stellungnahme erfolgt, indem die Position des Autors oder der Autorin bewertet wird. Dabei lässt sich der Positionsvergleich von der eigenen Stellungnahme unterscheiden.

Beim Vergleich der Position eines Autors mit einem anderen vergleicht man zwei oder mehrere philosophische Positionen zum gleichen Thema miteinander, um dann zu entscheiden, welche Position mehr überzeugt oder wo Unterschiede und Gemeinsamkeiten liegen, z. B.: Welche Unterschiede und Gemeinsamkeiten gibt es zwischen dem Begriff der *phronesis* von Aristoteles und Kants Begriff der praktischen Vernunft?

Möglich ist natürlich auch der Rückgriff auf vorangegangene philosophische Positionen: Inwieweit differenziert Aristoteles den in der griechischen Philosophie verwendeten Begriff des *logos* (Vernunft)?

Im Unterschied zum Vergleich findet bei der eigenen Stellungnahme eine Bewertung statt. Der Rezipient oder die Rezipientin beurteilt, inwieweit die im Text vertretene philosophische Position von ihrer Darstellung und Argumentation her überzeugend ist.

Anregungen für die eigene Stellungnahme
- Der Autor/ die Autorin überzeugt mich, weil er/ sie ...
- Nicht überzeugend erscheint mir jedoch der Gedanke, die Idee, die Argumentation, das Gedankenexperiment etc., mit dessen Hilfe begründet wird, dass ...
- (Nicht) gut begründet wurde in dem Text der Gedanke ...
- Die These von der ... steht im Widerspruch zu der These von der ...
- Im Vergleich mit der Position von ... erscheint mir die Position von ... überzeugender, weil sie ...
- Bezogen auf meine eigenen Überlegungen/Erfahrungen kann ich dem Autor oder der Autorin (nicht) zustimmen, weil ...
- Den Gedanken von der ... möchte ich wie folgt erweitern/umformulieren/neu denken: ...
- Angenommen, ... hätte Recht, dann wäre ...

2.5.3 Weiterführende Literatur

Brandt, Reinhard: Die Interpretation philosophischer Werke. Stuttgart/Bad Cannstadt 1984.

Langebeck, Klaus: Verfahren der Texterschließung im Philosophieunterricht. In: Zeitschrift für Didaktik der Philosophie, 1/1985. S. 3-11.

Engels, Helmut: Geben Sie den Inhalt des Textes wieder und ...!“ In: Zeitschrift für Didaktik der Philosophie, 1/1990. S. 22-26.

Stubbe da Luz, Helmut: Finden Sie den folgenden Text philosophisch relevant? – Textanalyse ohne textspezifische Aufgabenstellung – Metaphilosophie als oberstes Lernziel im Philosophieunterricht. In: Zeitschrift für Didaktik der Philosophie und Ethik, 4/1996. S. 292-298.

Themenheft „Textverstehen“ der Zeitschrift für Didaktik der Philosophie, 1/1985 (verschiedene Beiträge).

Themenheft „Mündlich/Schriftlich“ der Zeitschrift für Didaktik der Philosophie, 1/1990 (verschiedene Beiträge).

2.6 Kreatives Schreiben

Beim Philosophieren werden nicht nur begriffliche Präzisierungen oder Argumente geprüft, sondern auch bestimmte Sichtweisen und Deutungen eines philosophischen Problems präsentiert. In welcher Form diese Deutungsprozesse ausgedrückt werden, obliegt den Philosophierenden: sie können dafür *diskursive oder auch präsentative Symbole* wählen.

Bei diskursiven Symbolen, beispielsweise einem Text, werden die *Sinneinheiten nacheinander präsentiert*, also: Gleichheit ist eine Form der Gerechtigkeit. In dieser Aussage folgt ein Zeichen auf das andere; der Sinn ergibt sich aus ihrer Linearität und dem kausalen *eindimensionalen Beziehungsverhältnis*.

Präsentative Symbole hingegen, wie z. B. Metaphern oder Zeichnungen, sind mehrdimensional. Sie bauen sich nicht nacheinander auf, sondern als komplexe Kombination von Beziehungen. Bei einer Zeichnung gibt es beispielsweise ein komplexes Beziehungsgeflecht von Farben, Formen und Proportionen, die sich gleichzeitig und vielschichtig offenbaren und ihren Sinn erst in dieser Mehrdimensionalität erlangen (vgl. 3.2).

Präsentative Symbole sind mehrdeutig und müssen in ihrem Sinn ebenso wie diskursive Symbole interpretiert werden. Während auch bei komplexen philosophischen Begriffen wie Gerechtigkeit mehrere Bedeutungen analysiert werden können, gibt es aber bei diesen Begriffen einen feststehenden Wortstamm, d. h. der Begriff Gerechtigkeit hat in seiner traditionellen Bedeutung etwas mit Recht und Gleichheit zu tun – eine Deutung im Sinne von Ungleichheit wäre beispielsweise nicht möglich.

Im Gegensatz dazu gibt es *keine konventionellen Bedeutungen präsentativer Symbole*, die sich in einem Wörterbuch nachschlagen lassen. Dies führt zu einem höheren Grad an Subjektivität bei ihrer Deutung. In der philosophischen Diskussion ist es deshalb *umstritten, inwieweit präsentative Symbole philosophische Sinngehalte transportieren.*

Der Philosoph Ernst Cassirer und seine Schülerin Susan Langer haben beispielsweise eine Gleichberechtigung aller symbolischen Ausdrucksformen begründet und damit die Grundlagen für ein Philosophieren mit präsentativen Symbolen gelegt.[60]

60 Vgl. *Cassirer, Ernst*: Philosophie der symbolischen Formen. Darmstadt [8]1994; *Langer, Susan*: Philosophie auf neuem Wege. Das Symbol im Denken, im Ritus und in der Kunst. Mittenwald 1965.

Im Folgenden stelle ich einige Möglichkeiten vor, anhand von präsentativen Symbolen im sprachlichen Bereich zu philosophieren. Sie lassen sich unter den Begriff „*kreatives philosophisches Schreiben*“ zusammenfassen.

Das Wort Philosophie begegnete mir zum ersten Mal auf dem Wahlzettel in der Schule. Ich hatte keine Ahnung, was sich eigentlich hinter diesem Wort verbirgt, doch letztendlich war es wohl der geheimnisvolle Klang, der mich zur Wahl „verleitete“. In meiner ersten Philosophiestunde im Sommer '95 erfuhr ich auch sogleich, was für eine Bedeutung sich hinter dem Wort versteckt. Der Name Philosophie kommt aus dem Griechischen und bedeutet soviel wie „Liebe zur Weisheit“. Dieser Begriff war in meinen Augen zunächst als sehr merkwürdig einzustufen. Wir lieben selbstverständlich alle jemanden in einer gewissen Art und Weise, wie z. B. unsere Mitmenschen, aber ist es möglich, eine Sache wie die Weisheit zu lieben? Liebe ermöglicht, dass man alles mit anderen Augen sieht und dass man dem liebenden Gegenüber blind folgt. Im Falle der Philosophie würde dieses also bedeuten, dass es Menschen gab und gibt, die ihr ganzes Leben der Weisheit widmeten. Viele würden ein derartiges Leben sicher als vergeudet bezeichnen, doch mittlerweile habe ich verstanden, dass die Liebe dieser Menschen zu wunderbaren Dingen geführt hat. Die so genannten Philosophen bemühten sich z. B. darum, den Sinn des Seins zu ermitteln, und aus den Verwunderungen dieser Menschen über das Dasein ist doch eigentlich erst die ganze Wissenschaft und Technologie entsprungen, die allen anderen Menschen von großen Nutzen ist. Leider hat die Wissenschaft auch die Entstehung sehr vieler negativer Dinge bewirkt.

Anfänglich erinnerte mich die Philosophie an ein Warenhaus für Theorien und an einen Kampfplatz der Meinungen. Ich wusste nie so recht, mit welcher der vielen Meinungen ich ubereinstimmen sollte, und größtenteils hielt ich die Themen für verjährt. Diese Ansicht halte ich mittlerweile für falsch, denn eine philosophische Frage ist eine Frage, die sich jede einzelne Generation immer wieder neu stellen muss, um z. B. Fehler der vorherigen Generation zu vermeiden. Daran möchte ich deutlich machen, dass die Philosophie für mich etwas ganz Aktuelles ist und auch immer bleiben wird. Meiner Meinung nach wäre es sinnvoll, gerade in unserer heutigen Zeit, in der die Erde von unzähligen Umweltproblemen geplagt wird, wieder zunehmend auf die philosophische Denkweise zurückzukommen, die uns auf dem Gebiet der Ökologie sicherlich sehr helfen würde. Vielleicht ist es gar nicht sinnvoll, immer die konkreten Folgen der Umweltverschmutzungen zu ergründen. Vielleicht sollten wir uns einfach vermehrt darüber Gedanken machen, ob nicht an unserer gesamten Denkweise, besonders in den Industrieländern etwas falsch ist. Wir sollten nicht immer davon ausgehen, dass der Mensch ganz „oben“ auf der Skala der Erde steht, denn diese Annahme hat dramatische Folgen für die Lebewesen auf unserem Planeten. Würden wir diese Annahme nicht teilen, würden wir unsere Handlungen vielleicht vorher überdenken, und so auch auf das Wohlergehen anderer Lebewesen achten.

Die Philosophie ist für mich ein sehr abstraktes Gebiet. Anfänglich kam ich zwar mit ihrer Methode nicht allzu gut zurecht, doch mittlerweile bin ich dankbar, dass es ein der-

artiges Fach gibt, welches mir sehr dabei geholfen hat, freie Gedanken zu entwickeln. Ein derartiges Denken wird sicherlich in keinem anderen Fach so gefördert.

Dieser Essay über das Wesen der Philosophie stammt von einer 18-jährigen Schülerin, die darin ihre Auffassung von der Aktualität philosophischen Denkens ausgedrückt hat.[61]

Seit über 15 Jahren werden in den USA an Schulen und Hochschulen quer durch alle Fachrichtungen Versuche zum kreativen Schreiben in den Wissenschaften unternommen, die seit einigen Jahren auch in Deutschland durchgeführt werden.

In den *USA und in Europa* entstanden seit Beginn der 90er Jahre *verschiedene Schreibwerkstätten*, die auf dem Gebiet der Philosophie mit dem Namen des amerikanischen Philosophen Jay Rosenberg verbunden sind. Sie verfolgen unabhängig von einem bestimmten Fachgebiet das Ziel, dass Menschen eigene Ideen und Erfahrungen zu einem Problem artikulieren, mit ihren Gedanken experimentieren, Realitätserfahrungen verarbeiten und zu eigenen Urteilen über eine Sache gelangen. Wie bei der Methode der Gedankenexperimente sollen alte und neue Gedanken miteinander verbunden werden, so dass eine originäre Sichtweise des philosophischen Problems entsteht, die zugleich eine individuelle Handschrift offenbart (vgl. 2.4).[62] Beim kreativen philosophischen Schreiben gibt es keinen systematischen Plan, sondern ein *virtuoses Spiel mit Ideen und Sprache.*

2.6.1 Freies Schreiben

Die bekannteste Form des kreativen Schreibens ganz allgemein ist *das freie Assoziieren.* Jemand sucht sich selbstständig ein Thema, über das er fünf Minuten lang assoziiert: Er/sie schreibt z. B. Gefühle, Ideen, Situationen, Erfahrungen in geordneter oder ungeordneter Reihenfolge nieder und arbeitet dann damit weiter (vgl. 2.6.2) – so ähnlich wie bei einer Wortfelduntersuchung (vgl. S. 45/46).

Beim Philosophieren lässt sich die Methode des freien Schreibens einschränken, indem man beispielsweise wie im Essay der 18-jährigen Schülerin ein Begriff oder ein Thema „Was ist Philosophie?" vorgibt, zu dem dann assoziiert werden kann.

Eine *Untervariante* dieser Methode sind *gegensätzliche Begriffe*, wie z. B. Recht und Ungerecht, über die etwas artikuliert werden soll, z. B. anhand von visuellen Begriffsschemata (Cluster, vgl. 3.2.3) oder in Form eines Erlebnisses, einer Geschichte oder eines Interviews.

Bei gegensätzlichen Begriffen bietet es sich auch an, Dialoge zu schreiben, die in Analogie zum sokratischen Gespräch eine Struktur von These und Gegenthese enthalten (vgl. 2.3). So könnten z. B. die Begriffe Recht und Unrecht in einen Widerstreit miteinander treten, wer von ihnen am erfolgreichsten ist.

61 Der Text stammt aus einem philosophischen Tagebuch, das Schülerinnen und Schüler in einem Philosophiekursus der Hamburger Lehrerin Martina Dege erarbeitet haben.

62 Vgl. hierzu: *von Werder, Lutz*: Kreatives Schreiben in den Wissenschaften. Milow 1995. S. 9.

Recht: *Ich trage dazu bei, dass alle Menschen gleich behandelt werden!*
Unrecht: *Das ist sowieso nicht möglich, weil Menschen verschieden sind.*
Recht: *Die Menschen sind zwar verschieden, aber sie sind doch alle gleich in ihrem Menschsein. Und deswegen darf niemand wegen seiner Hautfarbe oder seines Geschlechts diskriminiert werden.*
Unrecht: *Das ist ein schönes Ideal, das in Wirklichkeit nicht funktioniert; dafür sorge ich!*

Die Denkrichtung kann noch mehr zugespitzt werden, indem man mehrere Begriffe wie Gerechtigkeit, Gleichheit, Ausgleich, Gegenseitigkeit und Fürsorge vorgibt, die in einem kurzen Text in einen Zusammenhang gebracht werden sollen; auch hier ist die Form (z. B. Sachtext, poetischer Text oder Cluster) der Kreativität des Einzelnen überlassen.

Ein größerer Schwierigkeitsgrad entsteht, wenn ein philosophischer Begriff vorgegeben wird, wie z. B. Vernunft, zu dem weitere sinnergänzende Begriffe mit den Buchstaben des ersten Begriffs gefunden und durch Sätze charakterisiert werden sollen.

V *ielfalt* *bringt die Vernunft in ihren Denkergebnissen hervor.*
E *rfahrung* *ist die Grundlage der Vernunfterkenntnis.*
R *ationalität* *ist eine Form der Vernunft.*
N *orm* *ist eine vernünftige Verhaltensregel.*
U *rbild* *oder Idee gilt als Motor der Vernunft.*
N *egation* *ist ein Prinzip der Vernunft, um Erkenntnisse zu gewinnen.*
F *antasie* *ist die Schwester der Vernunft.*
T *ranszendenz* *ist der Vernunft nicht zugänglich.*

In einer darauf folgenden Arbeitsphase können diese Sätze nach einem logischen Sinnzusammenhang geordnet werden und als Grundlage für einen philosophischen Essay dienen (2.6.4).

Lutz von Werder schlägt als weitere Form des freien kreativen Schreibens *die Doppelhirn-Methode* vor.[63] Sie geht von der wissenschaftlich umstrittenen Annahme aus, dass unsere Gehirnhälften unterschiedliche Funktionen erfüllen: die eine Hälfte ist für das abstrakte Denken zuständig und die andere für die Kreativität. Auch wenn man diese definitorische Festlegung nicht akzeptiert, lässt sich die folgende kreative Übung durchführen. Auf die linke Seite wird ein philosophischer Begriff geschrieben, der auf der anderen Seite durch einen poetischen Ausdruck, z. B. eine Metapher, einen Vergleich oder eine Allegorie dargestellt wird.

Fantasie *schwebende Flügel*
Vernunft *Geheimnis mit sieben Siegeln*

63 Ebd. S. 48.

Auch der umgekehrte Weg ist möglich, d. h. man kann zu bildhaften Ausdrücken philosophische Begriffe suchen.

Sie ist wie eine Spirale:	*die Unendlichkeit*
Eine Frau mit einer Waage:	*die Gerechtigkeit*

Kreatives Philosophieren bedeutet, dass in philosophischen Texten auch sprachliche Bilder in Form von Symbolen, Allegorien, Gleichnissen, Metaphern oder Analogien dargestellt werden können.

Bei *Allegorien* ist darauf zu achten, wie die Darstellung eines abstrakten Sachverhalts konkret durch Personifikationen dargestellt wird. Ein bekanntes Beispiel aus dem Bereich der Philosophie ist das Titelblatt des „Leviathan"[64] von Thomas Hobbes, auf dem die Staatsmacht durch den großen Herrscher, zusammengesetzt aus vielen Einzelwesen, symbolisiert wird.

Bei *Analogien und Gleichnissen* werden Vorstellungen zur Verdeutlichung eines Abstraktums mit einem ähnlichen Vorgang aus einem vertrauten anderen Vergleichsartikel ausdrücklich aufeinander bezogen. So gibt es beispielsweise in der philosophischen Tradition illustrierte Verdeutlichungen bereits formulierter Theorien; die berühmteste davon ist das Höhlengleichnis aus dem VII. Buch von Platons Dialog „Der Staat". Platon charakterisiert darin den Aufstieg der Erkenntnis bis zur Idee des Guten anhand des Aufstiegs eines Menschen aus einer Höhle. Die verschiedenen Stufen inner- und außerhalb der Höhle symbolisieren jeweils eine bestimmte Stufe der Erkenntnis.[65]

Auch *Metaphern* sind bildhafte Ausdrücke für einen Gegenstand oder ein Abstraktum, die einen verkürzten Vergleich enthalten und von den Eigenschaften des zu charakterisierenden Gegenstandes ausgehen. Dabei entsteht dann eine sprachliche Übertragungsfigur, die sozusagen die „uneigentliche Verwendung" des Wortes darstellt und etwas Neues enthält. So wird beispielsweise die Gerechtigkeit oft als Frau mit einer Waage dargestellt – die zu übertragende Eigenschaft ist dabei die Gleichheit.

2.6.2 Formen kreativen philosophischen Schreibens

Aus dem Deutschunterricht sind verschiedene Formen des kreativen Schreibens bekannt, die auch beim Philosophieren angewendet werden können. Die bekannteste Form ist das *Weiterschreiben eines Textes*, sozusagen eine Geschichte mit offenem Ausgang, die weitergedacht werden soll (vgl. Können Blumen glücklich sein, S. 43).

Beim Philosophieren muss dies eine Geschichte sein, die ein philosophisches Problem enthält oder deren Schluss so gestaltet ist, dass er zum Philosophieren

64 Vgl. *Hobbes, Thomas*: Leviathan. Stuttgart 1998 (Titelbild).

65 Vgl. *Platon*: Das Höhlengleichnis. In: *Ders.*: Der Staat. A. a. O. (s. S. 63) VII. Buch.

ermuntert. In einer längeren Geschichte ist es darüber hinaus auch möglich, den *Mittelteil oder den Anfang wegzulassen*, der dann selbstständig gesucht werden soll.

Im folgenden Textausschnitt der italienisch-französischen Philosophin Christine de Pizan wurde der mittlere Teil ausgespart.

Alsdann ergriff die dritte Frau das Wort, um Folgendes zu sagen: „Teure Christine, ich bin Gerechtigkeit, die einzigartige Tochter Gottes, deren Wesen in Ihm seinen unmittelbaren Ursprung besitzt. Mein Aufenthaltsort ist der Himmel, die Erde und die Hölle: der Himmel, zum Ruhme der Heiligen und der Seelen der Glückseligen; die Erde, um einem jeden den ihm zustehenden Anteil an Gut und Böse zuzuteilen und zu geben; die Hölle, zwecks Bestrafung der Bösen. Ich bin in jeder Hinsicht unnachgiebig und besitze weder Freund noch Feind, und mein Wille schwankt nicht. Weder vermag mich Mitleid zu überzeugen noch Grausamkeit zu bewegen. Meine einzige Aufgabe besteht darin, …

Diese Waagschale aus feinem Gold, die du mich in der rechten Hand halten siehst und die die Form eines runden Maßes besitzt, hat Gott, mein Vater, mir gegeben; sie dient dazu, einem jeden das ihm Zukommende zu bemessen. Sie trägt das Zeichen der Lilie der Dreifaltigkeit, und bei allen Zuteilungen beweist sie Gerechtigkeit: Niemand kann sich über mein Maß beklagen. Aber die Menschen auf der Erde benutzen andere Maße, von denen sie zu Unrecht behaupten, diese hingen mit meinem zusammen und stammten von ihm ab. So manches Mal messen sie in meinem Namen, aber nie ist ihr Maß gerecht, sondern stets für die einen zu groß und zu klein für die anderen.[66]

Auch in einem philosophischen Text lässt sich die *Erzählperspektive ändern.* Auf der Grundlage des Textes von Christine de Pizan, in dem die Gerechtigkeit selbst ihr Wesen charakterisiert, könnte dies beispielsweise durch die Ungerechtigkeit getan werden.

Da steht sie nun, die Gerechtigkeit als Waage, und bemüht sich, jedem den ihm zustehenden Anteil an Gut und Böse zu bemessen, aber es gelingt ihr nicht immer, weil ich dazwischengehe. Meine Aufgabe ist es, Gleichheit zwischen den Menschen zu verhindern, Unfrieden zu stiften und einen jeden von seinem Platz wenn möglich zu verdrängen. Die Gerechtigkeit wacht allerdings darüber, dass ich nicht zu stark werde. Sie kämpft gegen die von mir verbreiteten Laster, weht meine Lügen hinweg und versucht, die eine von mir übervoll gefüllte Waagschale mit der anderen ins Gleichgewicht zu bringen.

66 Das ausgelassene Mittelstück des Textes von Christine de Pizan lautet wie folgt: ... zu urteilen, zu schlichten und Frieden nach dem gerechten Verdienst eines jeden zu stiften. Ich sorge dafür, dass jedes Ding an seinem Platz bleibt, und ohne mich wäre nichts von Dauer. Ich bin in Gott, Gott ist in mir, und wir sind wie Eins. Wer mir folgt, kann nicht fehlen, denn mein Weg ist sicher. Ich lehre jeden vernunftbegabten Mann und jede vernunftbegabte Frau, der oder die mir Glauben schenken will, zunächst sich selbst zu bessern, zu erkennen und sich wieder in die Gewalt zu bekommen, dem Mitmenschen das zuzufügen, was man selbst erfahren möchte, alles gerecht aufzuteilen, die Wahrheit zu sagen, die Lüge zu meiden und zu hassen und alles Lasterhafte von sich zu weisen.

Eine dritte Variante besteht darin, den Text so zu verändern, dass jemand sich selbst oder andere Personen direkt in den Text hineindichtet. In dem Buch „Die Stadt der Frauen" von Christine de Pizan tritt später zur Gerechtigkeit die Vernunft hinzu. Sie müsste sich genauso wie die Gerechtigkeit in ihren wesentlichen Eigenschaften vorstellen.[67]

Christine de Pizan hat bereits im 14. Jahrhundert in ihrem Buch „Die Stadt der Frauen" die Form des Monologs gewählt, d. h. die Gerechtigkeit, die Vernunft und die Rechtschaffenheit stellen sich jeweils als so genannte philosophische Schutzpatroninnen vor und reflektieren über sich und ihre Beziehungen zu den anderen.

Diese Form des Monologs kann auch ein *Brief* sein, den jemand als er selbst oder in der „Haut einer anderen Person" schreibt. Es können auch zwei lebende oder fiktive Personen in einen Briefwechsel miteinander treten und ein oder mehrere philosophische Probleme miteinander erörtern.

Ein historisches Vorbild des philosophischen Briefwechsels aus der römischen Antike sind Senecas „Briefe an Lucilius", einem 16-jährigen Jüngling. In Anlehnung an Seneca hat der deutsch-italienische Philosoph Vittorio Hösle philosophische Gedanken mit der 12-jährigen Schülerin Nora K. ausgetauscht.[68]

Lieber Vittorio,
vielen, vielen Dank für den Marzipan-Dino!!! Ich habe mich sehr darüber gefreut: Er steht auf meinem Nachttischchen. So kann ich ihn jederzeit besehen.

Aus deinem Buch habe ich leider bis jetzt nur die ersten Seiten lesen können, aber bald hab' ich mein anderes Buch durch und dann fange ich deins an.

In meinem Buch über die Philosophie bin ich jetzt beim Mittelalter. Das ist auch sehr spannend. Ach ja, wir nehmen in Geschichte gerade das griechische Frauenbild durch. Ich war sehr empört über Aristoteles' Meinung.

Deine Nora!
Essen, 27. Januar 1994

Liebe Nora,
habe herzlichen Dank für deine hübsche Karte, über die ich mich sehr gefreut habe. Du bist aber ein maßvolles Kind, dass du den Marzipan-Dinosaurier noch nicht verschlungen hast – er ist ja nur ein Abbild, nicht unvergänglich wie eine Idee …

Deine Kritik an Aristoteles hat mich schwer beschäftigt, denn da ich sowohl dich als auch ihn sehr schätze, waren meine Gefühle ganz in Unordnung. So trottete ich gestern spätabends durch Rüttenscheid, bis ich in einer abgelegenen Straße, die ich noch nie vorher gesehen hatte, auf ein Café stieß. Es hieß das „Café zu den toten, aber immer jungen Philosophen", und da mir der Name gefiel, ging ich hinein. Ich dachte, es müsse ganz

67 *de Pizan, Christine*: Die Stadt der Frauen. Berlin 1986. S. 37.

68 Vgl. hierzu: *Hösle, Vittorio*: Das Café der toten Philosophen – Ein philosophischer Briefwechsel für Kinder und Erwachsene. München 1998.

leer sein, denn wer besucht schon Cafés mit derartig komischen Namen? Aber wie überrascht war ich, als ich feststellte, dass es ziemlich voll war – übrigens fast (nicht ganz) eine reine Männergesellschaft.

Ich setzte mich an ein Tischchen und nickte dem älteren Herrn zu, der alleine dort saß. (Freie Tische gab es nicht mehr.)

Offen gestanden kamen mir sowohl er als auch andere Herren dunkel bekannt vor, aber ich konnte niemanden richtig einordnen. Der Mann mir gegenüber trug einen kurzen Bart, hatte feste Lippen und eine stark hervortretende Stirn. Er war modisch gekleidet, aber sein Blick schien nicht in unsere Zeit zu passen. Ich starrte ihn verlegen und etwas ungezogen an und fragte schließlich:

„Verzeihen Sie, ich weiß, dass ich Ihnen schon einmal begegnet bin, aber ich kann mich nicht mehr an Ihren werten Namen erinnern. Hösle, sehr erfreut."

„Aristoteles, angenehm", entgegnete er zerstreut.

Du wirst nicht überrascht sein, dass ich es war – so etwas hätte ich nicht für möglich gehalten, wenn ich mich nicht schon daran gewöhnt hätte, dass in der Philosophie alles möglich ist. Und in der Tat, nun erkannte ich auch andere Herrschaften - am Billardtisch unterhielt sich ein kleiner Mann, der offenbar Kant war, mit einem würdigen Bischof, den er ständig mit „lieber Anselm" anredete, über den ontologischen Beweis; ein etwas dandyhafter, scheuer junger Mann mit Zylinder redete auf einen abgründig blickenden sinnierenden Herrn ein, dem er zu erklären versuchte, die Subjektivität sei die Wahrheit und der Sprung in den Glauben gehe über die Vernunft.

Aber natürlich war ich besonders glücklich, gerade mit Aristoteles an einem Tisch zu sitzen. „Hören Sie einmal", sagte ich zu ihm, „ich habe ja viel von Ihnen gelesen und finde Ihre Werke schon phantastisch, aber ich kenne eine junge Dame, die ist über Ihr Frauenbild empört."

„Sie meinen nicht zufällig die Dinosaurier-Nora?"

„Ja, kennen Sie die etwa auch?"

„Nun, nicht persönlich, aber gute Argumente haben einen hohen Kurswert in diesem Café, und sie erreichen uns immer ziemlich rasch. Ich selber war ja noch von der Konstanz der Arten überzeugt; aber da das Aussterben von Arten mir ein gutes Argument gegen meinen Lehrer Platon zur Verfügung stellt, bin ich wieder mit Darwin auf gutem Fuß. Nora hat also eine neue Koalition in unserem Café ausgelöst."

„Aber da sind Sie doch erst recht verpflichtet, sich bei ihr für Ihre Meinung über Frauen zu entschuldigen", meinte ich.

„Gut, gut", sagte er, „gerne. Tu' ich auch hiermit. Aber sagen Sie ihr dreierlei: Erstens habe ich nicht etwa geleugnet, dass Frauen eine Seele haben, wie manche behaupten – ich spreche ja sogar Pflanzen eine Seele zu.

Zweitens sind wir alle Kinder unserer Zeit – was ich über die Sklaverei gesagt habe, ist mir eigentlich noch peinlicher. Aber wenn man in einer Gesellschaft aufwächst, in der Sklaven selbstverständlich sind und es natürlich ist, dass Frauen nicht studieren oder sich gar mit der Idee des Dinosauriers befassen, dann liegen solche Meinungen eben nahe. Und drittens will ich Sie und die Dinosauriernora darauf aufmerksam machen, dass auch Sie alle noch immer Meinungen haben, die Ihnen in einigen hundert Jahren die Schamröte ins Gesicht treiben werden. Seid also nachsichtig mit einem alten Griechen!"

„Aber gewiss doch", antwortete ich, „wir verehren Sie und Ihren Lehrer Platon" (ich merkte leider zu spät, dass ich ihn damit etwas ärgerte) „aufs höchste. Mit Verlaub, ich schreibe Nora gleich von unserer Unterredung."

Doch auf dem Weg zum Ausgang traf ich noch einen Mann, der mir kurz zuzwinkerte und sagte: „Übrigens, Nora ist sehr kritisch und wird Ihnen nicht glauben, was Sie ihr da schreiben wollen. Dann fragen Sie sie einfach:

Wenn du etwa meinst, ich hätte geträumt, kannst du denn Wirklichkeit und Traum wirklich unterscheiden? Und wenn sie sagt, Gott sei kein Betrüger, dann entgegnen Sie: Manchmal betrügt er uns zur Wahrheit."

„Vielen Dank, René, so werde ich meinen Brief beenden."

Gesagt, getan – und für heute viele Grüße von
Deinem Vittorio
10. Januar 1994

Eine weitere kreative Möglichkeit des Umgangs mit einem philosophischen Text oder der Theorie eines Philosophen oder einer Philosophin besteht darin, *ein Interview zu führen.* Auf der Grundlage der in einem Text ausgeführten Überlegungen werden sozusagen Fragen gestellt, die den Autor oder seinen Text betreffen. Der oder die Schreibende fragt also und formuliert parallel dazu selbst die Antworten. Dadurch wird den Rezipienten die Möglichkeit eröffnet, *wesentliche Gedanken mit eigenen Worten zusammenzufassen* und gezielt nach dem Sinn und Zweck philosophischer Ideen zu fragen.

Journalistin:	*Frau Pizan, warum haben Sie Ihren Roman gerade „Die Stadt der Frauen" genannt?*
de Pizan:	*Ich wollte zeigen, dass nicht nur Männer Vorstellungen über eine gerechte Gesellschaft entwickeln können, sondern auch Frauen. Deshalb treten in meinem utopischen Roman die Gerechtigkeit, die Vernunft und die Rechtschaffenheit auf. Sie alle sind – wie könnte es anders sein –Frauen.*
Journalistin:	*Unterscheidet sich denn die Gerechtigkeit als Frau von der Gerechtigkeit als Mann?*
de Pizan:	*Keineswegs! Gerechtigkeit heißt Gleichheit und Ausgleich, das hat schon mein Kollege Aristoteles festgestellt. Als Ausgleich hat sie die Aufgabe, Ungleichgewichte abzubauen, was die Verteilung von Lebenschancen anbelangt. Und in dieser Beziehung sind Frauen in den letzten Jahrhunderten zu kurz gekommen.*

Die Methode des philosophischen Interviews kann nur angewendet werden, wenn sich der oder die Fragende in der zu befragenden philosophischen Theorie oder

Richtung gut auskennt, denn er oder sie muss ja nicht nur fragen, sondern auch im Namen des Philosophen oder der Philosophin antworten, und dies erfordert einen angemessenen Kenntnisstand.

Eine weitere Methode des kreativen philosophischen Schreibens sind *Kurzgedichte, auch Elfchen* genannt. Sie bringen in kurzer, knapper oder auch poetischer Form wesentliche Gedanken über ein philosophisches Thema zum Ausdruck.

Die Wortanordnung ist folgende:
1 Wort auf der ersten Zeile
2 Wörter auf der zweiten Zeile
3 Wörter auf der dritten Zeile
4 Wörter auf der vierten Zeile
und 1 Wort zum Abschluss

Sachliches (philosophisches) Elfchen

Gerechtigkeit
ist Gleichheit,
aber auch Ausgleich
zwischen Menschen und Interessen,
fortwährend.

Poetisches (philosophisches) Elfchen

Gerechtigkeit,
du bist
ausgleichende und strafende,
vereinst Himmel und Hölle,
unnachgiebig!

Die Methode des „Elfchens" lässt sich besonders mit jener Methode der Texterschließung kombinieren, bei der Schlüsselbegriffe aus einem Text herausgesucht werden sollen (vgl. 2.5.1.2). So können Schülerinnen und Schüler beispielsweise die Aufgabe erhalten, zu einem von ihnen ausgewählten Schlüsselbegriff ein Elfchen zu schreiben. Sie müssen sich also *Bedeutungsinhalte des Begriffes überlegen* und diese entweder in philosophisch-diskursiver oder philosophisch-poetischer Form darlegen.

Weitere Formen philosophisch-kreativen Schreibens können auch *Märchen, Fabeln oder Aphorismen* sein (vgl. hierzu 3.1).

2.6.3 Das philosophische Tagebuch

Diese Methode des kreativen philosophischen Schreibens stützt sich auf die Vorliebe einiger Menschen, wichtige Gedanken über ihr Leben oder einzelne Lebensabschnitte in einem (manchmal geheimen) Tagebuch festzuhalten. Darin werden Erfahrungen, Ideen oder Gefühle notiert, die zu einem bestimmten Zeitpunkt für die Schreibenden eine wichtige Bedeutung haben. Durch das Niederschreiben erhalten sie einen bestimmten Sinn in ihrem Leben; während des Schreibprozesses erfolgt gleichzeitig eine *reflektierende Auseinandersetzung.*

Diese Form der Lebensreflexion kann eine explizit philosophische Ausrichtung erhalten, wenn sich der *Gegenstand* des Tagebuchschreibens *auf ein oder mehrere philosophische Probleme bezieht.* Auch hier sind wiederum verschiedene Ausdrucksmöglichkeiten zu unterscheiden.

In Anlehnung an das freie Schreiben können Menschen selbstständig über einen von ihnen selbst gewählten Zeitraum Gedanken zu verschiedenen philosophischen Problemen notieren, die ihnen gerade durch den Kopf gehen und die in ihrer gegenwärtigen Existenz eine wichtige Rolle spielen. Das Tagebuchschreiben stellt für sie eine *philosophische Selbstvergewisserung* dar: Welches philosophische Problem beschäftigt mich gerade? Warum beschäftigt mich dieses Problem? Welche Aspekte sind mir dabei wichtig? Ob die assoziierten Gedanken dann später geordnet und in anderen kreativen Formen reflexiv bearbeitet werden, bleibt offen (vgl. 2.6.1).

In der philosophischen Tradition war es vor allem der österreichische Philosoph Ludwig Wittgenstein, der in seinen „Philosophischen Untersuchungen" zu verschiedenen Problemen rund um die Sprache Gedankensplitter, auch in Form von Aphorismen aufgeschrieben und systematisiert hat. „Das Schreiben bildet nicht einfach Denkprozesse ab, sondern zwingt zur Ordnung und Ausarbeitung der Gedanken: Erst beim Schreiben wird man sich darüber klar, was man wirklich meint." [69]

Die freie Form des Tagebuchschreibens kann man auch eingrenzen, indem man einen bestimmten *Reflexionsgegenstand vorgibt.* Dies kann beispielsweise ein philosophischer Begriff sein, zu dem assoziiert werden soll, oder eine Fragestellung wie z. B.: Was bedeutet für dich Gerechtigkeit?

Diese Fragestellung kann man wiederum auch in Form eines Gedankenexperiments formulieren, z. B.: Stellen Sie sich vor, es gebe keine Gerechtigkeit in Ihrem Leben ... was würde passieren?

Eine weitere Möglichkeit des *geleiteten Tagebuchschreibens* ist die *eigene Stellungnahme* zu einem philosophischen Text oder einer philosophischen Richtung. Sie kann als Kombination von Sachtext, poetischer Rede (Gedichte, Elfchen, Aphorismen etc.) in Tagebuchform stattfinden, indem z. B. jeden Tag oder jede Woche ein anderer Gedanke aus einem Text etc. weitergedacht wird.

69 *Thies, Christian*: Das Philosophische Tagebuch. In: Zeitschrift für Didaktik der Philosophie, 1/1990. S. 27.

Das Wesentliche an einem Philosophischen Tagebuch besteht darin, dass es einen *individuellen Stil zum Ausdruck bringt.* Ein solches Tagebuch soll dazu beitragen, eigene Sinnsetzungen zu entwickeln, die bestimmte philosophische Neigungen, Problempräferenzen und Ausdrucksformen enthalten.

Zur Konzeption eines Philosophischen Tagebuchs lassen sich folgende Anregungen geben:
- *Aufgreifen eines philosophischen Problems aus einem Buch oder aus einem Gespräch etc.;*
- *reflexive Bearbeitung dieses Problems mit selbstgewählten Ausdrucksformen, die eine individuelle Sichtweise zum Ausdruck bringen;*
- *Fragen zu dem Problem formulieren;*
- *Strukturskizzen und Begriffsnetze von philosophischen Texten anfertigen, die zu diesem Problem bereits gelesen wurden (vgl. auch 3.2);*
- *Abschreiben einer bedenkenswerten Passage aus diesen philosophischen Texten und eigener Kommentar dazu;*
- *einen Essay schreiben, der das Problem weiterführt oder verdeutlicht oder bestimmte Aspekte besonders hervorhebt;*
- *zusätzliche Materialien in das Tagebuch integrieren, z. B. Lexikonartikel zu dem Problem oder andere Texte wie. Fabeln, Märchen, Aphorismen (vgl. 3.1);*
- *biografische Notizen über Autorinnen und Autoren hinzufügen;*
- *Bilder, Fotos, Collagen oder eigene Skizzen in das Tagebuch integrieren, die eine weiterführende Reflexion zu dem ausgewählten philosophischen Problem ermöglichen;*
- *andere kreative Formen wie Gedichte, sachliche und poetische Elfchen oder philosophische Briefe integrieren.*

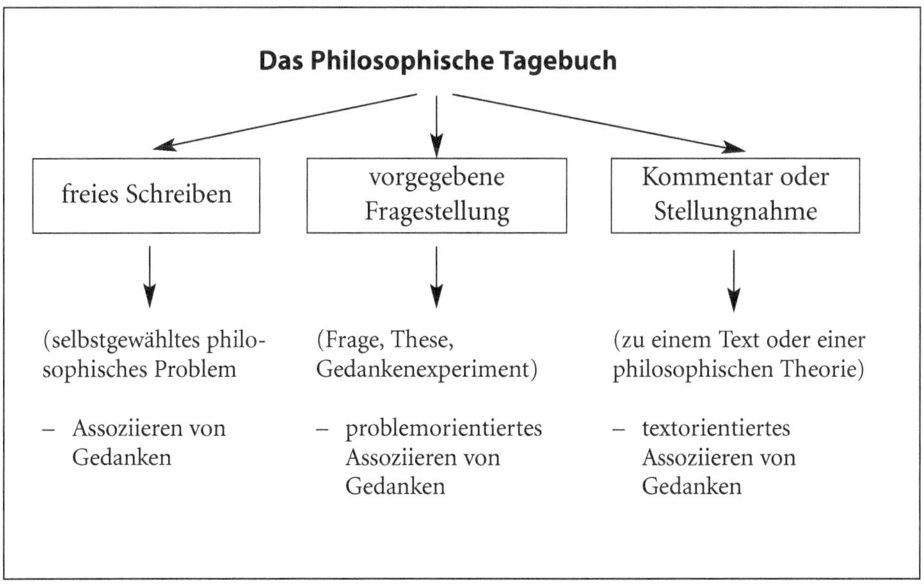

2.6.4 Einen philosophischen Essay schreiben

Die gängigste Art, philosophische Gedanken auszudrücken, ist der Essay. Hierbei handelt es sich um einen „Versuch“ in der französisch-englischen Originalbedeutung des Wortes, einen Prosatext in ungebundener Sprache zu verfassen. Bei einem philosophischen Essay wird sozusagen ein philosophisches Problem erörtert, allerdings nicht als „erschöpfende“ wissenschaftliche Abhandlung mit dem Anspruch einer Systematisierung, sondern als *subjektive Reflexion*, die ein *philosophisches Problem von verschiedenen Seiten beleuchtet.*

Der Schriftsteller und Philosoph Michel de Montaigne schuf 1580 die philosophische Form des „essai“ und begründete mit seinen zwei Bänden eine eigenständige Form, die 1588 durch einen dritten Band ergänzt wurden.

In der philosophischen Tradition hat der englische Philosoph Francis Bacon 1597 den Essay für seine philosophisch-religiösen Betrachtungen weiterentwickelt. Im *Mittelpunkt* dieser Form stehen *lebenspraktische Fragen wie z. B. Einsamkeit, Freundschaft oder Trunksucht*, die in Verbindung mit eigenen Erfahrungen philosophisch gestaltet werden.

In den USA hat vor allem *der Philosoph Jay Rosenberg* in seinem Buch „Philosophieren“ diese Methode rezipiert und zu einer *eigenständigen philosophischen Gattung* entwickelt, die neben systematisch-wissenschaftlichen Untersuchungen auch an den amerikanischen Schulen und Universitäten zunehmend akzeptiert werden.

Regeln für das Verfassen philosophischer Essays in Anlehnung an Jay Rosenberg[70]

- *Aufstellen einer These, die entweder aus einem Text stammt oder selbst formuliert wurde;*
- *schriftliche Darstellung der These;*
- *kritische Prüfung der These durch Anführen von Pro- und Contra-Argumenten;*
- *Überprüfung der Schlüssigkeit der Argumentation (warrants, backings);*
- *Vermeiden von Inkonsistenz, z. B. den Selbst-Widerspruch (jemand behauptet zwei Thesen, die beide zugleich nicht wahr sein können);*
- *Veranschaulichung der These durch Beispiele;*
- *klare Unterscheidung zwischen den subjektiven Erfahrungen und Meinungen des Autors oder der Autorin (eigene Stellungnahme) und objektivierbaren Aussagen und Argumenten (Methode der Sprechakte, vgl. S. 87/88)*
- *selbstreflexive oder metakognitive Auseinandersetzung des oder der Schreibenden mit der von ihm gewählten These und Argumentation (vgl. 1.3);*
- *Die Sprache des Essays soll verständlich sein und den gängigen grammatischen Regeln folgen; persönliche Betroffenheit und Enthusiasmus können Verständlichkeit nicht ersetzen; Klarheit und Genauigkeit im Ausdruck, Ordnung der Gedanken sowie logische Schärfe werden erwartet.*

70 Vgl. *Rosenberg, Jay F.*: Philosophieren. Ein Handbuch für Anfänger. Frankfurt/M. [4]1997. S. 81-87.

2.6.5 Weiterführende Literatur

Baltzer, Ulrich: „Über das Üben“: Essais als Aneignung des Fremden. In: Zeitschrift für Didaktik der Philosophie und Ethik, 2/1999. S. 128-132.

Böth, Wolfgang: Bewusster schreiben. Prozessorientierte Aufsatzdidaktik. Frankfurt/M. 1995.

Engels, Helmut: Plädoyer für das Schreiben von Primärtexten oder: Über die künstliche Erzeugung von „Serendipity“. In: Zeitschrift für Didaktik der Philosophie, 3/1993.

Dege, Martina: Selbstbestimmung – Denkversuche als Schreibversuche. In: Zeitschrift für Didaktik der Philosophie und Ethik, 1/1995. S. 27-36.

Dies.: Montaignes „Essais“ – der Versuch, schreibend die Balance zu halten. In: Zeitschrift für Didaktik der Philosophie und Ethik, 2/1999. S. 116-128.

Liebnau, Ulrich: EigenSinn – Kreatives Schreiben – Anregungen und Methoden. Frankfurt/M. 1995.

Martens, Ekkehard: Der Faden der Ariadne – Über kreatives Denken und Handeln. Stuttgart 1991.

Rentsch, Thomas/Rohbeck, Johannes: Essays schreiben – aber mit Methode. In: Information Philosophie, 1/2002. S. 48-52.

von Werder, Lutz: Kreatives Schreiben in den Wissenschaften. Für Schule, Hochschule und Erwachsenenbildung. Milow 1995.

Ders.: Beklage Dich nicht – philosophiere. Ein Übungsbuch in praktischer Philosophie für Einzelne und Gruppen. Milow 1996.

Ders.: Lehrbuch des kreativen Schreibens. Milow 1996.

Rosenberg, Jay F.: Philosophieren. Ein Handbuch für Anfänger. Frankfurt/M. 1984.

Themenheft „Montaigne“ der Zeitschrift für Didaktik der Philosophie und Ethik, 2/ 1999.

Thies, Christian: Das Philosophische Tagebuch. In: Zeitschrift fur Didaktik der Philosophie, 1/1990. S. 26-32.

2.7 Theatrales Philosophieren

„Gevatter Tod“ ist ein beliebtes Märchen, in dem es vor allem um die Frage geht, ob sich der Tod von den Menschen überlisten lässt. Ein junger Arzt, das Patenkind des Todes, probiert das Wagnis: Er dreht den kranken König einfach um, so dass der Tod am Kopfende steht und das bedeutet, der Kranke gehört nicht ihm, sondern dem Leben.

Als der junge Arzt ein wenig später die gleiche Prozedur mit der kranken Prinzessin veranstaltet, wird der Tod ärgerlich und zeigt seinem Patenkind dessen Lebenslicht, das leider völlig abgebrannt ist.

„Der Tod lässt sich nicht überlisten“, sage ich zu einer Gruppe von Zehnjährigen, mit denen ich über dieses Märchen philosophiere. „Oh doch!“, antwortet ein Junge selbstbe-

wusst und überlegt eine Weile. Dann schlägt er vor, das Märchen nachzuspielen und sagt vielversprechend: „Ihr werdet gleich sehen, wie ich den Tod in den Griff bekomme!"

Wir beginnen also das Märchen zu spielen. Und plötzlich sind wir bei der Szene mit der kranken Prinzessin angelangt. Im Märchen schloss der Tod einen Pakt mit dem jungen Doktor: Wenn er am Kopfende erscheint, kann der Doktor den Kranken heilen. Steht er jedoch zu Füßen des Kranken, dann gehört der Kranke dem Tod. Als der König im Sterben lag und der Tod zu Füßen des Kranken stand, drehte der Doktor den König um und überlistete so den Tod. Als er dies ein zweites Mal mit der kranken Prinzessin versuchte, wurde der Tod zornig und holte den Doktor selbst.

In unserer Szene legt der Junge den Kopf der Prinzessin auf die Füße und bringt den Tod damit in Verlegenheit. Dieser antwortet prompt: „Was soll ich denn jetzt machen? Im Märchen ist das alles doch ganz anders!"

Präsentative Symbole werden nicht nur beim kreativen philosophischen Schreiben, also im Bereich der geschriebenen Sprache verwendet, sondern können auch *beim nonverbalen Philosophieren mit Hilfe von Körpersprache* (Pantomime, Standbilder und spontanes Rollenspiel) sowie Zeichnungen eingesetzt werden (vgl. 3.2). Ob sie in dieser Beziehung als philosophische Hilfsmittel oder eigenständige philosophische Deutung gelten, ist Gegenstand philosophischer Auseinandersetzung und wie viele Fragen in der Philosophie heftig umstritten (vgl. 2.6).

Ausgangspunkt der vorliegenden Überlegungen ist, dass durch nonverbale ebenso wie durch verbale philosophische Symbole philosophische Gedanken zum Ausdruck gebracht werden können. Ein philosophisches Problem kann man dadurch reflexiv bearbeiten, indem man beispielsweise *durch eine Pantomime wesentliche Merkmale eines philosophischen Begriffs zeigt* oder eine neue Sichtweise des Problems präsentiert, wie dies der zehnjährige Junge im „Gevatter Tod" gezeigt hat. „Die im Spiel auf theatraler Ebene gewonnenen Deutungen sollen im Spannungsverhältnis von Abstraktion und Konkretion belassen werden. Abstrahieren heißt dabei philosophische relevante Inhalte von der Sprachebene in eine Darstellungsebene zu übertragen und theatrale Zeichen zu finden, die den Gegenstand, Sachverhalt oder Begriff ausdrücken (symbolisieren) können."[71]

Theatrales Philosophieren dient nicht in erster Linie dem Ziel, Spaß an der Körperbewegung zu haben, sondern ist *eine von mehreren Methoden zur Klärung eines philosophischen Problems.*

Dabei ist zu beachten, dass theatrale Zeichen hinsichtlich ihrer philosophischen Deutung polyvalent sind; sie ermöglichen mehrere Deutungen eines philosophischen Problems und tragen vor allem dem Bewegungsdrang von jüngeren Kindern Rechnung.

71 *Baltes, Monika*: Philosophie macht Theater. In: Behörde für Schule, Jugend und Berufsbildung Hamburg (Hrsg.): Philosophieren in der Verlässlichen Halbtagsgrundschule. Hamburg 1999. S. 72.

2.7.1 Nonverbale Formen theatralen Philosophierens

Philosophie und Philosophieren haben eine enge Beziehung zur gesprochenen und geschriebenen Sprache. Denn Texte und Bücher sind das Medium, in dem die Denkbemühungen der Philosophinnen und Philosophen in verschriftlichter Form überliefert wurden. Deshalb wird Philosophieren in der Hauptsache an eine sprachliche Ausdrucksform gebunden. Dies bedeutet jedoch nicht, dass jemand nur mit Hilfe der (geschriebenen) Sprache über wichtige Lebensprobleme nachdenken kann. Die Philosophierenden müssen *eine*, nämlich *ihre eigene Sprache finden*, in der er oder sie wichtige Gedanken über ein philosophisches Problem ausdrücken können. Und hierzu gehören auch theatrale Formen des Philosophierens.

Nonverbale Formen theatralen Philosophierens dienen in erster Linie dazu, wesentliche Eigenschaften einer Idee, einer Person oder einer Handlung durch Bewegung darzustellen. Bei dieser Gestaltungsform muss jemand genauso wie bei einer verbalen Ausdrucksform darüber nachdenken, was ihm wichtig ist. So kann ein Kind z. B. sagen, dass eine besondere Eigenschaft von Pippi Langstrumpf ihre Stärke sei, es kann diese Eigenschaft aber auch bildnerisch umsetzen oder durch Bewegung ausdrücken; z. B. mit angewinkelten Armen", d. h. es gibt drei verschiedene Darstellungsmöglichkeiten der Eigenschaft „Stärke".

Nonverbale Formen des Philosophierens fördern vor allem die Fähigkeit zur spezifischen Beobachtung, die in einem Dialog zugunsten der verbalen Ausdrucksformen zurückgedrängt wird: Die Philosophierenden spielen nicht nur eine Sache; sie sehen auch, wie die anderen sie durch Körperbewegungen darstellen. Dabei wird vor allem auch die reproduktive Tätigkeit intensiviert. Denn bevor ein philosophisches Problem szenisch umgesetzt wird, muss es in der Vorstellung reproduziert werden: Jemand muss wissen, dass Pippi Lanstrumpf stark ist. Erst auf der Grundlage dieses Wissens überlegt er sich, wie er diese Vorstellung mit einer Körperbewegung ausdrückt. Hier setzt die für das Philosophieren wichtige Reflexivität ein: Aus der Reproduktion eines Vorganges in der Vorstellung werden wesentliche Bestimmungen (Struktureigenschaften) herausgesondert und nonverbal realisiert, wobei keine zeichnerischen oder verbalen Ausdrucksformen zu Hilfe genommen werden dürfen.

Die *bekannteste Form des nonverbalen Philosophierens* ist die *Pantomime*. Durch sie lassen sich ohne Verwendung von Sprache oder Zeichnungen philosophische Probleme darstellen. Die Pantomime eignet sich vor allem dazu, wichtige Eigenschaften eines Problems, d. h. in der Regel eines philosophischen Begriffs, durch Körpersprache auszudrücken. So kann dieses Verfahren vor allem mit jüngeren Kindern, aber nicht nur mit ihnen, bei der *Suche nach Modellfällen in der Begriffsanalyse* angewendet werden (vgl. 2.1.2). Situationen, die für einen Begriff typisch sind, lassen sich gut durch Körperbewegungen gestalten. Hierzu gehören Bewegungsqualitäten wie schnell oder langsam, regelmäßig oder unregelmäßig; Körperhaltungen wie aufrecht oder gebückt sowie die Mimik als Ausdrucksform des Gesichts und die Gestik (besonders die Sprache der Hände). Alle diese Elemente des körperlichen Ausdrucks werden so kombiniert, dass die wesentliche Eigenschaft einer Sache (eines Begriffes) ausgedrückt wird.

Eine *spezielle Form der Pantomime* ist die das *Hand-Theater*. Für das Philosophieren bedeutet dies, dass lediglich mit Hilfe der Bewegungsqualitäten der Hände, d. h. der einzelnen Finger, philosophische Begriffe oder Probleme dargestellt werden. So kann sich beispielsweise jemand überlegen, wie er durch die Kombination seiner Finger Begriffe wie Gerechtigkeit im Sinne von Gleichheit ausdrückt oder Leben und Tod oder Gut und Böse symbolisiert.

Das folgende Arbeitsblatt stammt aus einer Sammlung für den Ethikunterricht in der 1. Klasse. Die Kinder sollen überlegen, ob die Finger traurig, böse oder fröhlich sind.[72]

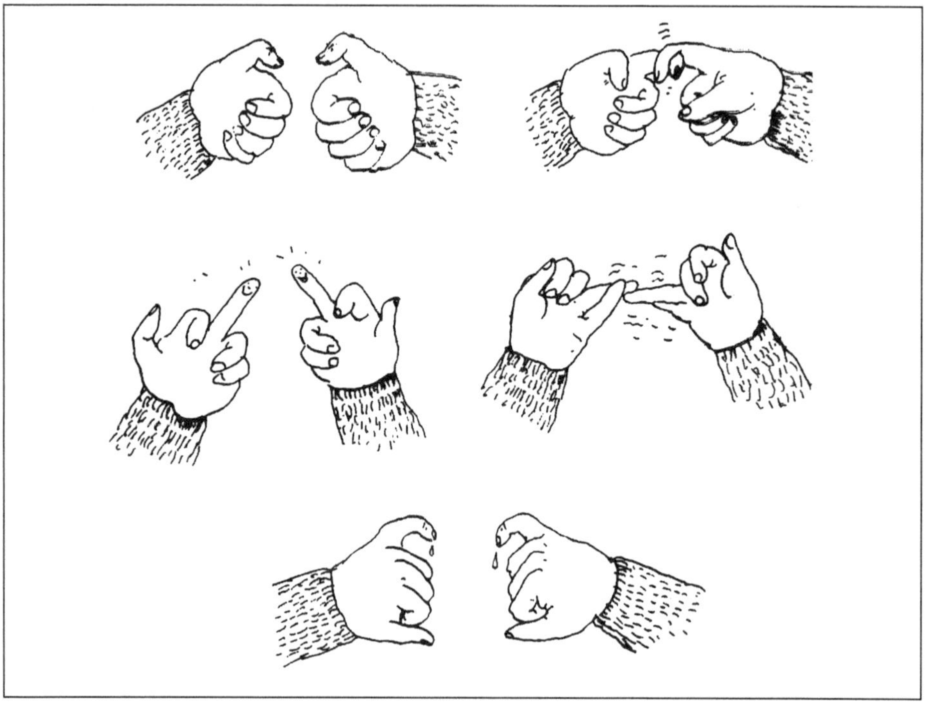

In Analogie zum Hand-Theater kann man auch *Kopf-Theater* spielen, d. h. philosophische Probleme lediglich durch die Bewegung des Kopfes symbolisieren. Vor allem bei jüngeren Kindern lässt sich daraus eine Parallele ziehen: Kopfbewegungen sind Denkbewegungen. Mit Hilfe von Kopfbewegungen lassen sich beispielsweise folgende Denkaktivitäten darstellen: fragen, antworten, sich erinnern, wahrnehmen, nachdenken etc.

Für das nonverbale Philosophieren in der Schule sind auch *Standbilder* als eine Art *Gruppenpantomime* eine wichtige Ausdrucksform zur Darstellung philosophi-

72 Vgl.: Folien und Arbeitsblätter für den Ethikunterricht in der Klasse 1. Leipzig: Militzke 1998.

scher Probleme. Kleine Gruppen müssen sich beispielsweise gemeinsam überlegen, *durch welche Körperhaltungen einem philosophischen Problem Ausdruck verliehen wird*: Sollen die Köpfe gesenkt, erhoben oder zum Himmel gerichtet werden? Stehen die Philosophierenden aufrecht oder gebückt? Wie verketten sie sich ineinander, damit sozusagen ein Gesamtausdruck des philosophischen Problems entsteht etc. Wichtig ist dabei, dass jedes Gruppenmitglied einen bestimmten Part in der Gesamtdarstellung übernimmt, also nur Teil des Gesamtausdrucks ist. Die Gruppe muss sich im Voraus, vielleicht auch in Form von Skizzen, Gedanken machen, was sie auf welche Art und Weise darstellen will.

Die Wiener Philosophin Margarete Wenzel schlägt vor, dass mindestens ein Mitglied der Gruppe als Beobachter oder Beobachterin außerhalb des Standbildes bleiben sollte, um den Gesamtausdruck zu beurteilen und eventuelle Korrekturen anzubringen.[73] Standbilder eignen sich gut, um beispielsweise visuelle Darstellungen von Gemälden oder Fotos nachzustellen und durch zusätzliche, neue (selbst ausgedachte) Elemente philosophisch zu erweitern (vgl. auch 3.2).

Eine dritte Form nonverbalen Gestaltens sind *Spiegelbilder*. Zwei Personen sitzen sich gegenüber. Die eine führt eine Bewegung aus, die andere Person versucht sie zu spiegeln. Die Bewegung muss typisch für ein philosophisches Problem sein, z. B. beim Thema Identität typisch für die Person, die agiert.

In einer zweiten Phase schließt sich dann wie beim sokratischen Philosophieren ein Dialog an (vgl. 2.3), d. h. die zweite Person antwortet nun mit einer typischen Bewegung, die für ein philosophisches Problem charakteristisch ist auf die erste Bewegung, die nun von der ersten Person gespiegelt wird.

In einer dritten Phase antwortet dann wieder die erste Person auf die Bewegung der zweiten Person usw.

Spiegelbilder haben die *didaktische Funktion*, dass *zwei Personen nonverbal miteinander im Dialog philosophieren*. Durch das Spiegeln zeigt die zweite Person, dass sie sich mit der Bewegung, d. h. dem Gedanken der ersten Person auseinander setzt und darauf durch ihre Bewegung, also mit einem neuen Gedanken, antwortet. Es entsteht sozusagen ein nonverbales Gespräch, das die Gesprächspartner und -partnerinnen wie bei einem sokratischen Dialog beliebig lange führen können. Für diese Art von Gespräch eignet sich vor allem auch das Hand-und-Kopf-Theater.

Wichtige Merkmale nonverbalen Philosophierens
- *Körperbewegungen, Mimik und Gestik werden eingesetzt, um ein philosophisches Problem nonverbal auszudrücken.*
- *Die verbale Sprache darf nicht zu Hilfe genommen werden.*
- *Durch die Körpersprache werden wesentliche Merkmale eines philosophischen Problems, vor allem eine Begriffes, ausgedrückt (die Körperbewegungen werden nicht*

73 Vgl. hierzu: *Wenzel, Margarete*: Philosophische Spiele für Groß und Klein. München 1995. S. 63-64.

zum Spaß an der Sache ausgeführt, sondern sind Teil der philosophischen Problemlösung).

2.7.2 Verbale Formen theatralen Philosophierens

Verbale Formen theatralen Philosophierens umfassen die *reflexive Bearbeitung eines Theaterstücks, eines Buchausschnitts oder eines Märchens durch darstellendes Spiel.* Dabei wird nicht nur das Wesentliche eines philosophischen Problems herausgearbeitet, sondern gleichzeitig auch die Fähigkeit gefördert, sich in eine andere Rolle hineinzuversetzen oder eine andere Perspektive einzunehmen, um von der eigenen Person, den eigenen Meinungen und Argumenten zu abstrahieren. Derjenige Junge, der in unserem Theaterstück den jungen Arzt aus „Gevatter Tod" gespielt hatte, erfüllte sowohl die Rolle des Patenkinds und gab der Darstellung aber gleichzeitig eine neue Perspektive: Er hat den Kopf der kranken Prinzessin auf die Füße gelegt und somit seine Rolle verändert; diese Veränderung gab dem Stück insgesamt eine neue Perspektive, denn derjenige, der die Rolle des Todes spielte, musste sein Verhalten ebenfalls verändern und auf die neue Situation reagieren.

Die Fähigkeit zur Rollenübernahme beim theatralen Philosophieren enthält also trotz der vorgegebenen Rollenverhaltensregeln ein wichtiges reflexives Element: Die Darsteller und Darstellerinnen rezipieren nicht nur die Rollenvorschriften; sie lernen auch, diese nach eigenen Vorstellungen umzugestalten und zusätzliche Verhaltensvorschriften zu entwerfen, die als Grundlage eines veränderten Spiels oder einer Diskussion fungieren. In diesem Sinne trägt das verbale Rollenspiel dazu bei, philosophisches Nachdenken zu entwickeln: Jemand kann wie der Junge im Falle des jungen Arztes die rolleninhärenten Verhaltensmuster infrage stellen, indem er genau das Gegenteil einer vorgegebenen Rolle spielt und dadurch seine spezifische Sichtweise des Problems Ausdruck bringt.

Für das Philosophieren in einer *community of inquiry* ist vor allem das *spontane Rollenspiel* von Bedeutung, dessen Thematik und Rollen die Akteure selbst bestimmen. Die Gestaltung eines spontanen Rollenspiels regt die Phantasie der einzelnen Teilnehmerinnen und Teilnehmer an, ein philosophisches Problem durch eine selbst ausgedachte Rollendarstellung zu realisieren, zumal vorgegebene Rollen aus bekannten Theaterstücken oftmals nicht den unmittelbaren Bedürfnissen der Philosophierenden entsprechen.

In einem selbst ausgedachten Rollenspiel muss sich jeder Teilnehmer und jede Teilnehmerin die verbalen und handlungsbezogenen Aspekte seiner/ihrer Rolle selbst überlegen und mit den anderen Spielpartnern und -partnerinnen abstimmen. Jeder Mitspieler muss nicht nur auf seine eigene Rolle achten, sondern sich an die gemeinsam festgelegten Spielszenarien halten.

Dennoch kann er oder sie innerhalb eines spontanen Spiels die Einzigartigkeit seiner Rolle einbringen, indem er als Individuum mit einer spezifischen philosophischen Weltsicht auftritt, d. h. seine Rolle so spielt, wie sie seinen Überlegungen entspricht.

Durch das spontane Rollenspiel entwickeln sich vor allem *die dialogischen Fähigkeiten* der Philosophierenden, weil die Spielerinnen und Spieler ihre eigene Rolle mit der des anderen abstimmen und sie gegebenenfalls verändern müssen. Die Abstimmung der Spielrollen erfordert die Überprüfung der eigenen Rolle in Analogie zum philosophischen Dialog, der die Prüfung der eigenen Argumente einschließt. Deshalb fördert das spontane Rollenspiel, abgesehen vom selbst gewählten Inhalt, auch den *Austausch von Positionen.* Das reflexive Element liegt dabei in der Veränderung der Rollen, d. h. in der Entwicklung der Fähigkeit, sich von der eigenen Rolle zu distanzieren, insofern es die Spielbedingungen erfordern; im philosophischen Dialog werden die eigenen Argumente auch infrage gestellt, wenn ein Dialogpartner oder -partnerin zwingendere Gründe vorbringt.

Darüber hinaus ermöglicht das spontane Rollenspiel beim Philosophieren auch, *Erkenntnisse in Verhaltensdispositionen umzusetzen*: Jemand kann beispielsweise Modelle der Konfliktlösung präsentieren und einen ungerechten König in einem gerechten transformieren; Emotionen zum Ausdruck bringen und Handlungen und ihre Folgen planen und im Spiel dann auch ausführen und ggf. zu korrigieren.

Bei spontanen Rollenspielen kann man auch verschiedene Ausdrucksformen einsetzen. Sie reichen von *Elementen des Erzählens, Diskutierens* (Frage und Antwort) bis hin zum pantomimischen Gestalten und Bewegungsqualitäten, begleitet von musisch-rhythmischen und zeichnerischen Elementen.

Beim Philosophieren hat das spontane Rollenspiel vor allem die Funktion, in Analogie zu der antiken Dialogform, *spontane Dialoge über ein philosophisches Problem zu initiieren*, sozusagen als gestaltetes philosophisches Streitgespräch.

Hierzu lassen sich ebenso wie beim kreativen philosophischen Schreiben drei Möglichkeiten unterscheiden.

Spontanes philosophisches Rollenspiel

freie Wahl des Themas	vorgegebenes Thema	gestalteter Text
die Teilnehmer/innen einigen sich spontan auf ein philosophisches Problem	ein Begriff oder ein Thema werden vorgegeben	ein philosophischer Text wird selbstständig als Dialog gestaltet

Neben dem spontanen Rollenspiel können *auch philosophische Texte* als das Hauptmedium des Philosophierens *durch theatrale Elemente eine neue Gestaltung erhalten.* So lässt sich beispielsweise der folgende kurze Ausschnitt aus einem Essay von Michel de Montaigne mit theatralen Elementen erweitern.

Zum Sterben – und das ist das Mühevollste, was uns bevorsteht – kann uns die Vorbereitung durch Gewöhnung nichts helfen. Durch Erfahrung und Übung kann man sich wappnen gegen Schmerzen, Schande, Armut und andere derartige Zustände; aber den Tod können wir nur einmal erleben; ihm gegenüber sind wir alle Neulinge, wenn es soweit ist.

Früher hat es Menschen gegeben, die ihre Zeit so vorzüglich ausnutzten, dass sie sogar während des Sterbens versuchten, den Tod zu schmecken und zu genießen; sie haben alle ihre Aufmerksamkeit darauf gerichtet zu erfahren, was bei diesem Übergang tatsächlich vor sich geht; sie haben uns leider von ihren Erfahrungen nichts berichten können, da sie nicht zurückgekehrt sind. […]

Und doch, glaube ich, können wir uns irgendwie mit dem Tod vertraut machen und ihn sozusagen probieren. Wir können ihn zwar nicht ganz und vollständig erfahren, aber doch soweit, dass diese Erfahrung nicht nutzlos ist, weil sie uns Kraft und Halt gibt: Wenn wir auch nicht wirklich hinkommen können, so können wir doch in die Nähe gelangen; wir können Erkundungsfahrten unternehmen; und wenn wir auch nicht bis zum Geheimnis des Todes vordringen, so ist es uns doch möglich, die Wege, die dahin führen, zu sehen und uns mit ihnen schon vertraut zu machen.

Nicht ohne guten Grund weist man uns auf den Schlaf hin, wegen seiner großen Ähnlichkeit mit dem Tode: Wie leicht ist der Übergang vom Wachen zum Schlafen! Wie unmerklich schwindet unser Bewusstsein von Licht und Leben! Eigentlich könnte die Fähigkeit zum Schlafen uns unnütz und unnatürlich scheinen, weil uns dadurch jedes Handeln und jedes Fühlen unmöglich wird; aber dem ist nicht so: Auf diesem Wege lehrt uns die Natur, dass sie uns in gleicher Weise zum Sterben wie zum Leben geschaffen hat; sie zeigt uns schon im Leben den Zustand der Ewigkeit, den sie nach der irdischen Zeit für uns bereithält, um uns daran zu gewöhnen und uns die Furcht davor zu nehmen.

Oft aber werden Menschen infolge eines Unfalles plötzlich ohnmächtig und verlieren jedes Gefühl; diese sind, so glaube ich, nahe daran gewesen, das wahre, das natürliche Gesicht des Todes zu schauen: Denn was den Augenblick des eigentlichen Hinübergehens betrifft, so braucht man keine Angst zu haben, dass er irgendwie Qual oder Kummer mit sich bringe, weil wir eben kein Gefühl ohne Dauer haben können; jedes menschliche Leid braucht Zeit, und der Tod ist so kurz und plötzlich, dass er notwendigerweise unfühlbar sein muss. Was wir zu fürchten haben, ist das Nahen des Todes; und dies fällt in das Gebiet der Erfahrung …[74]

Im ersten Abschnitt des Essays von Montaigne heißt es, dass sich jemand durch Erfahrung gegen Schmerzen oder Armut wappnen kann. Hier könnte pantomimisches Gestalten zeigen, *wie sich jemand gegen Schmerzen zu wappnen vermag.*

Im zweiten Abschnitt ist die Rede davon, dass man sich durch *Erkundungsfahrten mit dem Tod vertraut machen kann.* Eine solche Erkundungsfahrt könnte mit einem Gedankenexperiment beginnen: Stellt euch vor, ihr begebt euch wie Orpheus in die Unterwelt, was würdet ihr dort erleben: Bei dieser Erkundungsreise könnten sowohl

74 Entnommen aus: *Martens, Ekkehard* (Hrsg.): Ich denke, also bin ich. München 2000. S. 118-119.

nonverbale Ausdrucksformen angewendet werden als auch verbale, d. h. Pantomimen oder Standbilder oder auch ein spontanes Rollenspiel über alltägliche Situationen, in denen jemand dem Tod schon einmal ganz nahe gewesen ist, z. B. beim Fliegen im Flugzeug, bei einer schweren Krankheit etc.

Eine dritte Möglichkeit theatralen Gestaltens ergibt sich durch die Darstellung der Gemeinsamkeiten zwischen Tod und Schlaf, z. B. durch eine Pantomime oder einen spontanen Dialog.

Tod: *Du bist mein Bruder, Schlaf, hast du darüber schon einmal nachgedacht?*
Schlaf: *Warum sollte ich dein Bruder sein?*
Tod: *Wenn du da bist, handeln und fühlen die Menschen nicht, und so ist es auch, wenn ich bei ihnen bin.*
Schlaf: *Ich komme jeden Tag, und die Menschen wachen wieder auf, du aber lässt sie für immer ruhn.*
Tod: *Aber sie ruhen auch, wenn du da bist, und üben schon für die ewige Ruhe, die ich ihnen bringe.*
Schlaf: *Du führst sie ins Nichts, ich aber führe sie in den Tag.*
Tod: *Du führst sie aber, genauso wie ich. Sie sind nicht aktiv, wenn du da bist.*
Schlaf: *Auf mich, oh Tod, da freuen sich Menschen, vor dir aber haben sie Angst …*[75]

Einen Text mit theatralen Mitteln philosophisch gestalten bedeutet nicht, dass einzelne verbale Ausdrucksformen, also Aussagen in Form von Sätzen, lediglich in andere Ausdrucksformen übersetzt werden. Das reflexive Gestalten besteht darin, dass bestimmte Gedanken, die Montaigne im Essay nur andeutet und die einen praktischen Bezug zu Lebenserfahrungen haben, ausgeformt und weitergedacht werden. Jemand kann sagen oder aufschreiben, wie er sich eine Erkundungsfahrt zum Tod vorstellt, er kann dies aber auch pantomimisch oder in einem spontanen Rollenspiel ausdrücken. Die Eindimensionalität diskursiven Philosophierens in Texten wird dadurch mehrdimensional: Die Vielschichtigkeit philosophischer Lebenserfahrungen, auf die der Text von Montaigne Bezug nimmt, wird durch unterschiedliche Ausdrucksformen lebendiger; durch das theatrale Philosophieren *kann der Text erlebt werden.* Die *Sinnenbezogenheit der Todesfurcht,* die Montaigne in seinem Essay beschreibt, lässt sich *durch theatrale Elemente verstärken.*

Allerdings eignet sich nicht jeder philosophische Text zu einer theatralen Gestaltung. Nur bei Texten, die einen unmittelbaren lebenspraktischen Bezug haben und bestimmte philosophische Gedanken andeuten und nicht systematisieren, bleibt ein Denkraum, der ausgestaltet werden kann.

75 Skript aus dem Spiel in einer 10. Klasse in Rostock; in meinem Besitz.

2.7.3 Didaktische Anregungen zum theatralen Philosophieren

Das theatrale Philosophieren eignet sich – wie andere Methoden auch – zur Lösung eines philosophischen Problems. Dabei müssen die Philosophierenden selbst entscheiden, welche Aspekte dieses Problems sie mit theatralen Elementen darstellen und welche sie auf der diskursiven Ebene bearbeiten wollen. Folgende didaktische Anregungen können dafür hilfreich sein:

- Theatrale Darstellungsformen sollten nur bei vielschichtigen philosophischen Problemen verwendet werden, die einen großen Bezug zu Lebenserfahrungen haben und Handlungsspielräume offen lassen.
- Theatrale Elemente sind polyvalent und eröffnen einen großen Deutungsspielraum, der in (anschließenden) philosophischen Gesprächen möglicherweise eingegrenzt werden muss.
- Bei philosophischen Texten sollten theatrale Darstellungsformen nur dann eingesetzt werden, wenn diese Texte philosophische Probleme lediglich andeuten und somit einen größeren Denkraum eröffnen.

2.7.4 Weiterführende Literatur

Baltes, Monika: Philosophie macht Theater. In: Behörde für Schule, Jugend und Ausbildung des Bundeslandes Hamburg (Hrsg.): Philosophieren in der Verlässlichen Halbtagsgrundschule. Hamburg 1999. S. 71-89.

Brüning, Barbara: Doing Philosophy with Children in Discursive and Non-Discursive Modes. In: *Berg, Rabert/Campart, Martina* (Ed.): Methods of Art as Paths to Knowledge. Malmö 1996. S. 85-102.

Gefert, Christian: Philosophieren als theatraler Akt – Plädoyer für eine Öffnung des Wahrheitsbegriffs im Philosophieunterricht. In: Zeitschrift für Didaktik der Philosophie und Ethik, 1/1998. S. 74-76.

Kirchner, Constanze: Weiter-Spielen als produktive Form der Theaterrezeption. In: *Neuss, Nobert* (Hrsg.): Ästhetik der Kinder. Frankfurt/M. 1999. S. 325-339.

Nordhofen, Susanne: Didaktik der symbolischen Formen. Über den Versuch, das Philosophieren mit Kindern philosophisch zu begründen. In: Zeitschrift für Didaktik der Philosophie und Ethik, 2/1998. S. 127-132.

Themenheft „Ernst Cassirer" der Zeitschrift für Didaktik der Philosophie und Ethik, 2/1998.

3 Medien des Philosophierens

Das Nachdenken über fundamentale Probleme menschlicher Existenz hat in der 2500jährigen Geschichte der philosophischen Tradition zu Denkergebnissen geführt, die vorwiegend in schriftlicher Form kommenden Generationen überliefert worden sind. Sie werden als symbolisch-verbale Medien des Philosophierens bezeichnet.

Es gab jedoch auch Versuche, besonders in außereuropäischen Gesellschaften, philosophische Gedanken in Form von (Höhlen-)Zeichnungen zum Ausdruck zu bringen. In der esoterischen Philosophie hat vor allem der italienische Philosoph und Maler Emanuele Gennaro diese Traditionen im 20. Jahrhundert weitergeführt und neue Sichtweisen philosophischer Probleme durch präsentative Symbole zum Ausdruck gebracht hat.[1] Denkresultate, die durch präsentativ-nonverbale Symbole ausgedrückt werden, heißen *visuelle Medien des Philosophierens.*

Symbolisch-diskursive und visuelle Medien können beim Philosophieren auch als interaktive Medien kombiniert werden und in Form von Spielen vor allem im Bereich der Schule angewendet werden.

Das folgende Kapitel will einen Überblick über die verschiedenen Medien und ihre Bedeutung für das philosophische Nachdenken geben. Siehe auch Skizze „Medien des Philosophierens“ auf der folgenden Seite

3.1 Symbolisch-verbale Medien

Die Tradition esoterischen Philosophierens hat im Laufe der Philosophiegeschichte verschiedene Formen verschriftlichter Reflexion hervorgebracht. Diese lassen sich im Wesentlichen in zwei große Gruppen einteilen: in *symbolisch-diskursive* und *symbolisch-präsentative Medien.*

Die symbolisch-diskursiven Medien umfassen philosophische Denkergebnisse in einer wissenschaftlich-systematisierten Darstellungsform. Ihre wesentlichen Elemente sind:

- *Diskursivität der Darstellung;*
- *Widerspruchsfreiheit des Gedankengangs;*
- *logische Stringenz des Gedankenaufbaus;*
- *Präsentation von These und Gegenthese;*
- *Verallgemeinerbarkeit;*

1 Vgl. hierzu u. a.: *Gennaro, Emanuele*: La Pintura della filosofica. Milano 1983.

Medien des Philosophierens

symbolisch-verbale Medien		visuelle Medien		interaktive Medien
diskursive	präsentative	gegenständliche	ungegenständliche	philosophische Spiele
Fragment	Märchen	Gemälde	Cluster	Sprachspiel
Traktat	Fabel	Foto	Struktur-skizze	Argumantations-spiel
Ganzschrift	Aphorismus	Film	Begriffsnetz	Pro- und Contra-Spiel (Rollenspiel)
Essay	Gleichnis			Gedankenspiel
Dialog	Gedicht			
philosophischer Roman				
Kurzprosa (Flugschrift, Pamphlet)				

- *argumentative Rechtfertigung;*
- *begriffliche Klarheit;*
- *Anlehnung der Thesen an die Philosophiegeschichte, d. h. es werden Gedanken aufgeworfen, weitergeführt oder kritisiert, die bereits von Philosophen und Philosophinnen gedacht und verschriftlicht worden sind.*

Philosophische Denkergebnisse können jedoch auch durch symbolisch-präsentative Symbole ausgedrückt werden, die keinen Anspruch auf eine wissenschaftliche Systematisierung der Darstellung erheben und ihre Resultate reflexiven Nachdenkens nicht linear, sondern komplex und mehrdimensional präsentieren (vgl. auch 2. 7). Ihre hauptsächlichen Elemente sind:

- *Anschaulichkeit in Form von sprachlichen Bildern, z. B. Vergleiche, Metaphern oder Allegorien;*
- *Subjektivität des Ausdrucks, d. h. der philosophischen Sichtweise – e s geht nicht wie bei der diskursiven Darstellung um verallgemeinerbare Aussagen;*
- *ein stärkerer Bezug zu praktischen Erfahrungen und Lebenszusammenhängen.*

3.1.1 Symbolisch-diskursive Medien

3.1.1.1 Das Fragment

Die griechischen Naturphilosophen, zu denen im Wesentlichen die vorsokratischen Philosophen wie Thales oder Anaxagoras gehören, haben ihre philosophischen Denkergebnisse *in Form von Fragmenten* hinterlassen. Dies bedeutet, dass es keine vollständig verschriftlichte Form ihrer philosophischen Aktivitäten gibt. Lediglich Bruchstücke ihres Denkens sind erhalten geblieben, die einen *unvollständigen Eindruck ihrer philosophischen Gedankenwelt* vermitteln.

Philosophische Fragmente umfassen also Gedankensplitter von Philosophen oder Philosophinnen zu einem bestimmten philosophischen Problem, an dem verschiedene Aspekte verdeutlicht werden sollen. So ist es z. B. möglich, aus den Fragmenten der Vorsokratiker ihre Auffassung über den Aufbau und die Wirkungsweise des Urstoffes herauszulesen, aus dem die Welt bestehen soll; es wird allerdings kein Anspruch auf wissenschaftliche Systematik erhoben. Fragmente erlauben auch keinen Gesamtüberblick über das philosophische Schaffen eines Autors. Sie stützen sich auf verschiedene historische Quellen, die teilweise unterschiedliche Interpretationen oder Aufzeichnungen angeben.

3.1.1.2 Der Traktat

Ein *philosophischer Traktat* ist eine meist *kurze systematische Abhandlung zu einem philosophischen Problem.* Er zeichnet sich durch logische Stringenz und eine kurze knappe Sprache auf der Grundlage philosophischer Fachtermini aus. Ein Traktat stützt sich auf ein sorgfältiges wissenschaftliches Quellenstudium, das Vergleiche und Kritik konkurrierender philosophischer Richtungen ermöglicht.

Die bekanntesten Traktate sind die „Untersuchung über den menschlichen Verstand“ von David Hume und der „Theologische Traktat“ des niederländischen Philosophen Baruch Spinoza.

Die meisten Philosophen und Philosophinnen haben zu einem bestimmten philosophischen Problemkreis *eine systematische Theorie* entwickelt, die sie auf der Grundlage eines sorgfältigen Quellenstudiums und einer ausgearbeiteten wissenschaftlichen Terminologie und Argumentationsstruktur in einer *größeren Abhandlung*, einer so genannten (Ganz)Schrift zusammengefasst haben. Die bekanntesten Schriften sind z. B. die „Kritik der reinen Vernunft“ von Immanuel Kant, in der er die Prinzipien der Erkenntnis formuliert hat. Sie stellen oft das Resultat jahrelanger Forschungsarbeit dar und knüpfen an konkurrierende Denkbemühungen vorangegangener Philosophinnen und Philosophen an. Ihr Studium erfordert von den Leserinnen und Lesern umfangreiche philosophische Vorkenntnisse, die zum Verständnis des Gedanken- und Argumentationsganges erforderlich sind. Diese können in der Regel nur während eines Philosophiestudiums erworben werden.

3.1.1.3 Der philosophische Essay

Ein *philosophischer Essay* kann sowohl kurz als auch umfangreich sein (vgl. auch 2.6). Er erörtert ein spezielles philosophisches Problem, das auch ohne ein vertieftes philosophisches Quellenstudium dargelegt werden kann. Ein Essay hat eine starke *Verbindung zu lebensweltlichen Problemen* und *praktischen Erfahrungen*, befasst sich jedoch nicht mit subjektiven Gefühlen oder Eindrücken, sondern spiegelt die subjektive Weltsicht des Autors oder der Autorin wider. Bekannte Philosophen wie Alain

Finkielkraut oder Robert Spaemann haben diese Form philosophischen Schreibens gegenwärtig zu wahrer Meisterschaft geführt.[2]

3.1.1.4 Der philosophische Dialog

Der *Dialog als philosophisches Lehrgespräch* zwischen mindestens zwei Personen, der in der philosophischen Tradition vor allem auf Platon zurückgeht, hat seit seiner Blüte in der Antike in der esoterischen Philosophie ein Schattendasein geführt. Die philosophischen Denkbewegungen von Sokrates und seinen Schülern, die Platon in seinen zahlreichen Dialogen gestaltet hat, stellten die Tätigkeit des Philosophierens in den Vordergrund und nicht die Resultate philosophischer Reflexion (vgl. 3.2). Erst in jüngerer Zeit wurden wieder fiktive philosophische Dialoge konzipiert, z. B. durch Werner B. Kleinhardt, der Philosophen wie Platon oder Bertrand Russell über den Sinn und Zweck einer Weltregierung resümieren lässt.[3]

3.1.1.5 Die philosophische Prosa

Die bisher genannten vier Formen philosophischer Darstellungen betreffen in der Regel die esoterische, d. h. wissenschaftliche Philosophie. Natürlich können auch Schülerinnen und Schüler oder andere nicht professionell Philosophierende einen Traktat schreiben oder einen Essay; sie haben allerdings auch die Möglichkeit, auf andere Formen kreativen Schreibens zurückzugreifen.

Im Bereich der exoterischen Philosophie existiert beispielsweise *die philosophische Prosa*, d. h. die philosophische Kurzprosa oder der philosophische Roman. Bekannte Beispiele dafür sind der Roman „Die Dämonen" des russischen Schriftstellers Fjodor Dostojewski[4], der die sozialen Vorstellungen der russischen Anarchisten konterkariert, oder der Roman „Was tun?" des russischen Philosophen Nikolaj Tschernyschewski[5], in dem der Autor eine gerechte Gesellschaft auf der Grundlage von Produktionskooperativen konzipiert.

In einem philosophischen Roman wird ein philosophisches Problem, z. B. die Konzeption einer gerechten Gesellschaft auf der Grundlage einer fiktiven Handlung mit fiktiven Charakteren sinnlich-konkret gestaltet, wobei natürlich auch in einzelnen Abschnitten philosophische Reflexionen eingeflochten werden können. Dabei entsteht kein Anspruch auf eine wissenschaftliche Systematik; es handelt sich um einen Roman mit allen Merkmalen dieser literarischen Gattung, in dem es um die sinnlich-konkrete Gestaltung eines philosophischen Problems geht.

Zu den Formen philosophischer Kurzprosa gehören die *Flugschrift* oder das *Pamphlet* als Schmähschrift, auf denen meist ein Problem der politischen Philosophie in wenigen Worten dargestellt wird.

2 Vgl. hierzu: *Finkielkraut, Alain*: Die Weisheit der Liebe. München/Wien 1987; *Spaemann, Robert*: Philosophische Essays. Stuttgart 1983.

3 Vgl. *Kleinhardt, Werner B.*: Die Republik Erde – Entwurf einer Weltregierung in vierzehn Gesprächen. Freiburg/Brsg. 1992.

4 *Dostojewski, Fjodor*: Die Dämonen. München 1981.

5 *Tschernyschewski, Nikolaj*: Was tun? Berlin 1981.

Flugschriften und Pamphlete fanden vor allem in politischen Krisensituationen, wie z. B. der Reformation oder der Französischen Revolution von 1789 eine große Verbreitung. Bekannte philosophische Flugschriften sind John Lockes „Briefe über Toleranz", die von 1689 bis 1692 erschienen und die Religionsfreiheit in einer breiten Öffentlichkeit in England zum Thema machten, und die „Erklärung der Rechte der Frau und Bürgerin" der französischen Philosophin Olympe de Gouges, die sich mit der Rechtsgleichheit von Männern und Frauen auseinander setzte.[6]

3.1.2 Symbolisch-präsentative Medien

Philosophische Gedanken können nicht nur in diskursiver, sondern auch in präsentativer, d. h. anschaulicher Form zum Ausdruck gebracht werden. Zu den traditionell bevorzugten Genres gehören *Märchen, Fabeln und Aphorismen*, in denen seit mehr als 2000 Jahren philosophische Probleme rezipiert und gestaltet wurden. Sie sind wie diskursive philosophische Denkergebnisse von Generation zu Generation überliefert worden und bilden ebenso wie die philosophische Tradition einen Fundus der Beschäftigung mit fundamentalen Fragen menschlicher Existenz.

3.1.2.1 Märchen

In der internationalen Märchentheorie werden *Volks- und Kunstmärchen* unterschieden, die sozusagen eine *Geschichte mit phantastischem Inhalt* erzählen.

Volksmärchen sind Märchen, die bei allen Völkern vorkommen, von Generation zu Generation überliefert wurden und zumeist irgendwann in einer Märchensammlung erschienen, z. B. der französischen von Charles Perrault oder einer deutschen der Gebrüder Grimm. Abgesehen von nationalen Eigenheiten wie Ess- oder Trinkgewohnheiten ist den Volksmärchen gemeinsam, dass in ihnen *Lebensweisheiten und philosophische Probleme eine tragende Rolle* spielen.

Diesen Wesenszug haben auch Kunstmärchen, die von Dichterinnen und Dichtern zumeist mit dem Ziel verfasst wurden, moralisch zu belehren oder einfach nur eine wundersame Geschichte zu erzählen, die zum Phantasieren anregt.

Eine dritte Form von Märchen sind *philosophische Märchen*, die mit der ausdrücklichen Intention geschrieben wurden, ein bestimmtes philosophisches Problem, z. B. Glück oder Gerechtigkeit, mit phantastischen Elementen zu gestalten und dadurch zum Philosophieren zu ermuntern.

In dem folgenden Volksmärchen aus Israel geht es um eine Grundform menschlicher Existenz: den Kampf.

Der König Harun-al-Raschid bereitete ein großes Fest vor und lud dazu viele Gäste und Große des Reiches ein. Darunter war auch Abu-Nuwas, der kluge Spaßmacher und Hofsänger.

6 Vgl. hierzu u. a.: *de Gouges, Olympe*: Die Rechte der Frau und Bürgerin In: *Hagengruber, Ruth* (Hrsg.): Klassische philosophische Texte von Frauen. München 1998. S. 97-107.

Nach dem Essen setzte man den Gästen einen Teller voll der besten Datteln vor, und jeder bekam ein kleines leeres Schüsselchen, um die Kerne dort hineinzulegen. Harun-al-Raschid flüsterte seinem Wesir ins Ohr: „Geh, leg meine und deine Kerne in das Schüsselchen des Abu-Nuwas, so dass er es nicht merkt." Der Wesir folgte dem Wunsch seines Herrn, und als das Essen zu Ende war, bemerkte er so von ungefähr: „Aber, Abu-Nuwas, das ist doch nicht schön, in Gesellschaft so gefräßig zu sein! Schau nur dein Schüsselchen an, wie voll es ist!"

„Du hast Recht, erlauchter Wesir", antwortete Abu-Nuwas, „doch ist es noch weniger schön, wenn man so gierig ist, die Datteln samt der Kerne zu verschlingen ..."

„Gut hast du gesprochen, Abu-Nuwas", mischte sich Harun-al-Raschid ein, „und dafür bekommst du einen Preis!"[7]

Märchen wie z. B. die „Dattelkerne" sind ein Genre, das sich in besonderer Art und Weise mit wichtigen Lebensfragen beschäftigt – in unserem Fall dem Kampf zwischen zwei Männern und ihren Interessen.

Im Märchen spielen philosophische Begriffe wie gut und böse oder gerecht und ungerecht eine tragende Rolle, ohne dass sie in ihrer Bedeutung erklärt werden. Aus diesem Grund eröffnet sich in Märchen ein breiter Raum für die Begriffsanalyse (vgl. 2.1). Dazu gehört auch das Entschlüsseln des Sinns wie z. B. welche Lebensweisheit verbirgt sich hinter dem Kampf um die Dattelkerne?

Begriffliches Arbeiten und Sinndeutungen bieten den Philosophierenden die Möglichkeit, eigene Interpretationen zu entwerfen: Welche Bedeutung hat das Symbol der Dattelkerne in diesem speziellen Kontext? Warum handelt Harun-al-Raschid gerecht oder ungerecht? Was ist in diesem Zusammenhang mit Gerechtigkeit oder Ungerechtigkeit gemeint?

Die symbolischen Interpretationsprozesse bedingen auch *argumentatives Arbeiten*, denn die Erklärung von Begriffen oder Symbolen muss begründet werden, z. B. durch das Abwägen von Meinungen und Argumenten und durch das gemeinsame Nachdenken über Handlungsweisen von Märchenhelden und ihre Werthaltungen: Warum fordert Harun-al-Raschid Abu-Nuwas heraus? Kämpfen die beiden miteinander? Warum kämpfen sie miteinander? Welche Formen des Kampfes unter Menschen gibt es überhaupt?

In Märchen werden auch wie in keinem anderen Genre *Grenzsituationen menschlichen Daseins* dargestellt. Der Begriff der Grenzsituation spielt vor allem in der Existenzphilosophie des 20. Jahrhunderts eine wichtige Rolle und wurde durch den deutschen Philosophen Karl Jaspers geprägt. Jaspers geht davon aus, dass die Struktur des menschlichen Daseins aus Situationen besteht, denen ein Mensch niemals entfliehen kann. Er schreibt: „Situation heißt eine nicht nur naturgesetzliche, vielmehr sinnbezogene Wirklichkeit, die weder psychisch noch physisch, sondern beides zugleich als die konkrete Wirklichkeit ist, die für mein Dasein Vorteil oder Schaden, Chance oder Schranke bedeutet.[8] Mit anderen Worten ausgedrückt, bedeutet dies, dass

7 Vgl.: Die Dattelkerne. In: Märchen aus Israel. München 1976. S. 83.

sich der Mensch in jedem Augenblick seines leiblichen und seelischen Daseins mit Ereignissen konfrontiert sieht, die er sich nicht ausgesucht hat und die auf seine Wünsche und Bedürfnisse keine Rücksicht nehmen und ihn sogar als etwas Fremdes oder Feindliches bedrängen. Einige dieser Situationen lassen sich durch überlegtes Handeln meistern, andere jedoch sind unüberwindbare Schranken unseres Daseins, denen wir nicht entgehen können. Dazu gehören: *der Tod; die Schuld*, die wir durch Handeln oder Nicht-handeln unvermeidbar auf uns nehmen; *der Zufall*, dem wir ausgeliefert sind, wo immer wir uns auch bewegen, und *der Kampf und die „Unzuverlässigkeit des Weltseins"*, die sich beispielsweise in der unzureichenden Naturbeherrschung durch den Menschen oder in mangelnder Solidarität unter den Menschen äußert.

Jaspers nennt solche Situationen „Grenzsituationen". Der Begriff Grenze hat dabei eine entscheidende Bedeutung. Die Grenze ist bei Jaspers nichts, das äußerlich ist, also draußen liegt, sondern etwas, das den Menschen in seinem innersten Kern bestimmt, d. h. Kampf oder Schuld sind etwas Unaufschiebbares, das zum Wesen des Menschen dazugehört: „Grenzsituationen wandeln sich nicht, sondern nur in ihrer Erscheinung; sie sind, auf unser Dasein bezogen, endgültig. Sie sind nicht überschaubar; in unserem Dasein sehen wir hinter ihnen nichts anderes mehr. Sie sind wie eine Wand, an die wir stoßen, an der wir scheitern. Sie sind durch uns nicht zu verändern, sondern nur zur Klarheit zu bringen, ohne sie aus einem Anderen erklären und ableiten zu können".[9]

Grenzsituationen sind also solche Situationen, in denen der Mensch an die Grenze seines Daseins geführt wird. Er erfährt die Endlichkeit des Daseins als harten Einschnitt in sein Leben, als eine Beunruhigung, die ihn entweder zu sich selbst kommen lässt, zur Verwirklichung seiner Existenz führt, oder aber ihn vernichtet, weil er so gebrochen ist, dass er nicht mehr weiter weiß.

Durch Grenzsituationen werden Menschen in ihrem physischen und psychischen Dasein erschüttert; viele beginnen, über die Alltäglichkeit hinausgehend, sich Gedanken über ihr Dasein zu machen: Was bedeutet der Kampf in meinem Leben? Wie gehe ich damit um, ständig kämpfen zu müssen? Wie kann ich es aushalten, in permanentem Kampf mit anderen zu stehen?

Grenzsituationen wie Kampf, Zufall, Schuld und Tod werden in Märchen in anschaulicher Form gestaltet und eröffnen somit den Philosophierenden die Möglichkeit, in der Distanz zu ihrem eigenen Leben intensiv darüber nachzudenken. Außerdem liefern sie Modelle, wie jemand in seinem Leben mit solchen Situationen fertig werden kann.

Durch die Beschäftigung mit Märchen wird auch *das anschauliche Denken gefördert*, oder, wie die Wiener Kinderpsychologin Charlotte Bühler schon zu Beginn unseres Jahrhunderts feststellte, Märchen regen in besonderem Maße zu „phantasierendem Denken" an. Durch den „lebhaften" Bilderwechsel, d. h. den Umschwung eines Bildes

8 *Jaspers, Karl*: Philosophie, Bd. II. Heidelberg 1973. S. 202.

9 Ebd. S. 203.

in ein anderes durch *Verwandlung, Vergrößerung oder Verschwinden* wird die Phantasie In Bewegung gehalten, besonders von Kindern und Jugendlichen. Und die im Märchen vermittelten Bilder stellen durch ihre *allegorischen, analogischen und metaphorischen Sprachelemente* eine wertvolle Ergänzung zum logisch-argumentativen Sprachgebrauch des diskursiven Philosophierens dar. So verfeinern Märchen durch ihre Darstellungsmittel der Allbeseelung, Merkmalsübertragung und Proportionsverschiebung die analogischen Fähigkeiten von Philosophierenden: Sie können entdecken, wie Gegenstände und Personen hinsichtlich bestimmter Merkmale, wie z. B. der äußeren Erscheinung oder Funktion, im Märchen miteinander verglichen werden, und wie sich die Unterschiede und Ähnlichkeiten von Größenverhältnissen ausdrücken: Wieso passt der Drache Tschernomor aus Puschkins Märchen „Ruslan und Ljudmilla" in Ljudmillas Haus? Wie groß ist das Ungeheuer im Verhältnis zu der Prinzessin?

Märchen tragen auch in besonderem Umfang zur Entwicklung metaphorischer Fähigkeiten bei, indem sie Zusammenhänge zwischen Personen und Gegenständen herstellen, die auf den ersten Blick nicht immer einleuchtend sind. So bezeichnet beispielsweise Per Jespersen[10] die Schönheit in dem dänischen Märchen „Die drei Wünsche" als einen blauen Vogel. Warum verwendet der Autor gerade diese Metapher? Darauf aufbauend, können Philosophierende neue Bezeichnungen für altbewährte Märchenfiguren suchen und sich auf diese Weise in der schöpferischen Sprachgestaltung üben. Außerdem ist es möglich, den Sinngehalt abstrakter Begriffe wie Weisheit oder Schönheit durch Metaphern, Analogien oder Gleichnisse auszudrücken, um dadurch zu einem besseren Verständnis dieser Begriffe zu gelangen (vgl. hierzu auch deduktive Leitern, bes. S. 46).

In früheren Zeiten wurden Märchen wie die „Dattelkerne" erzählt und in ihrer Wirkung durch mimische und gestische Sprachelemente ergänzt. Diese Tradition ist vor allem in den östlichen Kulturkreisen sehr lebendig, in unserem scheint sie allerdings ihr Lebenslicht schon verloren zu haben. Die großen russischen Dichter des 19. Jahrhunderts, wie Alexander Puschkin oder Lew Tolstoi, wurden bereits als Kinder von ihren Njanjas (Ammen) oder Großmüttern mit den verschiedensten russischen Volksmärchen vertraut gemacht. Sie schrieben dann in ihrem späteren Leben zahlreiche Märchen, die sie mit der gleichen Liebe und literarischem Perfektion gestalteten wie ihre bedeutenden Romane und Dramen. Und vor allem Tolstoi erkannte auch, dass die Bedeutung von Märchen nicht nur in ihrem Inhalt liegt, sondern auch im Prozess des Erzählens: Er wurde der beliebteste Märchen-Erzähler seiner Schule in Jasnaja Poljana, die er speziell für arme Bauernkinder gegründet hatte.

Diese Erzähltradition, in der die vielfältigen Lebenserfahrungen von Generation zu Generation in Symbole eingekleidet und weitergegeben wurden, ist *aus zwei Gründen ein unerlässlicher Bestandteil des Philosophierens* mit Märchen.

Den ersten Grund beleuchtet die Rahmenerzählung aus „Tausendundeiner Nacht". Wir erfahren, dass der König Schehriyar von seiner Frau betrogen wurde und deshalb

10 Vgl. *Jespersen, Per*: Die drei Wünsche. In: *Brüning, Barbara* (Hrsg.): Goldene Weisheiten. Philosophieren mit Märchen in der Sekundarstufe I. Leipzig 2000. S. 26-28.

alle Frauen hasst. Er verbringt nun jede Nacht mit einer anderen Jungfrau, die er am nächsten Morgen hinrichten lässt. Allein Scheherezade, der Tochter des königlichen Wesirs, gelingt es, diesem Schicksal zu entkommen. Hat sie ein bestimmtes Zaubermittel? Mitnichten. Sie beginnt, eine Geschichte zu erzählen, die den König so fasziniert, dass er in der nächsten Nacht die Fortsetzung begehrt. Und so reiht sich eine Episode an die andere. Die Tochter des Wesirs hat durch ihre Erzählkunst in tausend Nächten nicht nur ihr eigenes Leben gerettet, sondern auch den König geheilt: Seine Hassgefühle gegenüber Frauen sind verflogen, er gesteht Scheherezade seine Liebe. Die Erzählerin hat durch ihre Erzählkunst eine Art (Über)Lebenshilfe praktiziert.

Denn *Philosophieren* stellt auch *eine Art Lebenshilfe* dar, im Sinne einer Denkhilfe zur reflexiven Durchdringung von Problemen mit grundlegender existenzieller Bedeutung, wie z. B. der Grenzsituationen Kampf und Tod. Das Nachdenken über diese Probleme hilft uns, wie einst dem König Schehriyar, Grenzsituationen von verschiedenen Seiten zu durchschauen, um ihre Rolle in unserem Dasein besser zu verstehen. Beim Märchenerzählen beschäftigen wir uns ebenso mit wichtigen Lebensfragen und -erfahrungen, die wir mit unseren eigenen Erfahrungen und unserer Phantasie mischen. Mancher Situation geben wir einen ganz bestimmten Ausdruck in Ton, Mimik oder Gestik. Bestimmte überlieferte Bilder schmücken wir mit neuen, eigenwilligen Metaphern aus, und vieles lassen wir auch weg, was in einem bestimmten Kontext nicht bedeutungsvoll genug erscheint. Durch das Märchenerzählen gewinnt jemand auch eine bestimmte Distanz zu eigenen Problemen, denn es handelt sich dabei ja „nur um ein Märchen“ und nicht um die Wirklichkeit, was natürlich nicht ausschließt, dass auch in einer Fiktion Elemente der Wirklichkeit vorhanden sind, allerdings in verallgemeinerter Form.

Der zweite Grund für die Wichtigkeit des Märchenerzählens liegt in der *Sinnenbezogenheit der narrativen Gestaltung*, in der Wechselwirkung zwischen artikulierter und geformter Lautsprache und dem mimischen und gestischen Ausdruck. Hier vereinen sich leibliche und geistige Momente, verbale und nonverbale Kommunikation – die Sprache wird nicht nur auf ihre begriffliche Aussage reduziert. In diesem Sinne erweitern Märchen als erzählte Kunstform nicht nur die analogischen oder metaphorischen Sprachfähigkeiten, sondern beleben auch das mimisch-gestische Ausdrucksvermögen, das neue philosophische Sinnzusammenhänge eröffnet.

Durch das *Zusammenspiel von reflexiven, sinnlichen und emotionalen Momenten* sind Märchen ein Medium, das beim Philosophieren eine ganzheitliche Ausrichtung bewirkt. Dennoch lassen sich in Abhängigkeit des Märchentyps verschiedene methodische Verfahren unterscheiden und praktizieren:

1. *Der rational-analytische Zugang*: Nachdem das Märchen gelesen oder erzählt wurde, lassen sich bestimmte Begriffe, Symbole oder Verhaltensweisen herausgreifen und in ihrer philosophischen Bedeutung für das Märchen als Ganzes analysieren.
2. *Der kreative Zugang*: Auch löst man bestimmte Stellen aus dem Ganzen des Märchens heraus und „spinnt“ oder erzählt sie weiter. Was wäre, wenn Abu-Nuwas dem Herrscher etwas anderes geantwortet hätte? Wie hätte Harun-al-Raschid dann gehan-

delt? Wäre das Märchen dann auch so friedlich zu Ende gegangen? Der kreative Zugang regt in erster Linie das Vorstellungsvermögen, im Sinne Charlotte Bühlers, das eigenständige „phantasierende Denken“ an.
3. *Der kommunikative Zugang* stellt das Gespräch über Märchen in den Mittelpunkt des Philosophierens. Hier geht es vorrangig darum, die im Märchen behandelten fundamentalen Fragen menschlicher Existenz zu erkennen und in ihrer Wichtigkeit für das eigene Leben zu bewerten. Welche Wertvorstellungen verkörpern bestimmte Heldinnen und Helden und wie stehe ich dazu? Welcher Sinngehalt menschlichen Daseins kommt in dem betreffenden Märchen zum Ausdruck und worin sehe ich persönlich den Sinn des Lebens?

Alle drei Zugänge spielen beim Philosophieren mit und über Märchen eine wichtige Rolle und können auch „ineinander fließen“. Dennoch lassen sie sich unabhängig voneinander praktizieren. Es kommt jeweils auf die Blickrichtung an: Sollen rational-analytische Betrachtungsweisen geschärft werden oder eher kreative und kommunikative Fähigkeiten im Vordergrund stehen?

Bei der Auswahl von Märchen für das Philosophieren sollte darauf geachtet werden, dass:

- *Märchen möglichst kurz sind und mindestens ein philosophisches Problem zur Diskussion stellen;*
- *möglichst einen offenen Ausgang haben, d. h. das in ihnen dargestellte philosophische Problem nicht klären: In den „Dattelkernen“ ist nicht von vornherein klar, warum und wofür Harun-al-Raschid und Abu-Nuwas kämpfen; es wird auch nicht erklärt, welchen Preis Abu-Nuwas erhält;*
- *es möglichst keine belehrende Schlusspointe gibt, in dem Sinne: Harun-al-Raschid ist böse, weil er Abu-Nuwas die Dattelkerne auf den Teller legen ließ.*

3.1.2.2 Fabeln

Fabeln haben als literarisches Genre eine mehr als 3000-jährige Tradition. Sie gehören neben Märchen und Gleichnissen zu den *Textgattungen, die mit präsentativen Symbolen arbeiten.* Die dem Fabeldichter Aesop zugeschriebenen Fabeln waren schon bereits um 700 v. Chr. in Griechenland bekannt und erfreuten sich großer Beliebtheit. Sie verkünden in kurzer und meist dialogischer Form eine bestimmte Weisheit. Die Hauptpersonen sind in der Regel Tiere, die Eigenschaften von Menschen haben, jedoch treten auch Götter und Menschen auf.

Für den deutschen Fabeldichter Gotthold Ephraim Lessing ist der allgemeine Bekanntheitsgrad der Tiere im Gegensatz zu historischen Figuren der Grund dafür, warum Fabelautoren Tiere zu Akteuren machen.[11] Nach seiner Auffassung sind Tiere in ihrer Charakteristik keinesfalls apodiktisch festgelegt. So ist der Wolf in der einen Fabel mächtig, in der anderen plump oder undankbar. Durch die Tiergestalten ist es

11 Vgl. hierzu: *Hohmann, J. S.* (Hrsg.): Sprichwort, Rätsel und Fabel im Deutschunterricht. Frankfurt/M. 1999.

möglich, *bestimmte menschliche Verhaltensweisen zu pointieren* oder zu kritisieren. Diese Pointierung ist das eigentliche Kernstück der Fabel; sie provoziert und drängt auf Veränderung.

Fabeln sind im Gegensatz zu Märchen immer die Fiktion eines Dichters oder einer Dichterin, die menschliche Verhaltensweisen abbilden oder kritisieren wollen.

Der Löwe, gewaltiger Herrscher über die friedliebenden Tiere der Steppen und Wälder merkte eines Tages, dass er langsam alt und schwach wurde. „Ach, hätte ich doch noch ein wenig mehr Zeit auf dieser Welt. Mein Königreich ist so schön, mein Volk fürchtet mich, und außerdem lebe und regiere ich doch so gern", schluchzte er und sah dabei ziemlich jämmerlich aus. „Nun, vielleicht kann ich Euch helfen", erwiderte sein Minister, eine ebenso hochbetagte Hyäne, die dem Löwen seit vielen Jahren ergeben diente. „Was soll mir helfen?", seufzte der Löwe. „Ich bin alt, meine Zeit geht zu Ende." Die Hyäne überlegte einen Moment. „Nun, wenn Euch Eure Zeit knapp geworden ist, werden wir eben eine Zeitsteuer erheben. Das friedliebende Volk fürchtet Euch, mein König. Wenn jeder im Volk von seiner Zeit etwas abgibt, werdet Ihr mit der so gewonnenen Zeit noch lange leben und regieren können."

„Ja, geht das denn? Ach, ich wünschte, es wäre so!"

„Vertraut mir, mein König, ihr werdet sehen." Noch am selben Tag verfasste die Hyäne ein neues Gesetz und ließ es im Land verkünden: Im Namen des Königs. Ab sofort sind alle friedliebenden Tiere dieses Landes aufgefordert, etwas von ihrer Zeit an den König abzutreten!

Da die friedliebenden Tiere den alten Löwen noch immer fürchteten, wollten sie tun, was man verlangte. Alle verfielen in große Hektik, um Zeit für den König zu sparen. Doch schon bald kamen Chaos und Elend über das Land.

Der König war darüber sehr erschrocken. Er befahl seinem Minister, das neue Gesetz auf der Stelle wieder aufzuheben, damit alles wieder so schön werde, wie es einst war. So geschah es dann auch, denn der alte Löwe hatte schließlich doch eingesehen: alles im Leben hat seine Zeit.[12]

In der Fabel von Jens Paarmann „Wie der alte Löwe sich an der Zeit bereichern wollte" spielt das philosophische Problem des Umgangs mit der Zeit eine wesentliche Rolle, das die Leserinnen und Leser „auf einen Blick" übersehen können, d. h. die *Kürze und Schmucklosigkeit der Darstellung* sind ein wesentliches Ausdrucksmittel der Fabel, die sozusagen im Gegensatz zum Märchen das philosophische Problem sofort auf den Punkt bringt.

Reinhard Dithmar hebt hervor, dass die Fabel sowohl epische als auch dramatische Elemente enthält.[13] Sie ist ein Drama, das in knappster Form in eine Erzählung ein-

12 *Paarmann, Jens*: Wie der alte Löwe sich an der Zeit bereichern wollte. In: *Brüning, Barbara* (Hrsg.): Es war einmal ein blauer Drache – Eine Märchensammlung zum Philosophieren mit Kindern. Leipzig 1999. S. 27.

13 Vgl. *Dithmar, Reinhard*: Die Fabel. Frankfurt/M. ^{8}1998. S. 190.

gefügt wurde,[14] wobei Ort, Zeit und Handlung eine Einheit bilden. Meist geschehen die Dinge in einer kurzen Zeitspanne, d. h. es wird eine Konzentration auf eine Handlung realisiert. Das dramatische Geschehen beschränkt sich dabei oftmals auf einen Dialog als einmalige Rede und Gegenrede oder auf eine einmalige Handlung und Gegenhandlung.

Am Schluss folgt das *Epimythion als die Zusammenfassung der Intention der Fabel* (Worin besteht das Problem? Was will die Fabel verdeutlichen?), d. h. im Unterschied zum Märchen ist der moralische Grundgedanke am Schluss mehr oder weniger implizit noch einmal zusammengefasst.

Das klassische Aufbauprinzip der Fabel gliedert sich wie folgt:
- Schilderung einer Situation oder einer Begebenheit in Form eines Dialogs oder einer Handlung: Der alternde Löwe braucht Zeit, die ihm seine Untertanen verschaffen sollen.
- Darstellung von These und Gegenthese oder Handlung und Gegenhandlung: Die Tiere fürchten den Löwen; deshalb wollen sie ihm von ihrer Zeit notgedrungen abgeben und verfallen dabei in Hektik.
- Ergebnis (conclusio): Im ganzen Land entstehen Chaos und Hektik.
- Epimythion („die Moral von der Geschicht'"): Der alte Löwe sieht ein, dass alles im Leben seine Zeit braucht, d. h. Zeit lässt sich nicht durch Herrschaft erzwingen.

Die Fabel hat im Gegensatz zu den meisten Märchen einen moralischen Kern, der sie für das Philosophieren interessant macht. Sie bietet nicht der Weisheit letzten Schluss an, sondern eine Wahrheit unter vielen möglichen Wahrheiten, die die Philosophierenden herausfinden müssen.

Die Fabel fasziniert vor allem durch ihre oft überraschende Pointe und ermuntert durch ihren *Aufbau von These und Gegenthese zum philosophischen Weiterdenken.*

Wilfried Liebchen, ein zeitgenössischer deutscher Fabeldichter, unterscheidet drei Stilarten der Fabel, die auch für das Philosophieren, vor allem jedoch für das eigene Schreiben von Fabeln wichtig sind:

1. *Die Konversations- oder Diskursfabel, die den Dialog der Akteure in den Mittelpunkt stellt, sozusagen das (philosophische) Gespräch, das um ein (philosophisches) Thema kreist, wie dies in der Fabel von Jens Paarmann zum Ausdruck kommt;*
2. *Die Handlungs- oder Aktionsfabel, die auf Dialoge verzichtet und ausschließlich eine Handlung darstellt;*
3. *Die Diskurs-Aktionsfabel, die aus einer abwechslungsreichen Mischung von Diskurs und Handlung besteht.*[15]

14 Ebd.

15 *Liebchen, Wilfried*: Die Fabel heute – Realität und Argument. Rhön-Grabfeld/Kilianshof 1992. S. 116.

Didaktische Anregungen zum Philosophieren mit Fabeln

Fabeln eignen sich zum Philosophieren,

- weil sie Raum für eigene Deutungen des moralischen Kerns lassen. Durch die Knappheit der Darstellung und den offenen Erzählrahmen ergeben sich eine Fülle von Leerstellen, die durch das philosophische Gespräch und andere Formen des Philosophierens zu eigenen Stellungnahmen und Deutungen aktivieren;
- weil sie vom Grundkonzept her einen antithetischen (dialogischen) Aufbau besitzen. Dieser ist oft durch die sich gegenüberstehenden (bekämpfenden) Tiergestalten gegeben wie z. B. Wolf und Lamm, Gans und Schwan oder Esel und Löwe. Die diskursiven Formen des Philosophierens wie Argumentation (vgl. 2.2) und sokratisches Gespräch (vgl. 2.3) mit Argument und Gegenargument und einem möglichen Perspektivenwechsel werden somit durch das Schema der Fabel in den Vordergrund gestellt;
- weil die *Akteure in der Regel Tiere sind*: Dadurch fühlen sich vor allem Kinder angesprochen, die im Allgemeinen eine innige Beziehung zu Tieren haben.

Der Rückgriff auf Tiere erzeugt zunächst eine Distanz zu den eigenen Erfahrungen der Philosophierenden. Diese Distanz ermöglicht eine Auseinandersetzung unabhängig von eigenen Problemen. Mit Hilfe der Tierperspektive kann ein späterer Bezug auf die eigenen Verhältnisse oder gesellschaftlichen Zustände zu einem neuen Blickwinkel und damit zu neuen Erkenntnissen führen. Lessing meint, dass Fabeln zunächst aufgrund der Tiergestalten den Verstand und nicht das Gefühl ansprechen. Sie ermöglichten deshalb eine von persönlichen Emotionen freie und nüchterne Auseinandersetzung mit dem geschilderten Problem.[16] Für das *Philosophieren mit Kindern birgt die Fabel jedoch auch eine Gefahr*: ihre *Fixierung auf einen moralischen Kern*, der mehr oder weniger eine moralisierende Belehrung darstellen kann. Diese Vermittlung von moralischen Wahrheiten, die u. a. für einige Fabeltheoretiker im Vordergrund steht, kann das Selbstdenken beeinträchtigen. Jemand, der allerdings an das Philosophieren gewohnt ist, weiß, dass es am Schluss keine allgemein gültige Wahrheit geben kann, die für alle verbindlich ist. Jeder muss seine Lösung des Problems finden und begründen.

3.1.2.3 Aphorismen

Ein *Aphorismus umfasst Gedankensplitter* zu einem (philosophischen) Problem, die in besonders geistreicher, manchmal auch witziger Form formuliert sind und in der Regel aus einem Satz bestehen. Sie sind im *Grenzgebiet zwischen Philosophie und Poesie* angesiedelt und bringen ein Werturteil, eine allgemeine Lebensweisheit, eine charakterliche Besonderheit oder eine unerhörte philosophische Begebenheit zum Ausdruck.

Eine besondere Rolle spielen in Aphorismen wie auch in Fabeln Probleme der Ethik. Vor allem das „Handbüchlein zur Ethik" des griechischen Philosophen Epiktet stellt eine Sammlung vieler Aphorismen zu ethischen Lebensfragen dar.[17]

16 Vgl. *Lessing, Gotthold Ephraim*: Fabeln. In: Gesammelte Werke, Bd. 5. Hrsg. v. *Helmut G. Göpfert*. München 1973. S. 573.

17 *Epiktet*: Handbüchlein der Ethik. Stuttgart 1977.

Auch die chinesischen Philosophen Laotse und Konfuzius haben aphoristische Reflexionen formuliert, ebenso der österreichische Philosoph Ludwig Wittgenstein in seinen „Philosophischen Untersuchungen".

„Ein Merkmal teilen alle Aphorismen, die diesen Namen verdienen: Es ist der Widerspruch zum Geläufigen. Der Aphoristiker denkt selbstständig überkommene, ungeprüfte Meinungen nach und kommt – als Nonkonformist – zu neuen Wertungen, die häufig genug zum Gegensatz zu traditionellen Denk- und Lebensformen stehen."[18]

Wie beim sokratischen Gespräch werden auch im Aphorismus selbstverständlich gebrauchte Begriffe oder Denkweisen in Frage gestellt oder neu gedacht.

Die Formel meines Glücks: Ein Ja, ein Nein, eine gerade Linie, ein Ziel.
Friedrich Nietzsche

Glück ist Selbstgenügsamkeit. *Aristoteles*

Der Berufene häuft keinen Besitz auf. Je mehr er für andere tut, desto mehr besitzt er.
Laotse

Man macht sich den Schmerz leicht, wenn man ihn für leicht hält. *Seneca*

Die Pflicht gegen sich selbst besteht darin, dass der Mensch die Würde der Menschheit in seiner eigenen Person bewahrt. *Immanuel Kant*[19]

In der Philosophiegeschichte erhielt der Aphorismus, der auf den Arzt Hippokrates (460-377) zurückgeht und dessen kurze prägnante Ausdrucksweise in medizinischen Bemerkungen betonte, vor allem durch den englischen Philosophen Francis Bacon eine große Bedeutung. Dieser hob den Bezug des Aphorismus zu den Widersprüchlichkeiten des Lebens hervor und lobte, dass er Menschen zum Selberdenken anrege und eine originelle Sichtweise auf ein bereits bekanntes philosophisches Problem zum Ausdruck bringe.[20]

Aphorismen erheben ebenso wie die anderen präsentativen Formen des Philosophierens *keinen Anspruch auf eine wissenschaftliche Systematik.* Wie bei einem philosophischen Essay wird ein Gedanke in verschiedenen Aspekten dargestellt und gegen den Strich zur herkömmlichen Denkweise „gebürstet".

Für das aphoristische Philosophieren braucht man keinerlei philosophisches Vorwissen; man kann sich auf den Gedanken sofort einlassen und ihn neu, um- oder weiterdenken. Es kommt auf ein Gespür für Paradoxien und für Widersprüche des Lebens an, die verdeutlicht und reflektiert werden sollen. Und natürlich gehört auch

18 *Detjen, Joachim*: Aphorismen im Philosophieunterricht. In: Zeitschrift für die Didaktik der Philosophie, 1/1990. S. 34.

19 Vgl. hierzu: *Puntsch, Eberhard*: Das neue Zitatenhandbuch – Eine besondere Auswahl aus drei Jahrtausenden. Augsburg 1995.

20 Vgl. : *Detjen, Joachim*: Aphorismen im Philosophieunterricht. A. a. O. S. 33/34.

eine Portion Witz, Ironie und Leichtigkeit dazu, um einen Aphorismus zu verfassen oder zu rezipieren. Dies bedeutet jedoch nicht, dass er „einfach so" dahingeschrieben wird. Geistige Energie, Nachdenklichkeit und Konzentration sind genauso erforderlich wie bei jeder anderen philosophischen Reflexion.

Der Aphorismus stellt folgende Herausforderungen an die Philosophierenden:

- Prüfung des Wahrheitsgehaltes eines Aphorismus: Macht man sich nun den Schmerz leicht, wenn man ihn leicht nimmt, oder nicht? Abwägen des Für und Wider dieser These;
- Ergänzung des Aphorismus durch individuelle Erfahrungen: Wie verhalte ich mich, wenn ich Schmerzen habe?
- Interpretation des Sinngehalts: Welche Intention verfolgt der Aphorismus? Will er mich von den Schmerzen weg auf andere Gedanken bringen? Gibt es möglicherweise noch einen tieferen Sinn?

Didaktische Anregungen zum Umgang mit Aphorismen beim Philosophieren nach Joachim Detjen[21]:

- den Aphorismus etwa 5-10 Minuten lesen und bedenken;
- Denkbemühungen in Stichworten festhalten und anschließend frei vortragen;
- Sinngehalt interpretieren (welches Problem wird angesprochen?);
- wichtige Begriffe des Aphorismus analysieren (vgl. 2.1);
- mit Beispielen aus der eigenen Erfahrungswelt vergleichen;
- einen eigenen Standpunkt zu dem angeführten philosophischen Problem formulieren;
- Schlussfolgerungen ziehen;
- gegenteilige Auffassungen zu dem formulierten Problem prüfen;
- sprachliche Präzisierungen überlegen;
- mehrere Aphorismen zum gleichen Problem herausfinden und vergleichen;
- einen eigenen Aphorismus zu dem philosophischen Problem formulieren;
- einen kurzen Essay „um den Aphorismus herum" schreiben (vgl. auch 2.6) oder eine Gedankenkette assoziieren.

3.1.3 Weiterführende Literatur

Baltes, Monika/Calvert, Kristina: Philosophieren mit Fabeln. Theoretische und methodische Anknüpfungspunkte zwischen dem „Philosophieren mit Kindern" und der traditionsreichen Textgattung „Fabel". In: Sprichwort, Rätsel und Fabel im Deutschunterricht. Geschichte, Theorie und Didaktik einfacher Formen. Hrsg. v. *Johannes Hohmann*. Frankfurt/M. 1999.

Benjamin, Walter: Der Erzähler. In: *Ders.*: Illuminationen. Frankfurt/M. 1961. S. 409-431.

21 Ebd. S. 37.

Bettelheim, Bruno: Kinder brauchen Märchen. München 1988.

Bloch, Ernst: Bessere Luftschlösser in Jahrmarkt und Zirkus, in Märchen und Kolportage. In: *Ders.*: Das Prinzip Hoffnung, Bd. I. Frankfurt/M. 1970. S. 409-428.

Brüning, Barbara: Märchen. In: *Dies.*: Mit dem Kompass durch das Labyrinth der Welt. Bad Münder 1990. S. 70-97.

Dies.: Wer ist ein Narr? – Taugen Märchen zum Philosophieren mit Kindern? In: Zeitschrift für die Didaktik der Philosophie, 1/1991. S. 8-12.

Dies.: Märchen als Zaubermittel für Reflexion. Sinnlichkeit und Phantasie beim Philosophieren mit Kindern. In: *Martens, Ekkehard/Schreier, Helmut* (Hrsg.): Philosophieren mit Schulkindern. Heinsberg 1994. S. 138-149.

Dies.: Mit Kinderbüchern zum Philosophieren anregen. In: Beiträge Jugendliteratur und Medien, 2/1998. S. 66-77.

Dies.: Kann ein Frosch ein Prinz werden? – Mit Kindern über Märchen philosophieren. In: *Neuss, Norbert* (Hrsg.): Ästhetik der Kinder. Frankfurt/M. 1999. S. 355-367.

Dies.: Es war einmal ein blauer Drache. Sammlung kurzer Märchen für das Philosophieren in der Grundschule. Leipzig 1999.

Dies.: Wenn das Leben an Grenzen stößt – Philosophieren mit Märchen über Grenzsituationen. Bad Münder 2000.

Dies.: Goldene Weisheiten. Sammlung kurzer Märchen für das Philosophieren in der Sekundarstufe I. Leipzig 2001.

Dies.: Die Suche nach der Wahrheit. Sammlung von Märchen und Fabeln für das Philosophieren in der Sekundarstufe II. Leipzig 2002.

Bühler, Charlotte: Das Märchen und die Phantasie des Kindes. Leipzig 1925.

Detjen, Joachim: Aphorismen im Philosophieunterricht. In: Zeitschrift für die Didaktik der Philosophie, 1/1990. S. 33-40.

Dithmar, Reinhard: Die Fabel. München [8]1997.

Doderer, Klaus: Fabeln, Formen, Figuren, Lehren. München 1977.

Ellis, Julia: Teachers Undertaking Narrative Inquiry with Children. In: Analytic Teaching, Vol. 12/2/1992. S. 45-53.

de La Fontaine, Jean: Sämtliche Fabeln. München 1995.

von Franz, Marie-Louise: Der Schatten und das Böse im Märchen. München 1998.

Grenzmann, Wilhelm: Probleme des Aphorismus. In: *Neumann, Gerhard* (Hrsg.): Der Aphorismus. Zur Geschichte, zu den Formen und Möglichkeiten einer literarischen Gattung. Darmstadt 1976. S. 152-176.

Kast, Verena: Familienkonflikte im Märchen. München 1998.

Lessing, Gotthold Ephraim: Fabeln. In: Gesammelte Werke, Bd. 5. Hrsg. v. *Helmut G. Göpfert*. München 1973.

Liebchen, Wilfried: Die Fabel heute – Realität und Argument. Rhön-Grabfeld/Kilianshof 1992.

Neumann, Gerhard (Hrsg.): Der Aphorismus. Zur Geschichte, den Formen und Möglichkeiten einer literarischen Gattung. Darmstadt 1976.

Vonessen, Franz: Das kleine Welttheater – Das Märchen und die Philosophie. Kusterdingen 1998.

3.2 Visuelle Medien

Roland Topor: Rechtsstandpunkte, 1972

Die Frage, inwieweit philosophische Gedanken im sprachlichen Bereich auch durch präsentative Symbole ausgedrückt werden können, war bereits Thema der vorangegangenen Kapitel. Das gleiche Problem stellt sich in noch viel größerem Maße bei visuellen Medien wie Zeichnungen oder Fotografien: Sind sie als eigenständige Gebilde in der Lage, philosophische Ideen zu transportieren, oder dienen sie beim Philosophieren lediglich als Impuls, über den man dann im Medium der Sprache diskutiert? Warum hat der Richter auf unserer Karikatur anstelle eines Gesichts einen Würfel, während er einen zweiten Würfel in den Himmel wirft?

In der Kunstphilosophie gibt es seit dem 18. Jahrhundert eine Auseinandersetzung darüber, ob unsere *Sinnesorgane*, wie das Ohr oder das Auge oder unser Verstand (hier im Sinne von begrifflichem Strukturierungsvermögen) in der Lage sind, eine entsprechende *strukturierende Tätigkeit* zu leisten oder nicht? Können die Reize, die von der Welt in unsere Sinne gelangen, geordnet und gegliedert werden? Oder nehmen wir lediglich eine Flut von Sinnesdaten wahr, ohne aus jeder Sinneserfahrung eine Form zu abstrahieren, derer wir uns bedienen, um diese Erfahrung als Ganzes zu begreifen?

Der amerikanische Kunsthistoriker und Philosoph Rudolf Arnheim geht davon aus, dass unsere sinnlichen Daten durch so genannte „Wahrnehmungsbegriffe“ strukturiert werden. Diese Wortschöpfung drückt aus, dass der Wahrnehmungsvorgang nicht mehr als sukzessives Erfassen konkreter Dinge und Erscheinungen betrachtet wird, die der Verstand generalisiert, sondern bereits als Erfassen von Strukturen, d. h. als Instrumentarien der menschlichen Intelligenz. Unsere Augen sehen Formen und keine Bilder; unsere Ohren hören artikulierte Laute und keine Töne.

Arnheim schreibt dazu: „Der irreführenden Scheidung von Wahrnehmung und Denken ist es auch zu verdanken, dass man üblicherweise abstrakte von konkreten Dingen unterscheidet, als ob es sich da um zwei ausschließende Gruppen handelt; als ob ein abstraktes Ding nicht zugleich auch konkret sein könne, und umgekehrt. Diese Vorstellung spiegelt sich in der kleinen Geschichte von dem Vater wider, den sein Kind fragt, was abstrakt bedeute. Nach einigem Zögern antwortet der Vater: „Abstrakt ist, was man nicht anfassen kann“. Darauf das Kind: „Ach so, wie Gott und die Brennnesseln“.[22]

Nach Arnheims Auffassung können Gott und die Brennnesseln sowohl singuläre, d. h. konkrete Dinge sein, als auch Abstrakta, wenn sie als ein Allgemeines auftreten, unter das man einzelne Bestimmungen subsumieren kann.

Eine philosophische Reflexion über abstrakte oder konkrete Rechtsstandpunkte kann also auch anhand visueller Formen, d. h. zeichnerisch erfolgen. Susan K. Langer hebt hervor, dass visuelle Formen wie Linien, Farben und Proportionen ebenso zu komplexen Kombinationen von Beziehungen fähig sind wie Worte.[23] So ist beispielsweise die Beziehung zwischen dem Würfel-Gesicht, dem Würfel im Himmel und der Körperhaltung des Richters (erhobener Zeigefinger) zu beachten. Diese Bildelemente werden nichtdiskursiv dargestellt, also nicht nacheinander, sondern gleichzeitig –

22 *Arnheim, Rudolf*: Anschauliches Denken. Köln 1972. S. 151.

23 Vgl. *Langer, Susan K.*: Philosophie auf neuem Wege. A. a. O. (s. S. 90) S. 98.

mehrdimensional. Daraus folgt, dass die Beziehungen zwischen den einzelnen Elementen einer Zeichnung in einem Akt des Sehens erfasst werden, während wir sie bei einer sprachlichen Begriffsanalyse nacheinander aus dem Begriff herauslösen.

Warum, so bleibt jetzt weiterzufragen, stützen wir uns dann nicht bei der Suche nach Antworten auf reflexive Fragen ausschließlich auf die Sprache, die uns als bewährtes Medium vielfältige Möglichkeiten bietet, mit komplexen Problemen wie Recht, Gerechtigkeit und Rechtsstandpunkten umzugehen?

Dafür gibt es im Wesentlichen *zwei Gründe*. Zum einen kann man feststellen, dass wir uns bei der Suche nach Antworten auf philosophische Fragen hauptsächlich auf die Sprache stützen, die im Gegensatz zu den visuellen Medien das geeignetere Kommunikationsmittel ist. Wir können mittels der Sprache sehr viele Beziehungen und Zusammenhänge in der Welt und im Menschen entdecken, jedoch nicht alle. So eignen sich beispielsweise zur Darstellung von seelischen Erfahrungen, d. h. zum Erkunden von seelischen Zuständen und Gefühlen, nach Meinung vieler Wissenschaftlerinnen und Wissenschaftler nicht-diskursive Medien besser.[24] Mittels diskursiver Medien lässt sich rational erklären, warum wir bestimmte Gefühle haben und wie sie entstanden sind, ihre tatsächliche Bewegung und deren Intensität können wir jedoch mit nicht-diskursiven Medien besser ausdrücken.

Der englische Schriftsteller George Orwell spricht in seinem Essay „Neue Worte" davon, dass wir zur Darstellung von inneren Zuständen des Menschen unser Denken sichtbar machen müssen. Er weist drauf hin, dass die herkömmliche Sprache nicht ausreicht, um zu beschreiben, was im Kopf eines Menschen zu einem ganz bestimmten Zeitpunkt vor sich geht. Deshalb müssten, abgesehen von neuen Wortschöpfungen, Worte sichtbare Existenz annehmen, um die Gestaltung innerer Probleme differenzierter und bildhafter zu machen.[25]

Für das Philosophieren sind visuelle Medien ebenfalls hilfreich. Denn philosophische Begriffe wie Recht oder Gerechtigkeit haben im Gegensatz zu Worten wie Tisch oder Hand, keine festgelegten, allgemein verbindlichen Bedeutungen. In diesem Sinn verfügen sie über eine Gemeinsamkeit mit den visuellen Medien wie Schattierungen, Linien und Formen. Diese besitzen ebenso wie die abstrakten Begriffe keine festgelegten Bedeutungen außerhalb eines bestimmten Kontextes. Deshalb ist es also möglich, zur Klärung schwieriger Begriffe sowohl sprachliche als auch visuelle Medien heranziehen.

Zu den *wesentlichen Symbolen*, die in *einer Zeichnung* wie den „Rechtsstandpunkten" (s. S. 129) zu einem Ganzen kombiniert werden, *gehören als Strukturelemente Linien, Formen und Farben.*

1. *Linien sind präzise, subtil* oder beispielsweise *stark-expressiv* (dick hervorgehoben). Das Subtile lässt sich beispielsweise durch dünne Linien ausdrücken, das Passive durch

24 Vgl. hierzu neben S. Langer auch : *Arnheim, Rudolf*: Anschauliches Denken. A. a. O.

25 Vgl. *Orwell, George*: New Words. In: *Ders.*: Collected Essays. Harcourt/New York 1968, bes. S. 22-25.

langsame und das Expressive durch dicke, schnell gezogene. Hinzu kommen noch die geraden und gekrümmten Linien, die unterbrochenen und durchgezogenen – je nachdem, welche Zusammenhänge sie ausdrücken sollen. In der Karikatur „Rechtsstandpunkte" sind die Linien expressiv, sowohl in der Darstellung des Hintergrunds (des Himmels) als auch der Robe des Richters. Sie sollen sozusagen das Auge der Betrachtenden auf die Vieldeutigkeit der Rechtsstandpunkte hinführen.

2. Das *Beziehungsgeflecht* in einer Zeichnung lässt sich auch *anhand verschiedener Formen* darstellen, d. h. runde und eckige Formen, die ein bestimmtes Fließen oder einen Stillstand ausdrücken, oder horizontale und lineare für die Gestaltung von Proportionen etc. In unserer Karikatur symbolisieren die Formen den Himmel oder die Unendlichkeit: Es gibt (unendlich) viele Rechtsstandpunkte.

3. Die *Wahl der Farben* ermöglicht, durch *helle und dunkle, volle oder pastell* gehaltene Farben verschiedene seelische Zustände wie Harmonie oder Disharmonie zu Papier zu bringen.

Beim Philosophieren über Bilder ist es deshalb wichtig herauszufinden, wie diese Strukturelemente kombiniert werden, um ein philosophisches Problem sichtbar zu machen.

3.2.1 Philosophieren über Bilder

Wenn wir von der Gleichberechtigung präsentativer und diskursiver Symbole ausgehen, dann haben Bilder beim Philosophieren eine eigenständige Rolle: Sie transportieren einen philosophischen Sinngehalt, der interpretiert werden muss.

Zum anderen kann jeder, der über ein philosophisches Problem nachdenkt, dies sowohl diskursiv, also mit Hilfe der Sprache tun, als auch nichtdiskursiv, z. B. durch visuelle Medien, indem er selbst ein Bild, eine Karikatur oder eine Collage anfertigt.

Bilder, die ein Künstler geschaffen hat, kann man beim Philosophieren unter verschiedenen Blickwinkeln betrachten. Sie haben unterschiedliche Funktionen, die im Prozess des Philosophierens beachtet werden sollten, wobei je nach Interessenlage diese oder jene Funktion im Vordergrund stehen kann.[26]

Bilder haben:

– *eine deskriptive Funktion*: sie beschreiben mit verschiedenen Strukturelementen (Linien, Formen, Farben) einen Gegenstand oder eine (philosophische) Sichtweise desselben – wie in unserer Karikatur. Darüber hinaus können sie seelische Zustände des Menschen sichtbar machen, innere und äußere Eindrücke beschreiben, wie von George Orwell erwähnt. Beim Philosophieren über ein Bild ist es deshalb wichtig herauszufinden, welcher Gegenstand dargestellt worden ist. Dies kann z. B. reali-

26 Die folgende Klassifikation der Funktionen von Bildern lehnt sich an Gabriele Münnix an; vgl. hierzu: *Münnix, Gabriele*: Bildlichkeit. In: *Schulte-Rohling, Ludger/Dies.* (Hrsg.): Philosophieren mit Kindern in der Sekundarstufe I. Münster 1989. S. 56-65.

siert werden, indem die Betrachter die einzelnen Bildelemente benennen und über ihren Zusammenhang nachdenken: Was hat der Gesichts-Würfel mit dem Würfel im Himmel zu tun?
- *eine expressive Funktion*, d. h. Bilder sind immer auch Äußerungen eines Künstlers oder einer Künstlerin, der oder die damit Gedanken, Vorstellungen oder Gefühle zum Ausdruck bringen will und eine Intention verfolgt: Die Karikatur transportiert eine bestimmte Auffassung der Rechtsprechung, die es zu entschlüsseln und anschließend zu bewerten gilt.
- *eine sensibilisierende Funktion*: Sie schärfen unsere Wahrnehmungsfähigkeit, denn wir müssen genau hinsehen, um die einzelnen Elemente und ihre Zusammenhänge zu erkennen. So zeigen z. B. das Gesicht des Richters und die Oberseite des Würfels am Himmel beide die Zahl „Fünf". Wahrnehmungen implizieren natürlich auch Deutungen, d. h. sie führen zu Fragen nach dem Sinn und Zweck der Kombination bestimmter Elemente: Warum zeigt der Würfel auf dem Gesicht des Richters die Zahl „Fünf", ebenso wie auf der Oberseite des Würfels, der in den Himmel fliegt? Warum hebt der Richter den Zeigefinger?
- *eine kommunikative Funktion*, d. h. sie übermitteln uns eine bestimmte (philosophische) Botschaft, und wir können darüber in ein Gespräch mit anderen eintreten, wie z. B.: Sind Rechtsstandpunkte subjektiv oder vom Zufall abhängig?
- *eine reflexive Funktion*: Sie regen zum Nachdenken über das dargestellte Problem an und zwingen die Rezipientinnen und Rezipienten zu Bewertungen. Die Betrachter bilden sich einen eigenen Standpunkt zu dem dargestellten Thema.
- *eine transzendierende Funktion*: Sie verweisen über sich selbst hinaus, weil sie durch die Rezeption eine eigene Wirkungsgeschichte entwickeln; es sind eine Vielzahl von Assoziationen und Sinnerfahrungen möglich: Die Karikatur „Rechtsstandpunkte" kann vielfältige Interpretationen hervorrufen.

3.2.2 Philosophieren mit Bildern

Beim Philosophieren sind wir nicht nur auf die Rezeption des Sinngehalts von vorgegebenen Bildern angewiesen, sondern wir können auch selbst produktiv tätig werden, indem wir selbst *philosophische Gedanken oder Begriffe mit Hilfe von Bildern ausdrücken*.

Wenn wir beispielsweise Begriffe wie Unendlichkeit, Gerechtigkeit oder Gut und Böse oder Probleme, in denen diese Begriffe eine wichtige Rolle spielen, zeichnen wollen, dann gibt es dafür *zwei Möglichkeiten*: Wir können sie sowohl *gegenständlich als auch ungegenständlich zeichnen* oder beide Darstellungsformen kombinieren.

Die gegenständliche Art des Zeichnens ist diejenige Ausdrucksform, derer wir uns am häufigsten bedienen, indem wir durch die unmittelbare Darstellung von Personen, Dingen und Erscheinungen die Welt um uns herum so zeichnen, wie wir sie sehen, erleben und in unserem Kopf verarbeiten; die Karikatur „Rechtsstandpunkte" ist eine gutes Beispiel für diese Form. Sie präsentiert sozusagen gegenständlich eine Aussage:

Ein Richter mit einer schwarzen Robe und einem Gesicht in Form eines Würfels schleudert einen Würfel in den Himmel. Die einzelnen Elemente wurden so kombiniert, dass sie einen bestimmten Sinngehalt vermitteln, die wir entschlüsseln müssen.

Wenn wir selbst ein philosophisches Problem gegenständlich zeichnen wollen, dann müssen wir uns zuerst die Elemente überlegen, die wir zur Darstellung des Problems verwenden wollen. Dafür kann man eine kurze Skizze anfertigen, sozusagen in Analogie zur Begriffsanalyse, bei der wir auch erst einmal herausfinden müssen, welche wesentlichen Begriffe einem zu analysierenden Begriff zugeordnet werden.

Anschließend müssen wir uns überlegen, wie die einzelnen Elemente kombiniert werden sollen, um das von uns intendierte, philosophische Problem klar und deutlich auszudrücken, wofür die Zeichnung des zehnjährigen Ole ein Beispiel ist.

Ein philosophisches Problem lässt sich jedoch auch lediglich mit Hilfe von Linien, Farben und Formen ausdrücken, ohne dass wir gegenständliche Darstellungselemente verwenden. Auch bei dieser Methode müssen wir darüber nachdenken, wie wir die Linien, Formen und Farben verwenden und zu einem philosophischen Ganzen kombinieren wollen; ob wir z. B. dicke oder dünne Linien benutzen, helle oder dunkle Farben oder überspitzte Formen zeichnen, um Zusammenhänge und Unterschiede zu verdeutlichen.

Die folgende Zeichnung drückt ungegenständlich das Problem der Unendlichkeit aus, die als Spirale von dem zwölfjährigen Kolja gestaltet worden ist.

Die Produktion von gegenständlichen und ungegenständlichen Bildern beim präsentativen Philosophieren kann wie beim diskursiven Philosophieren *mehrere Funktionen* erfüllen.

1. Es ist möglich, mithilfe von Zeichnungen Begriffe zu klären, im Sinne von: Was bedeutet Unendlichkeit? – wie dies Koljas Bild zum Ausdruck bringt. Er hat mit seiner Spirale zwei wesentliche Elemente der Unendlichkeit gezeigt; sie hat keinen Anfang und kein Ende.
2. Es ist jedoch auch möglich, ein philosophisches Problem oder eine Frage in Form einer Zeichnung gestalten, wie Ole dies getan hat: Können meine Gedanken auf den Vogel „überspringen“, also versteht der Vogel mich, wenn ich mit ihm sprechen will?

3. Mit Hilfe von Zeichnungen lassen sich auch Gedankenexperimente realisieren, wie in der Gemeinschaftszeichnung von vier Mädchen aus einer Grundschulklasse, die sich die Welt von morgen vorgestellt haben: Sie besteht u.a. aus Pflanzengebilden.

3.2.3 Cluster

Eine etwas *vereinfachte Form des ungegenständlichen Zeichnens sind Cluster.* Sie dienen beim Philosophieren dazu, Gedanken zu einem philosophischen Begriff oder Problem zu assoziieren und diese in einen Zusammenhang zu bringen. So wird beispielsweise ein philosophischer Begriff vorgegeben und eingekreist. Er soll die Philosophierenden zu Gedankenassoziationen anregen, die sich in verschiedenen Assoziationsketten ordnen lassen, wobei *Haupt- und Nebenzweige* unterschieden werden können.

In der Theorie des kreativen Schreibens haben sich im Wesentlichen *vier Clustervarianten* herausgebildet: *der klassische Cluster, der unzentrierte Cluster, der stark strukturierte Cluster und der Doppelcluster*, die auch für das Philosophieren gelten.[27]

3.2.3.1 Der klassische Cluster

Beim *klassischen Cluster* werden *mehrere Assoziationsketten gebildet,* unterteilt in Haupt- und Nebenzweige. In Analogie zur Begriffsanalyse unterscheiden wir also *wesentliche und wichtige, aber nicht wesentliche Gedanken* voneinander.

27 Diese Unterscheidung folgt: von *Werder, Lutz*: Kreatives Schreiben in den Wissenschaften. A. a. O. (s. S. 92) S. 32-36.

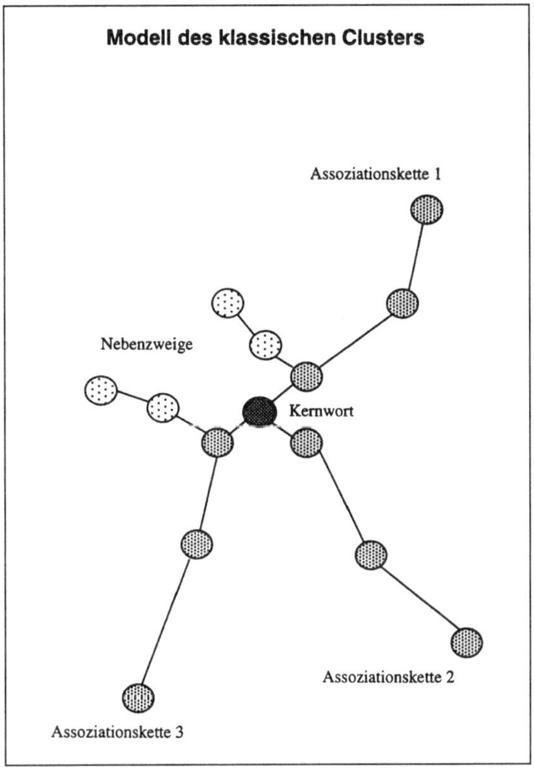

3.2.3.2 Der unzentrierte Cluster

Das *unzentrierte Cluster* umfasst *freie Assoziationen zu einem philosophischen Begriff oder Thema*, wobei keine Haupt- und Nebenstränge gebildet werden, sondern die einzelnen Gedankenstränge durch Pfeile miteinander verbunden werden. Sie gruppieren sich sozusagen um den Hauptbegriff herum, ohne dass eine Ordnung der Gedanken vorgenommen wird, ähnlich wie bei einer Wortfelduntersuchung. Das unzentrierte Cluster dient dazu, sich ein philosophisches Thema oder einen *Begriff in seinem gesamten Problemhorizont zu verdeutlichen.*

3.2.3.3 Der strukturierte Cluster

Bei einem *stark strukturierten Cluster* werden um ein philosophisches Thema herum Modellfälle gesucht (vgl. S. 45) und diese wiederum mit Unterbegriffen versehen, die durch Beispiele konkretisiert werden. Das Cluster zum Begriff „Glück" (S. 139) stammt von einer Lehrerin aus Rostock.

3.2.3.4 Der Doppelcluster

Bei einem *Doppelcluster* sollen *konträre Standpunkte* von Philosophinnen und Philosophen *verdeutlicht werden.* Deshalb unterteilt man den Cluster in zwei Hälften und versieht ihn mit jeweils sich widersprechenden Ideen in unzentrierter Form oder

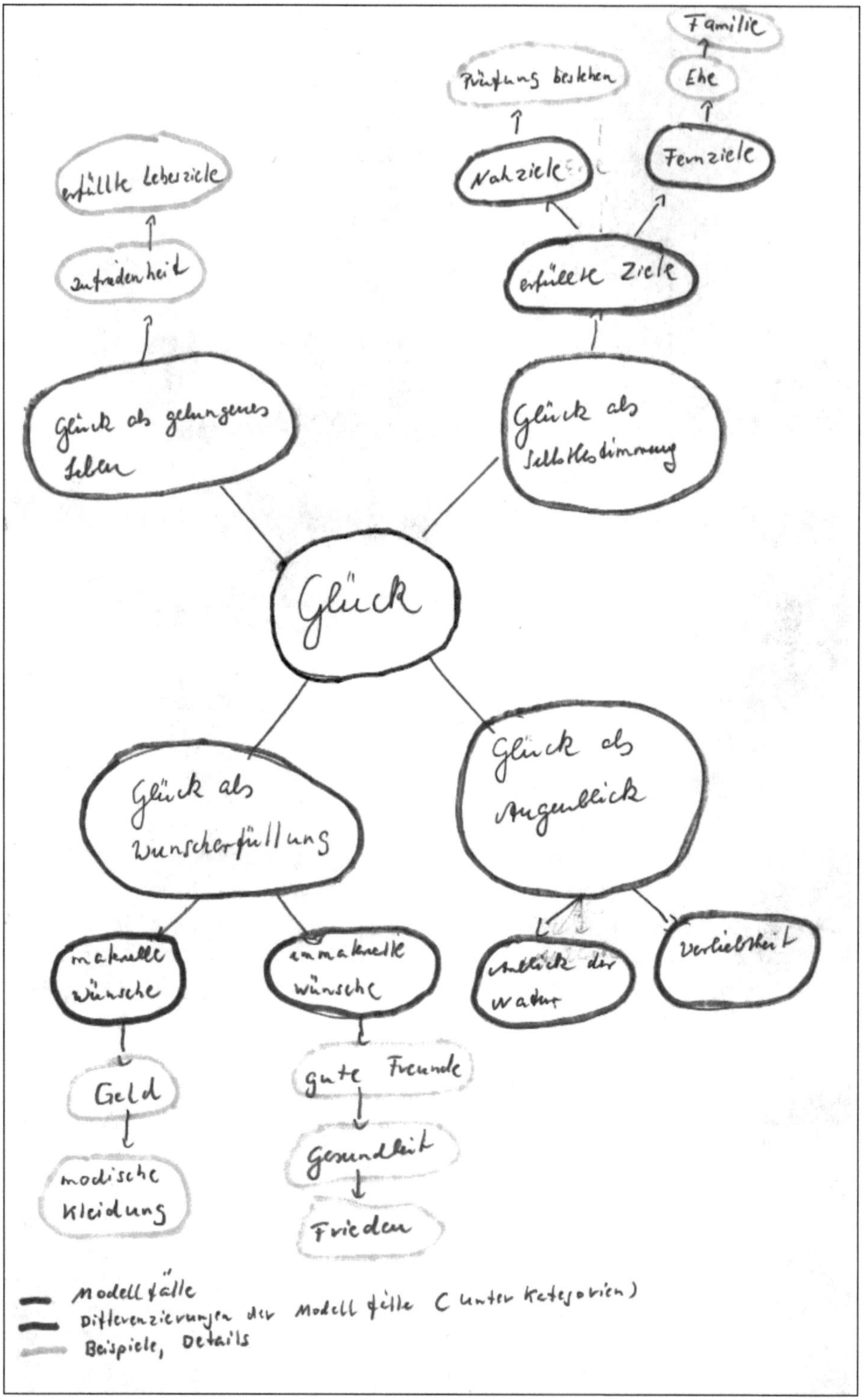
Familie
Prüfung bestehen
Ehe
Nahziele
Fernziele
erfüllte Lebensziele
erfüllte Ziele
Zufriedenheit
Glück als gelungenes Leben
Glück als Selbstbestimmung
Glück
Glück als Wunscherfüllung
Glück als Augenblick
materielle Wünsche
immaterielle Wünsche
Anblick der Natur
Verliebtheit
Geld
gute Freunde
Gesundheit
modische Kleidung
Frieden
Modellfälle
Differenzierungen der Modellfälle (Unterkategorien)
Beispiele, Details

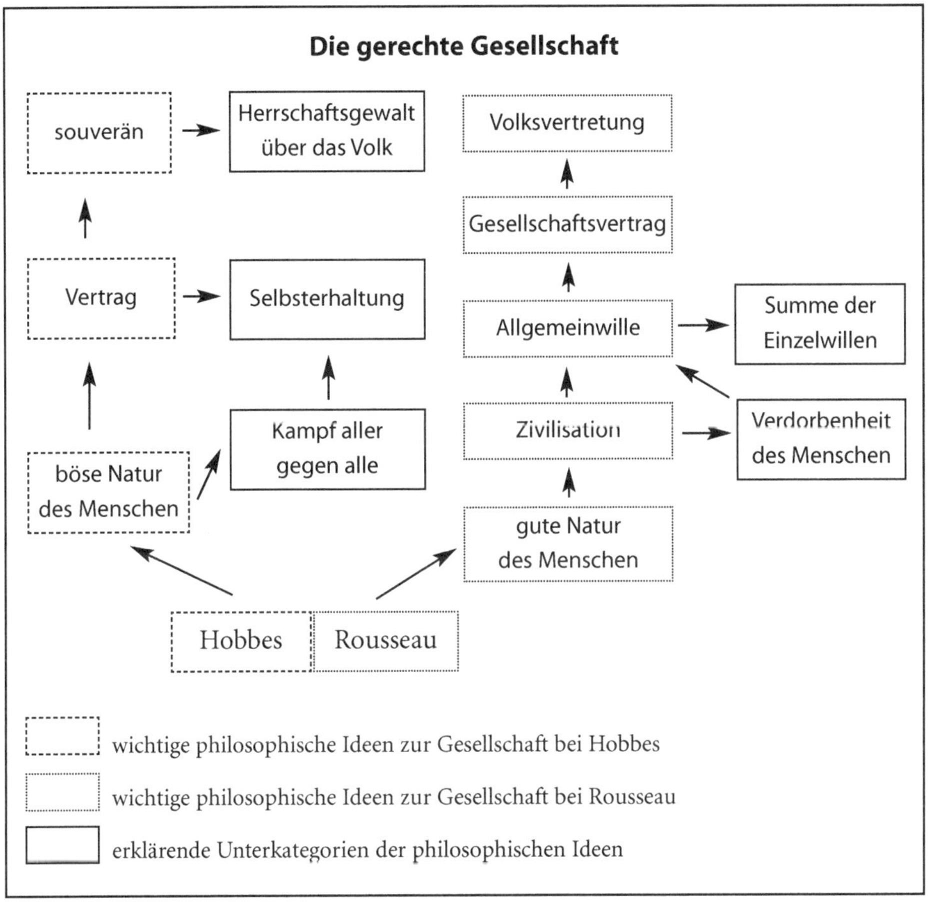

mit Haupt- und Nebenzweigen. Das Cluster oben verdeutlicht die unterschiedlichen Positionen zur Staatstheorie von Thomas Hobbes und Jean-Jacques Rousseau.

Eine weitere Möglichkeit des *kreativen Clustering* besteht in der *Kombination von Wort und Bild*. Hierzu benötigen wir die Kopie eines Bildes, z. B. der Karikatur „Rechtsstandpunkte". Wenn der Titel des Bildes bekannt ist, wie in unserem Fall, dann lassen sich Gedanken direkt in das Bild hinein assoziieren (schreiben). Dies kann man auch als *free writing* realisieren, d. h. ein Bild wird ohne Titel präsentiert, und dazu können dann Gedanken formuliert werden, wie das folgende *free writing* zur Karikatur „Rechtsstandpunkte" zeigt.

Bei einem Bild ohne Titel können ganz andere Gedankengänge entstehen als bei einem Bild mit Titel.

3.2.4 Strukturskizzen und Modelle

Zum *besseren Verständnis philosophischer Begriffe oder Theorien dienen Strukturskizzen.* Sie stellen die innere Struktur eines Begriffes anschaulich dar, indem sie beispielsweise durch Modellfälle deren Bedeutungen aufschlüsseln (vgl. auch 2. 1).

Weitaus hilfreicher sind sie jedoch als Schemata zur Erschließung von Texten, d. h. sie verdeutlichen deren Argumentationsgang oder eine bei der Lektüre meist schwer nachvollziehbare Vernetzung verschiedener Ideen und Begriffe. „Die Gleichzeitigkeit der Elemente, die im Text nacheinander gelesen werden, bietet den Vorteil eines systematischen Überblicks."[28]

Bei der Transformation des Gedankenganges ist es manchmal wichtig, auch Zusammenhänge und Beziehungen zu verdeutlichen, was durch grafische Symbole wie Pfeile oder Kreise geschehen kann. Die folgende Strukturskizze verdeutlicht das Problem der *phronesis* bei Aristoteles (vgl. Textbeispiel S. 83).

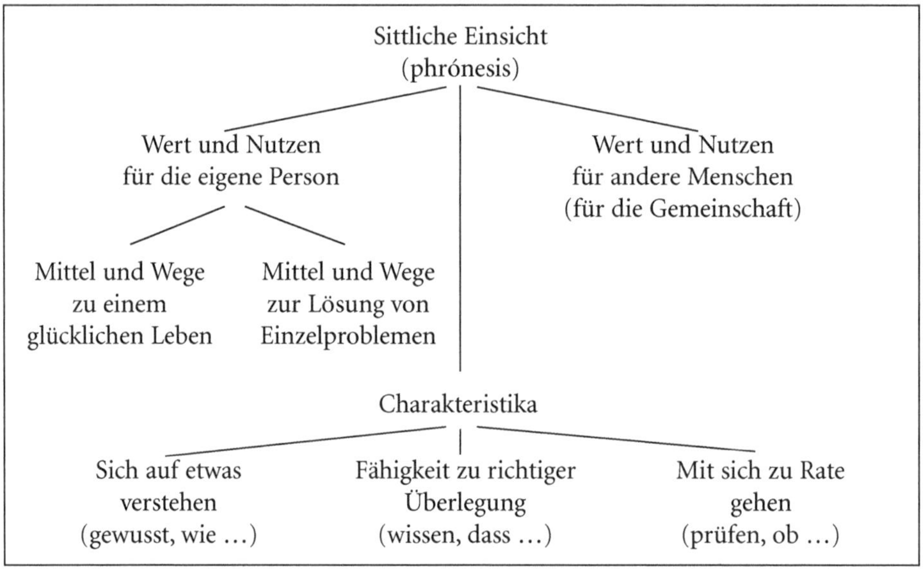

Eng verwandt mit der Strukturskizze ist das *Modell*, das in der bildenden Kunst die Bedeutung eines Nachbildes hat: Jemand sitzt Modell für einen Künstler. Diese Funktion lässt sich auch auf das Philosophieren übertragen. Ein Modell repräsentiert sozusagen die Struktur einer Theorie oder einer Idee; es symbolisiert deren wesentliche Elemente. Rüdiger Zill nennt vier Kriterien, die ein Modell in der Philosophie erfüllen muss[29]:

28 *Rohbeck, Johannes*: Begriff, Beispiel, Modell. In: Zeitschrift für die Didaktik der Philosophie, 1/1985. S. 29.

29 Vgl. *Zill, Rüdiger*: Vom Bildnis zum Modell. In: Zeitschrift für die Didaktik der Philosophie, 2/1992, bes. S. 77-78.

1. Ein Modell repräsentiert etwas anderes, also eine Theorie oder eine Idee.
2. Ein Modell hat mit diesem anderen Ähnlichkeit (es stellt also nicht etwas völlig anderes dar).
3. Ein Modell repräsentiert nur wichtige Eigenschaften des anderen, auf das es sich bezieht.
4. Die Beziehung zwischen Modell und Original ist asymmetrisch, d. h. ein Mensch ist beispielsweise das Modell seines Bildes, das Bild aber nicht Modell des Menschen).

So überträgt Platon das Modell der Dreiteilung der Seele (das Vernünftige, das Muthafte und das Begehrende) in seiner Schrift „Politeia" auf den Staat. Dieser gliedert sich in drei Stände: die Philosophen-Herrscher, die Wächter und die einfachen Leute.

Modelle dienen ebenso wie Strukturskizzen zur Veranschaulichung schwieriger philosophischer Gedankengänge.

3.2.5 Philosophische Malerei

Der italienische Maler und Philosoph Emanuele Gennaro begründete in den 50er Jahren in Italien die Richtung der „philosophischen Malerei". Bereits 1956 organisierte er in Genf die erste Ausstellung mit philosophischen Bildern im Journalistenverband der Schweiz; 1959 erschien das „Manifest der philosophischen Malerei".

Gennaro unterschied *zwei wesentliche Richtungen* der von ihm initiierten philosophischen Malerei: die *fantastisch-sentimentale Richtung* und die *rationale oder logisch-schematische Richtung.*

- Bei der fantastisch-philosophischen Richtung werden mit Hilfe von gegenständlichen und ungegenständlichen Elementen philosophische Probleme gestaltet, die für den philosophierenden Künstler wichtig sind, z. B. der Zusammenhang zwischen Freude und Schmerz, wie das Bild auf der folgenden Seite zeigt.
- Bei der logisch-schematischen Richtung verwendet der philosophierende Künstler ausschließlich ungegenständliche Elemente wie Formen Farben und Linien. Sie dienen in erster Linie in Analogie zu Strukturskizzen dazu, wesentliche Ideen und Bestandteile von philosophischen Theorien wie z. B. der Ideenlehre Platons oder des Monadensystems von Leibniz zum Ausdruck zu bringen oder diese Theorien zu veranschaulichen.

Diese Art des Zeichnens setzt die Kenntnis philosophischer Systeme voraus, deren sinntragende Ideen der philosophierende Künstler zu einem neuen Ganzen zusammengefügt. „Die philosophische Malerei hat abgesehen von ihrem ästhetischen Wert, eine Funktion der Aufklärung und Erinnerung und als Folge davon einen didaktisch-pädagogischen Effekt."[30] Diesen sieht Gennaro vornehmlich darin, dass auf der einen

30 *Gennaro, Emanuele*: Sur la peinture philosophique. in: Association Internationale des Professeurs de Philosophie (Hrsg.): Conférence de la 1ère académie d'été. Innsbruck 1988. S. 19 (französisch).

Seite Philosophie und künstlerischer Ausdruck miteinander verbunden werden und auf der anderen Seite die philosophische Malerei zur Veranschaulichung komplizierter philosophischer Probleme beiträgt.

Von der herkömmlichen Malerei unterscheidet sich die philosophische Malerei vielmehr dadurch, dass in ihr *ein Künstler oder eine Künstlerin bewusst ein philosophisches Problem gestaltet,* d. h. jemand philosophiert bewusst in Bildern.[31]

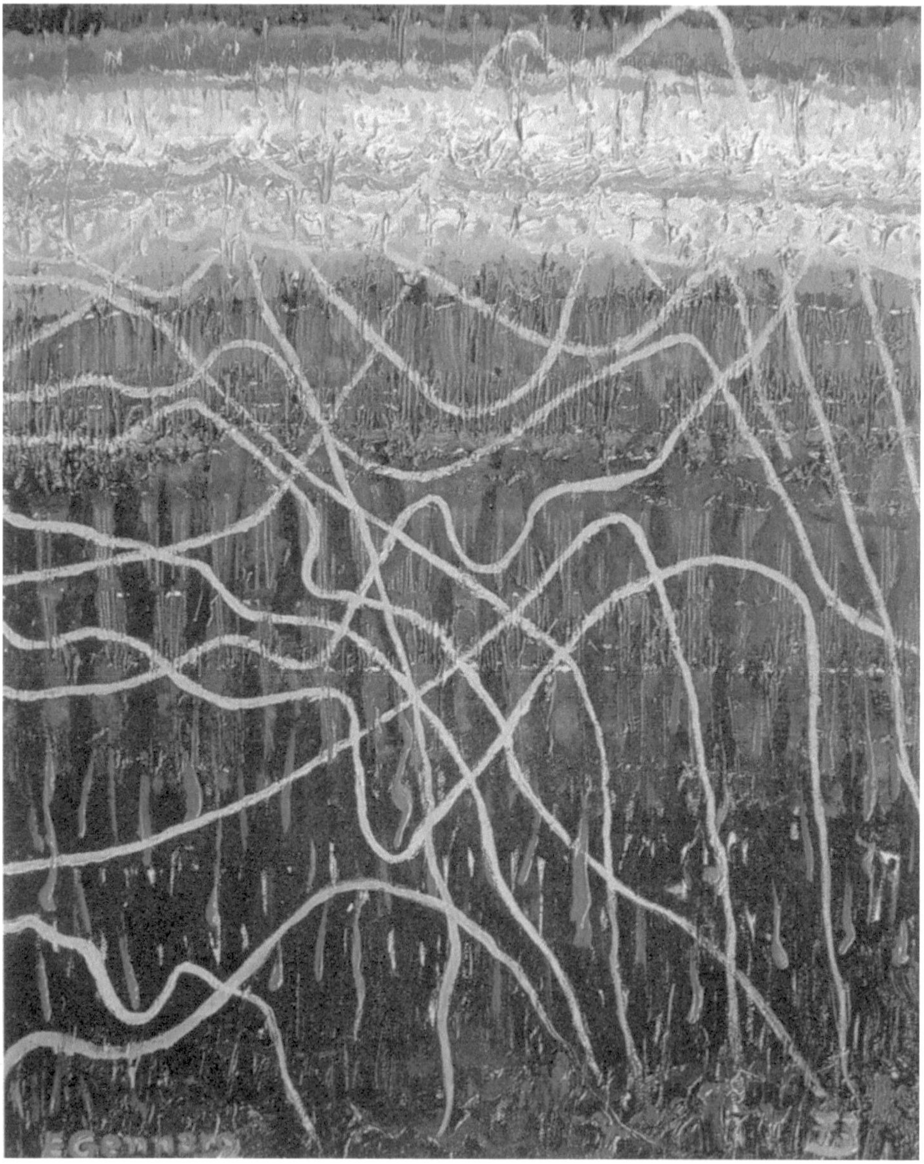

31 Vgl. hierzu u. a.: *Gennaro, Emanuele*: Sulla espressione pittorica della filosofia. Genova 1979.

3.2.6 Didaktische Hinweise zum Philosophieren mit Bildern

Beim Philosophieren mit Bildern sind drei Grundformen zu beachten, d. h. Bilder dienen:

- *der Produktion eigener Gedanken* mit Hilfe von visuellen Symbolen (jemand zeichnet selbst etwas);
- der *Anregung zum eigenen Nachdenken* (jemand assoziiert Gedanken zu einem Bild und versucht, deren philosophische Relevanz herauszufinden);
- der *Veranschaulichung philosophischer Begriffe und Theorien* (jemand fertigt ein Schema zu einem Gedankengang an, das wie im Falle der philosophischen Malerei auch einen künstlerischen Ausdruck annehmen kann);

Besonders im Philosophie- und Ethikunterricht haben Bilder die Funktion, zum eigenen Nachdenken über philosophische Fragen anzuregen. In Anlehnung an Hans-Peter Mahnke bestehen folgende kreative Einsatzmöglichkeiten:[32]

- *Themenzentrierte Auswahl von Bildern*: Aus einer thematischen Sammlung von Bildern wählen Philosophierende dasjenige aus, das am geeignetsten erscheint, ein philosophischen Problem zu verdeutlichen.
- *Bilder vorstellen*: Zu einem bestimmten Thema suchen oder wählen die Philosophierenden ein Bild aus, das ihnen besonders gefällt, und begründen ihre Wahl. Anschließend können dann Fragen an das Bild gerichtet werden, die derjenige, der es ausgewählt hat, beantworten muss.
- *Verzögerte Bildbetrachtung*: Von einem größeren Bild wird vorerst nur ein kleiner Ausschnitt vorgestellt (durch Abdecken mit zwei Winkelschablonen sehr variabel. Dabei kann man herausfinden, welches Gewicht in Bezug auf eine philosophische Frage Bildelemente im Hintergrund haben oder wie die Komposition auf die Gesamtaussage wirkt.
- *Zusammenhang von Bild und Begriff suchen*: Ein Bild wird kommentarlos aufgehängt und ein philosophischer Begriff an die Tafel geschrieben. Die Philosophierenden notieren wie bei der Methode des kreativen Schreibens Stichworte, die eine Beziehung zwischen dem Bild und dem philosophischen Begriff herstellen. Es können auch mehrere Begriffe gegeben werden, die jedoch das Denkfeld erheblich einschränken.
- *Text-Bild-Vergleich*: Zu einem philosophischen Text wird ein Bild vorgestellt; in Gruppengesprächen arbeiten die Philosophierenden Berührungspunkte und Unterschiede in der Akzentsetzung oder Wirkung heraus.
- *Steckbrief zu einem Bild*: Aus einer bekannten Sammlung von Bildern (im Umlaufverfahren ansehen oder an der Wand aufhängen) wird ein Bild ausgewählt und beschrieben, das die Philosophierenden erraten müssen. Dabei kommt es dar-

32 Vgl. *Mahnke, Hans-Peter*: Bilder des Todes. In: Ethik & Unterricht, 4/1997. S. 36-37.

auf an, wesentliche Eigenschaften zu benennen, entsprechend der Suche nach Modellfällen bei der Begriffsanalyse.

- *Bildbefragung*: Die Philosophierenden formulieren Fragen an ein Bild, die als Vorbereitung für eine philosophische Diskussion dienen. Diese Variante lässt sich auch als Frage- und Antwortspiel gestalten: Eine Gruppe stellt Fragen an ein Bild, und eine andere versucht, diese zu beantworten.
- *Bilder verändern*: Je ein Bild zu einem philosophischen Thema wird durch Einkleben oder Malen neuer Bildelemente verändert, um ein bestimmtes philosophisches Problem besonders herauszustellen oder einen Zusammenhang zu verdeutlichen.
- *Hinzufügen von Bildelementen*: Ein Kernstück eines Bildes wird ausgeschnitten und in eine neu geschaffene (gemalte oder collagierte) Bildumgebung eingeklebt, um beispielsweise einen neuen philosophischen Aspekt zu einem philosophischen Problem zu gestalten. So könnte z. B. der Richter mit der Robe und dem Würfelgesicht in eine Gerichtsverhandlung integriert werden, in der die Frage der Objektivität von Urteilen behandelt werden soll.
- *Weitermalen eines Bildes*: Zu einem Bild werden bestimmte Elemente hinzugefügt, welche die philosophische Aussage verstärken; es kann auch ein Folgebild oder eine Bilderfolge entworfen werden, wobei es nicht auf künstlerische Gestaltung ankommt, sondern auf den Ausdruck eines philosophischen Problems. Man kann sich auch auf Comic-Bildfolgen beschränken, deren Sprechblasen zu ergänzen sind.
- *Bildlücken füllen*: Es wird ein Bild vorgegeben, bei dem wesentliche Elemente herausgeschnitten oder abgedeckt worden sind. Die Ergänzung regt zu logischer Interpretation von Zusammenhängen an, kann aber auch zu sehr kreativen Ergebnissen führen.
- *Bilderpuzzle*: Ein Bild wird zerschnitten und soll wieder zusammengefügt werden. Dabei kann man Teile weglassen, die malend zu ergänzen sind.
- *Kreatives Schreiben zu einem Bild*: Eine kleine Gruppe betrachtet gemeinsam ein Bild zu einem philosophischen Thema. Die Gruppenmitglieder schreiben auf einen Zettel, der in der Gruppe wandert, Einfälle auf: Stichworte, Gefühle, Ideen. Anschließend diskutieren sie darüber.
- *Bildtitel suchen*: Die Philosophierenden suchen nach einem neuen Titel für ein Bild und begründen ihre Wahl.
- *Bilder als Standbild gestalten*: Die Philosophierenden stellen ein gegebenes Bild als Standbild nach (vgl. 2.7.1). Dabei müssen sie die dargestellte Körpersprache genau beobachten und umsetzen oder entsprechend ihrer eigenen philosophischen Ideen verändern.
- *eine philosophische Kunstausstellung gestalten*: Am Ende einer philosophischen Problembearbeitung werden die Denk-Ergebnisse mit einer Bilderausstellung dokumentiert. Die Zusammenstellung kann eine thematische Ordnung zu bestimmten philosophischen Problemen anstreben oder beispielsweise historische Epochen der Philosophiegeschichte nachzeichnen. Wichtig dabei ist, die Bilder mit

Erläuterungstexten, Fragen oder eigenen Bildunterschriften zu versehen und Bildgruppen unter ein bestimmtes Thema zu stellen.

Die angeführten didaktischen Anregungen dienen dazu, beim Philosophieren die Möglichkeit zu eröffnen, philosophische Gedanken nicht nur durch verbale Kommunikation auszudrücken, sondern auch visuelle Ausdrucksmöglichkeiten zu nutzen. Dabei kommt es nicht auf künstlerische Genauigkeit oder Eleganz an, sondern auf die visuelle Umsetzung von Ideen.

Beim Philosophieren mit visuellen Medien entstehen in der Regel Mischformen zwischen verbaler und visueller Kommunikation, was die Eigenständigkeit beider Ausdrucksformen nicht beeinträchtigt.

3.2.7 Weiterführende Literatur

Arnheim, Rudolf: Anschauliches Denken. Köln 1972.

Berg, Rabert/Campart, Martina (Hrsg.): Methods of Art as Paths to Knowledge. Malmö 1996 (mehrere Beiträge zum Zusammenhang zwischen Philosophie und Kunst).

Brüning, Barbara: Zeichnen. In: *Dies.*: Mit dem Kompass durch das Labyrinth der Welt. Bad Münder 1990. S. 98-115.

Diesenberg, Norbert: Die Konstruktion innerer Bilder bei der Lektüre philosophischer Texte. In: Zeitschrift für die Didaktik der Philosophie, 2/1992. S. 101-109.

Gaschk, Andrea/Leßmann, Beate: Unterwegs im Zauberland der Sprache, der Farben und Formen. Heinsberg 1996.

Gennaro, Emanuele: Sulla espressione pittorica della filosofia. Genova 1979 (Über das bildhafte Gestalten der Philosophie).

Ders./Telmon, Victor: Filosofia per immagini. Savona 1985 (Philosophie in Bildern; mit Zeichnungen).

Ders.: Nascita della pittura filosofica. Genova 1986 (Grundzüge einer philosophischen Zeichenkunst).

Krause, Joachim: Wahrnehmen und Denken, meditative Aspekte im Philosophieunterricht. In: Zeitschrift für die Didaktik der Philosophie, 2/1992. S. 115-120.

Langer, Susan K.: Philosophie auf neuem Wege. Das Symbol im Denken, im Ritus und in der Kunst. Frankfurt/M. 1984.

Neuß, Norbert (Hrsg.): Ästhetik der Kinder. Frankfurt/M. 1999 (mehrere Beiträge zur Ästhetik von Kinderzeichnungen und dem Zusammenhang zwischen realen und virtuellen Welten).

Rohbeck, Johannes: Begriff, Beispiel, Modell. In: Zeitschrift für die Didaktik der Philosophie, 1/1985. S. 26-42.

Zill, Rüdiger: Vom Bildnis zum Modell. In: Zeitschrift für die Didaktik der Philosophie, 2/1992. S. 71-80.

Themenheft der Zeitschrift für die Didaktik der Philosophie „Medien im Philosophieunterricht", 1/1981.

Themenheft der Zeitschrift für die Didaktik der Philosophie „Virtualität“, 3/1999.
Themenhefte der Zeitschrift für die Didaktik der Philosophie „In Bildern denken“, 2, 4/1992.
Themenheft der Zeitschrift für die Didaktik der Philosophie „Ernst Cassirer“, 2/1998 (mehrere Beiträge zur Gleichberechtigung der verschiedenen symbolischen Formen bei der Welterschließung).
Themenhefte der Zeitschrift Ethik & Unterricht „Die Welt der Sinne“, 4/1999 und „Medium Bild“, 2/2002.

3.3 Interaktive Medien

Der österreichische Philosoph Ludwig Wittgenstein hat hervorgehoben, dass die Sprache eine (unter vielen) menschlichen Tätigkeiten ist, die unsere Lebensform prägen. Und wir bedienen uns ihrer auch als Werkzeug, um zu spielen. Deshalb spricht Wittgenstein auch von Sprachspielen. Dazu gehören seiner Meinung nach u. a.:

> „... Eine Geschichte erfinden; und lesen –
> Theater spielen –
> Reigen singen –
> Rätsel raten –
> Einen Witz machen; erzählen –
> Ein angewandtes Rechenexempel lösen –
> Aus einer Sprache in die andere übersetzen –
> Bitten, Danken, Fluchen, Grüßen, Beten.“[33]

Wittgensteins Vorschläge für Sprachspiele betreffen einen sehr großen interaktiven Bereich des Menschen, nicht nur das Philosophieren. Spielen bedeutet in einem sehr weiten Sinn den Vollzug einer Handlung um ihrer selbst willen, um sich Dinge seiner Umwelt theoretisch und praktisch verfügbar zu machen, verbunden mit einem gewissen Lustempfinden. Diese Handlung unterscheidet sich von der Arbeit dadurch, dass sie nicht der Herstellung von Produkten zur Sicherung der menschlichen Existenz dient.

Spiele haben im Sinne Wittgensteins auch *eine ganzheitliche Ausrichtung*: Wir benutzen dafür sowohl unseren Körper als auch unseren Intellekt, verbunden mit Elementen der Bewegung, auch hinsichtlich anderer Menschen.

Für das Philosophieren sind *vier große Gruppen von Spielen* ausschlaggebend, die die in Kapitel 2 explizierten Methoden des Philosophierens unterstützen:

- *Sprachspiele zur Unterstützung der Begriffsanalyse;*
- *Argumentationsspiele zur Entwicklung von argumentativen Fähigkeiten;*

33 *Wittgenstein, Ludwig*: Philosophische Untersuchungen. Frankfurt/M. 1977. S. 29.

- *Rollen- und Kommunikationsspiele zur Ausbildung einer dialogischen Kompetenz;*
- *Wahrnehmungs- und Gedankenspiele zur Förderung einer philosophischen Phantasie.*

Die folgenden Spielanregungen betreffen diese vier Bereiche des Philosophierens. Sie enthalten Vorschläge, die vor allem in der Praxis des Philosophierens mit Kindern im schulischen und außerschulischen Bereich in der Unterrichtspraxis erprobt wurden und in mehreren Varianten gespielt werden können.

3.3.1 Sprachspiele

Spiele dieser Gruppen zielen darauf ab, den *Spaß am bewussten Umgang mit Begriffen zu wecken* und begriffliche Klarheit zu fördern. Dabei stehen Fragen im Vordergrund wie:
- Was verstehe ich unter diesem philosophischen Begriff?
- Welche Gedanken drückt der philosophische Begriff aus?
- Gibt es mehrere Eigenschaften, die das Gerüst eines bestimmten philosophischen Begriffes bilden?
- In welchem Zusammenhang verwende ich den Begriff; in welchem nicht?

Sprachspiele sollen darüber hinaus die Sensibilität dafür schärfen, dass philosophischen Begriffen keine allgemein verbindlichen Bedeutungen zugrunde liegen und dass zwischen bestimmten Wörtern eine Ähnlichkeit besteht.

Einige Begriffe lassen sich in einem anderen Wort zusammenfassen, andere nicht. Indem wir uns immer wieder fragen, wann benutze ich den Begriff Gerechtigkeit, was verstehe ich unter Himmel, wo sind die Grenzen des Begriffes „böse", wirken wir dem entgegen, was Ludwig Wittgenstein „Verhexung des Verstandes durch die Mittel unserer Sprache" genannt hat. Wir lassen uns also nicht durch die Sprache verhexen, sondern spielen mit ihr, indem wir uns über philosophische Begriffe Gedanken machen und mit ihnen allerlei Zauberkunststücke anstellen.

Im Folgenden stelle ich einige allgemeine Spielideen vor, die dazu dienen, auf *spielerische Art und Weise* eine *Begriffsanalyse durchzuführen.*

1. Spiel: Welcher philosophische Begriff ist das?
Welcher Philosoph oder welche Philosophin ist das?

Ein Mitspieler oder eine Mitspielerin sucht sich einen philosophischen Begriff aus und schreibt ihn (zur Kontrolle) auf einen Zettel. Die anderen Mitspieler und -spielerinnen erraten ihn, indem sie eine Reihe von Fragen stellen, die derjenige, der den Begriff ausgewählt hat, entweder mit Ja oder Nein beantwortet. Zur Vereinfachung dieses Spiels kann der betreffende Themenbereich angeben werden, aus dem der Begriff stammt, z. B.: Ethik, Anthropologie oder Erkenntnistheorie. Man kann den Problemkreis natürlich noch weiter eingrenzen, indem man z. B. sagt: Erkenntnistheorie/Sinneserkenntnis oder Ästhetik/das Schöne. Jeder Mitspieler darf so lange fragen, bis seine Frage mit Nein beantwortet wird. Wer den Begriff als erster erraten hat, wählt einen neuen aus. Am Schluss der gesamten Spielserie ist derjenige Sieger, dessen Begriff mit den meisten Fragen enträtselt wurde.

Es ist z. B. auch möglich, zu einem philosophischen Themenbereich ein Begriffsnetz zu erarbeiten – dazu werden *Begriffskärtchen* angefertigt. Wie in einem Kartenspiel werden dann einzelne Begriffskärtchen gezogen und die dort aufgeschriebenen philosophischen Begriffe nach dem obigen Spielschema erraten.

Eine weitere Modifikation besteht darin, dass nach diesem Spielschema auch *Philosophinnen und Philosophen erraten werden können.* Auch hier müssen Eingrenzungen vorgenommen werden, indem z. B. zu Beginn des Spiels gesagt wird: Dieser Philosoph lebte in der Antike oder in der Neuzeit.

Eine weitere Spielveränderung kann sich ergeben, wenn der zu erratende Begriff zu Beginn des Spiels durch eine Pantomime vorgestellt wird und dann – wie beschrieben – durch Fragen erraten werden muss. Er kann auch aufgezeichnet und anschließend erraten werden.

Dieses Spiel dient vor allem der Vertiefung eines bestimmten Begriffsfeldes, das für eine philosophische Theorie oder eine philosophische Frage relevant ist.

2. Spiel: Welches Begriff geht mir durch den Kopf?

Jeder Mitspieler oder Mitspielerin malt die Umrisse seines oder ihres Kopfes auf ein Blatt Papier; für jüngere Kinder kann dies auch ein Erwachsener tun. Dann schließen wir für einige Augenblicke die Augen und lassen uns einen philosophischen Begriff oder ein Begriffsnetz in den Sinn kommen. Und an der Stelle, an der in unserer Zeichnung das Gehirn sitzt, malen wir den Begriff hinein. Wir erraten gegenseitig, an welchen Begriff die einzelnen Mitspieler und -spielerinnen gedacht haben.

Dieses Spiel lässt sich auch in ein Wettspiel umwandeln. Die Spieler und Spielerinnen können vorher beispielsweise als Regel festlegen, dass derjenige gewonnen hat, dessen Begriff am schwersten zu erraten war.

Es ist jedoch auch möglich, den Schwierigkeitsgrad des Spiels auf andere Weise zu erhöhen, indem sich die Spielerinnen und Spieler darauf einigen, die Wörter nichtgegenständlich, also lediglich mit Punkten, Linien oder Formen zu zeichnen.

Auch dieses Spiel lässt sich modifizieren, in dem z. B. kein Begriff in den Kopf gezeichnet werden soll, sondern eine philosophische Frage: Welche philosophische Frage geht mir gerade durch den Kopf? Mit diesen Fragen kann dann beispielsweise im Unterricht weitergearbeitet werden.

3. Spiel: Aus welchen Buchstaben entsteht ein philosophischer Begriff?

Dieses Spiel existiert traditionell in verschiedenen Varianten, bekannt z. B. als Stadt-Name-Land-Spiel. Es lässt sich für das Philosophieren folgendermaßen abwandeln:

Ein Mitspieler oder eine Mitspielerin beginnt leise, das Alphabet aufzusagen, während ein anderer „Stop" ruft. Mit demjenigen Buchstaben, bei dem das Alphabet ‚angehalten' wurde, suchen die Spielerinnen und Spieler in einer vorgegebenen Zeit von ca. 1 Minute:

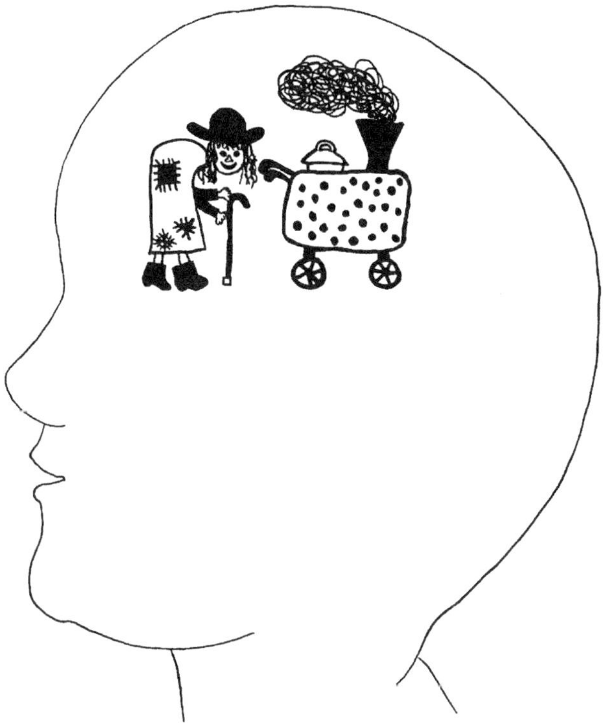

1. Variante

– *so viele philosophische Begriffe wie möglich*, die mit diesem Buchstaben beginnen, z. B. bei G: Gerechtigkeit, Gleichheit, Glück, Glauben, Gedanke, Geist, Gesellschaft, Geschmack, Gesinnung etc. Derjenige Spieler oder diejenige Spielerin, der oder die in der vorgegebenen Zeit die meisten Begriffe gefunden hat, ist Sieger oder Siegerin.

Anschließend können die Mitspieler in einer zweiten Runde die *Begriffe gruppieren* (Begriffspyramiden bauen etc.) oder aber eine kleine Geschichte oder einen Essay schreiben, die alle genannten Begriffe enthalten müssen.

2. Variante

– *Philosophinnen und Philosophen*, die mit diesem Buchstaben beginnen, z. B. Gadamer, Galilei, Gramsci, Gilbert, de Gouges. Derjenige Spieler oder diejenige Spielerin, der oder die in der vorgegebenen Zeit die meisten Philosophen und Philosophinnen gefunden hat, ist Sieger oder Siegerin.

Anschließend könnten in einer zweiten Runde die *wichtigsten philosophischen Ideen gesucht werden*, die die genannten Philosophen und Philosophinnen vertreten haben.

4. Spiel: Welcher philosophische Begriff passt nicht?

Am Anfang dieses Spiels wird ein Spielleiter oder eine Spielleiterin gewählt. Diese/r schreibt auf einen Zettel (oder in der Schule an die Tafel) mehrere philosophische

Begriffe, die alle aus einem philosophischen Themenbereich stammen, z. B. der Ethik oder der Anthropologie. Ein oder zwei Begriffe aus dieser Kette passen nicht in den festgelegten Themenbereich. Wer sie zuerst herausfindet, hat gewonnen. Er oder sie muss allerdings noch *begründen, warum diese beiden Begriffe nicht* in den betreffenden philosophischen Problemkreis *passen.* Beispiel: Recht, Gerechtigkeit, Gleichheit, *Geschmack*, Gesetz, *Bewusstsein.*

Dieses Spiel eignet sich dazu, ein zu einem philosophischen Themenbereich aufgestelltes Begriffsnetz zu überprüfen, und fördert darüber hinaus Argumentationsfähigkeiten.

5. Spiel: Wer findet den übergeordneten philosophischen Begriff?

Ein Mitspieler oder eine Mitspielerin schreibt einige *Begriffe aus einem bestimmten philosophischen Themenbereich* auf einen Zettel oder an die Tafel. Die anderen müssen nun den entsprechenden *Oberbegriff*, also denjenigen Begriff, der die genannten Begriffe umfasst, nennen oder aufschreiben – d. h. bei diesem Spiel wird zu Modellfällen der passende Oberbegriff gesucht.

Werte, Normen, Tugenden = Moral
Begriff, Anschauung, Sinne = Erkenntnis

Dieses Spiel schärft die Fähigkeit, verschiedene philosophische Begriffe unter einen übergeordneten zu subsumieren oder zu verschiedenen Begriffen das passende philosophische Fachgebiet zu finden.

6. Spiel: Gegenbegriffe finden

Ein Mitspieler oder eine Mitspielerin nennt einen philosophischen Begriff, z. B. *schön.* Nun kommt es darauf an, so schnell wie möglich ein entgegengesetztes Wort zu finden. In unserem Fall wäre das *hässlich.* Wer den entgegengesetzten Begriff zuerst gefunden hat, nennt einen neuen Begriff.

Bei diesem Spiel ist es sehr wichtig, dass ein Spieler oder eine Spielerin möglichst einen Begriff wählt, zu dem sich nicht so leicht ein entgegengesetzter finden lässt. Außerdem kann der Schwierigkeitsgrad noch erhöht werden, indem die Philosophierenden mehrere entgegengesetzte Begriffe suchen müssen, wobei der- oder diejenige gewinnt, wer die meisten findet, z. B.: Glück = Unglück, Leid, Disharmonie, Unwohlsein.

7. Spiel: Neue philosophische Begriffe finden

Im täglichen Leben werden wir oft aufgefordert, ein Problem zu definieren, d. h. zu sagen, was für uns daran das Wichtigste, Originäre und Eigentümliche ist. Wir müssen herausfinden, was eine Sache zu der macht, die sie ist, indem wir *wesentliche von unwesentlichen Merkmalen absondern* (Begriffsanalyse). In dem folgenden Spiel soll der kreative Umgang mit Sprache entwickelt werden, indem wir neue philosophische Begriffe für geläufige erfinden, uns also originäre Neuschöpfungen ausdenken. Diese sind jedoch mit den alten Begriffen insofern verbunden, als die Neuschöpfungen auf den alten aufbauen. Wir müssen uns dabei im Voraus überlegen, welches das wichtigste Merkmal an dem alten Begriff ist. Dieses müssen wir in den neuen Begriff übernehmen.

1. Variante: Welche philosophischen Begriffe lassen sich finden?
Ein Spieler oder eine Spielerin nennt einen philosophischen Begriff. Die anderen schreiben ihn auf einen Zettel. Sie suchen nun Begriffe, deren Anfangsbuchstaben von oben nach unten gelesen, den geschriebenen Begriff ergeben (vgl. auch S. 93), z. B.:

G eist
E infallsreichtum
D enken
A uswahl
N amenwort
K ombinieren
E rinnerung
N achdenken

Das angeführte Beispiel verdeutlicht, dass dieses Spiel im Schwierigkeitsgrad je nach Alter der Teilnehmerinnen und Teilnehmer gesteigert werden kann, wenn die zu suchenden Begriffe aus verschiedenen philosophischen Disziplinen, z. B. der Anthropologie oder der Erkenntnistheorie genommen werden sollen. Noch schwieriger wird es, wenn die Begriffe in eine Geschichte oder einen Essay integriert werden sollen:

2. Variante: Wer erfindet einen neuen Begriff?
Ein Spieler oder eine Spielerin nennt einen philosophischen Begriff, wobei vorher eine bestimmte philosophische Disziplin festgelegt werden sollte. Aus der Anthropologie kommt beispielsweise der Begriff Mensch. Nun müssen alle versuchen, sich in einer festgelegten Zeit neue Begriffe für diesen Begriff auszudenken, die wesentliche Merkmale des alten enthalten. Dabei lassen sich verschiedene Schwierigkeitsgrade festgelegen:

1. Es werden ein bis drei wichtige Begriffe gesucht, durch die der Begriff neu charakterisiert werden kann, z. B.: Ein Mensch ist ein „denkender Vierbeiner".
2. Es wird ein zusammengesetzter Begriff als neuer Begriff gesucht, z. B. Vernunftwesen.
3. Es wird ein völlig neuer Begriff ausgesucht, z. B. Denksaurier.

Der- oder diejenige, welcher die meisten neuen Begriffe in einer oder allen drei Varianten gefunden hat, ist Sieger bzw. Siegerin.

Bei diesem Spiel müssen die Philosophierenden darauf achten, dass die neuen Wörter alle wichtigen Eigenschaften des durch das alte Wort bezeichneten Gegenstandes enthalten. Vielleicht sollte vor allem bei jüngeren Kindern vor Beginn des Spiels ein Spielleiter oder eine Spielleiterin bestimmt werden, der oder die darüber entscheidet, ob die neuen Wörter auch alle wichtigen Eigenschaften des alten Wortes enthalten.

3.3.2 Argumentationsspiele

Die folgenden Spielvorschläge sollen die Philosophierenden anregen, die Fähigkeit des Begründens zu entwickeln (vgl. auch 2.2). Denn oftmals werden auch beim Philosophieren einfach nur Behauptungen aufgestellt, ohne Argumente dafür anzugeben. Es ist aber besonders in philosophischen Diskussionen wichtig zu argumentieren, damit unsere Dialogpartner und -partnerinnen wissen, warum wir so und nicht anders denken und wie wir dazu kommen, diese und keine andere Meinung zu vertreten.

1. Spiel: Was ist falsch?
Die Spielerinnen und Spieler bilden zwei Mannschaften. Die Mitglieder der einen Mannschaft denken sich eine falsche philosophische Aussage aus, z. B.: Kant hat gesagt, wenn wir Begriffe haben, dann brauchen wir die Sinne nicht.

Diese Aussage muss nun durch die Gegenmannschaft korrigiert werden, d. h. die Gegenmannschaft muss unter Bezugnahme auf Kants Erkenntnistheorie begründen, warum die betreffende Aussage falsch ist. Für jeden richtigen Grund gibt es einen Punkt. Diejenige Mannschaft, die am Ende des Spiels die meisten Punkte gesammelt hat, ist Sieger. Auch bei diesem Spiel ist es ratsam, die falschen Aussagen aus einem vorher festgelegten philosophischen Themenbereich zu nehmen oder aus einer bestimmten philosophischen Theorie eines oder mehrerer Philosophen oder Philosophinnen.

Dieses Spiel eignet sich besonders gut für den Philosophieunterricht, wenn es darum geht, philosophische Schwerpunkte einer bestimmten Theorie zu wiederholen.

2. Spiel: Eine Argumentationskette einfädeln
Jemand stellt eine philosophische These auf, z. B.: Blumen können glücklich sein. Nun muss jeder Spieler und jede Spielerin (es kann auch eine ganze Klasse sein), einen Grund zur Stützung dieser These anführen, wobei sich die Gründe nicht wiederholen dürfen. Der- oder diejenige, welche/r zuletzt an der Reihe ist, hat den höchsten Schwierigkeitsgrad, weil er oder sie genau zuhören muss, was die anderen gesagt haben, und sich gegebenenfalls einen neuen Grund ausdenken muss, wenn der ausgesuchte Grund schon genannt wurde.

Wenn jemand keinen neuen Grund mehr weiß, bricht die Kette ab, und das Spiel kann mit einer anderen These neu beginnen.

Bei jüngeren Kindern ist es auch möglich, dieses Spiel mit der Regel zu spielen, dass jemand, der keinen Grund mehr weiß, ein Pfand abgeben muss.

3. Spiel: Wie viele Gründe lassen sich finden?
Die Spielerinnen und Spieler denken vor Beginn dieses Spiels darüber nach, auf welche wichtigen philosophischen Fragen sie bisher keine Antwort gefunden haben, z. B.: Hat der Himmel ein Ende? Warum müssen alle Menschen sterben? Gibt es ein Leben nach dem Tod? Sie schreiben diese Fragen auf ein Kärtchen. Irgendein Spieler oder

eine Spielerin zieht eines von den Kärtchen und liest die Frage laut vor. Danach überlegt sich jeder Teilnehmer oder Teilnehmerin eine Antwort auf die Frage und versucht, diese durch Gründe zu stützen, die er aufschreibt. Derjenige Mitspieler oder die Mitspielerin, der oder die die meisten Gründe gefunden hat, erhält Punkte.

In diesem Spiel sollte bei jeder neuen Frage ein Spielleiter oder eine Spielleiterin gewählt werden. Sie entscheiden darüber, ob die genannten Gründe gute Gründe sind.

4. Spiel: Ethische Situationen entscheiden

Vor dem Spiel überlegen sich die Teilnehmenden eine komplizierte ethische Situation, in der er sehr schwer eine Entscheidung treffen konnte, z. B.: Soll ich den Eltern erzählen, dass ich heimlich ferngesehen habe oder nicht? Danach wird gewürfelt. Der- oder diejenige, welche/r als erster eine Eins würfelt, erzählt seine schwierige Situation. Der oder die nächste, welcher eine Sechs würfelt, muss eine Entscheidung treffen. Und danach muss der nächste Würfler so viele Gründe für diese Entscheidung nennen, wie die Zahl auf seinem Würfel anzeigt, wobei ein vorher gewählter Spielleiter oder Spielleiterin darüber entscheidet, ob es gute Gründe sind oder nicht.

Für jeden guten Grund wird ein Punkt vergeben. Der- oder diejenige, welcher am Schluss des Spiels die meisten Punkte gesammelt hat, ist Sieger bzw. Siegerin. Dieses Spiel ist zur Hälfte ein Glücksspiel und zur anderen Hälfte ein Argumentationsspiel, kombiniert also die *Lust am Spiel mit der Fähigkeit zu argumentieren.*

5. Spiel: Was macht ein Philosoph oder eine Philosophin?

Auch dieses Spiel ist ein Kärtchenspiel. Wir schreiben auf die eine Gruppe von Kärtchen Philosophen und Philosophinnen, z. B. Immanuel Kant, Hannah Arendt u. a. Auf die andere Kärtchengruppe werden philosophische Aktivitäten, wie z. B. „eine Erkenntnistheorie entwickeln" oder „Begriffe sind die Grundlage der Vernunfterkenntnis" etc. geschrieben. Danach wird ein Spielleiter oder eine Spielleiterin gewählt.

Vor Spielbeginn zieht jeder Mitspieler eine Karte aus der Gruppe der Philosophen und Philosophinnen. Anschließend wird gewürfelt (jeder einmal pro Spielrunde). Wer eine Sechs würfelt, zieht eine Karte aus der Gruppe der philosophischen Aktivitäten. Und wer begründen kann, warum diese Eigenschaft zu seinem Philosophen oder seiner Philosophin passt - ein Grund genügt -, darf die Karte an seinen Philosophen oder Philosophin anlegen. Gewonnen hat derjenige, welcher am Schluss des Spiels die meisten Karten an seinen Philosophen oder Philosophin angelegt hat. Der Spielleiter entscheidet darüber, ob die genannten Gründe gute Gründe sind.

Auch dieses Spiel dient dazu, Kenntnisse über Philosophinnen und Philosophen und philosophische Ideen zu wiederholen und zu vertiefen.

6. Spiel: Philosophisches Gericht

Vor dem Spiel bestimmen die Teilnehmer einen Spielleiter oder eine Spielleiterin, der oder die als Richter/Richterin fungiert. Danach wählen sie einen Staatsanwalt/eine Staatsanwältin, einen Verteidiger/eine Verteidigerin und einen Angeklagten/eine Angeklagte. Bevor das Spiel beginnt, bleibt noch festzulegen, warum der oder die

Angeklagte vor dem philosophischen Gericht erscheint, z. B. weil er oder sie anderen das Glück gestohlen oder seine/ihre Mitmenschen ungerecht behandelt hat.

Danach beginnt das Spiel. Der oder die Angeklagte und sein Verteidiger versuchen, *gute Gründe für die Tat anzuführen*, während die Staatsanwältin *Gegengründe* nennt. Der Richter oder die Richterin entscheidet am Schluss darüber, *wer die besseren Argumente vorgebracht hat*, indem er Gründe für die Gründe anführt (warrants).

Eine wichtige Spielregel bei diesem Spiel ist, dass die „Tat" ein philosophisches Problem sein sollte. Außerdem eignet sich dieses Spiel sehr gut, den Perspektivenwechsel zu üben, d. h. jemand muss als Richter oder Staatsanwältin eine Position vertraten, die er eigentlich in Wirklichkeit gar nicht vertritt.

3.3.3 Rollen- und Kommunikationsspiele

Rollenspiele haben bereits im frühen Kindesalter eine große Bedeutung, weil sie auch jüngeren Kindern ermöglichen, sich in eine andere Rolle hineinzuversetzen und dadurch zu lernen, auch andere als nur die eigene Perspektive einzunehmen. Durch das Rollenspiel entwickelt sich neben der Gestaltung inhaltlicher Probleme besonders die *Fähigkeit zur Rollenübernahme*; darüber hinaus gewinnen Spielregeln an Bedeutung, die von den Spielerinnen und Spielern akzeptiert werden müssen.

Für das Philosophieren mit Rollenspielen eignen sich vor allem 1. *das nonverbale Rollenspiel*, 2. das *verbale Rollenspiel* und 3. das *soziale Rollenspiel.*

1. *Das nonverbale Rollenspiel*, das hauptsächlich das pantomimische Gestalten betrifft, dient dazu, *wesentliche Eigenschaften eines philosophischen Problems* oder Begriffs durch Bewegung *darzustellen* (vgl. 2.7).

Das nonverbale Rollenspiel fördert beim Philosophieren vor allem die Fähigkeit zur spezifischen Beobachtung, die in einem Dialog zugunsten des verbalen Ausdrucks zurückgedrängt wird: Jemand spielt nicht nur ein Problem, sondern er oder sie sieht auch, wie die anderen sie durch Körperbewegungen darstellen. Dies *intensiviert auch die reproduktive Tätigkeit.* Denn bevor man ein philosophisches Problem pantomimisch umsetzt, muss man es durchdenken und danach überlegen, wie man das Problem mit einer oder mehreren Körperbewegungen ausdrückt.

Das nonverbale Rollenspiel umfasst *einen pantomimischen Dialog* zwischen mindestens zwei Partnern zu einem philosophischen Problem, der *mithilfe von Körpersprache ausgedrückt wird.* In Anlehnung an die Wiener Philosophin Margarete Wenzel können beispielsweise folgende Handspiele durchgeführt werden[34]:

Probleme raten
Je zwei Partner stellen mit „Hand" ein philosophisches Problem dar. Es soll dann von den anderen erraten werden. Vorher muss man allerdings den Themenbereich stark *eingrenzen*, z. B.: Ethik, Problemkreis Glück.

34 Vgl. *Wenzel, Margarete*: Philosophische Spiele für Groß und Klein. München 1995, bes. S. 43.

2. *Das verbale Rollenspiel* umfasst im Allgemeinen die Wiedergabe eines Theaterstücks, eines Buchausschnitts oder eines Märchens durch darstellendes Spiel. Beim Philosophieren steht dabei die Fähigkeit im Mittelpunkt, das Wesentliche eines Problems herauszustellen (vgl. 2.7).

Während beim darstellenden Spiel die Fähigkeit zur Rollenübernahme wichtig ist, sollte beim Philosophieren die *Fähigkeit eine Rolle zu verändern* im Vordergrund stehen: Jemand spielt genau das Gegenteil einer vorgegebenen Rolle und macht beispielsweise einen guten König zu einem bösen König. Diese Rollenveränderung kann spielerisch geübt werden:

Spiel: Gerecht und ungerecht sein
Ein Spielleiter oder einer Spielleiterin geben philosophische Begriffspaare wie gerecht und ungerecht vor und nennen dazu eine Situation, z. B.: Spielt eine Szene, in der eine Mutter ihr Kind ungerecht behandelt. Danach werden die Rollen getauscht, d. h. in einer anderen Szene wird das Kind gerecht behandelt.

Spiel: Stell dir vor, der Wolf wäre nicht böse
Von einem Spielleiter oder einer Spielleiterin werden bekannte Märchen genannt, z. B. Rotkäppchen und der böse Wolf. Nun erhalten die Spielerinnen und Spieler die Aufgabe, das Märchen so umzugestalten, dass der Wolf nicht böse ist und er das Rotkäppchen nicht frisst.

3. Für die *Intensivierung der Interaktionsprozesse* in einer philosophischen Dialoggemeinschaft ist vor allem das *spontane soziale Rollenspiel* von Bedeutung, dessen Thematik und Rollen die Philosophierenden selbst bestimmen. Durch die Gestaltung eines sozialen Rollenspiels wird a) die Phantasie der einzelnen Teilnehmerinnen und Teilnehmer angeregt, ein sie interessierendes philosophisches Problem durch eine Rollendarstellung zu realisieren.

In einem selbst ausgedachten Rollenspiel muss sich jeder Philosophierende die verbalen und handlungsbezogenen Aspekte seiner Rolle selbst überlegen und mit den anderen Spielerinnen und Spielern abstimmen. Dadurch entwickelt sich vor allem seine Ich-Identität. Jeder Mitspieler oder Mitspielerin muss nicht nur auf seine Rolle achten, sondern sich an die festgelegten Spielregeln halten (role taking), wobei er dadurch die Fähigkeit zur sozialen Identität entwickelt; d. h. vorgegebene Normen anerkennt, um überhaupt mitspielen zu können. Das Rollenspiel erweitert aber auch die personale Identität eines Teilnehmers oder einer Teilnehmerin: Er oder sie kann innerhalb eines Spiels die Einzigartigkeit seiner oder ihrer Rolle einbringen, indem er oder sie als Individuum mit spezifischen Bedürfnissen auftritt, von dem anderen als solches anerkannt wird und sich in der Auseinandersetzung mit ihnen behauptet (role making), d. h. seine Rolle so spielt, wie es seinen Überlegungen entspricht.

35 Vgl. zu diesem Spieltyp die Hefte der Kommunikationsspiele von Karl-Heinz Vopel aus dem ISKOPRESS Verlag.

Durch das soziale Rollenspiel entwickelt sich vor allem die philosophische Fähigkeit des Infragestellens (vgl. 1.3.4), weil man die eigene Rolle mit der des anderen abstimmen und sie, um soziale Identität zu erreichen, gegebenenfalls verändern muss. Die Abstimmung der Spielrollen erfordert die Überprüfung der eigenen Rolle in Analogie zum philosophischen Dialog, der die Prüfung der eigenen Argumente einschließt. Deshalb fördert das soziale Rollenspiel, abgesehen vom selbstgewählten Inhalt, auch den Austausch von Positionen. Das reflexive Element liegt dabei in der Veränderung der Rollen, d. h. in der Entwicklung der Fähigkeit, sich von der eigenen Rolle zu distanzieren, insofern es die Spielbedingungen erfordern; im philosophischen Dialog werden die eigenen Argumente auch infrage gestellt, wenn ein Dialogpartner oder eine -partnerin zwingendere Gründe vorbringt.

Das soziale Rollenspiel ist vor allem auch eines der wichtigsten Medien des Philosophierens mit Kindern, da es ihnen wie kein anderes Medium die Möglichkeit gibt, *Erkenntnisse in Verhaltensdispositionen umzusetzen*: Kontakte zu anderen Personen knüpfen, soziale Konflikte lösen, Gefühle mitteilen und verstehen und vor allem *selbst Spielregeln aufstellen.*

Spiel: Regeln finden

Ein Spielleiter oder eine Spielleiterin gibt eine bestimmte (philosophische) Situation vor, z. B.: Stellt euch vor, ihr seid eine Gruppe von Menschen auf einer einsamen Insel, weit entfernt von der Zivilisation, und müsst nun „notgedrungen" zusammenleben. Welche Regeln für das Zusammenleben würdet ihr euch geben? Begründet eure Auswahl.

Spiel: Kriterien finden

Vor allem im Bereich der politischen Philosophie, wo es um verteilende und ausgleichende Gerechtigkeit geht, lässt sich die Fähigkeit üben, ethischen Entscheidungen Kriterien oder Handlungsstrategien zugrunde zu legen, z. B.: Stellt euch vor, ihr werdet beauftragt, auf einer einsamen Insel einen gerechten Staat/eine gerechte Schule etc. zu gründen. Wie würdet ihr vorgehen?

– Welche Schritte würdet ihr zuerst unternehmen?
– Welche Herrschaftsstruktur sollte der gerechte Staat haben?
– Welche wesentlichen Aufgaben muss ein gerechter Staat erfüllen?

Bei diesem Spieltyp wird vor allem die Fähigkeit geübt, *Regeln und Kriterien zu formulieren*, nach denen sowohl das Spiel als auch der im Spiel dargestellte Inhalt gestaltet werden sollen.

Diese Voraussetzungen erfüllen auch Kommunikations- und Interaktionsspiele, die aus dem Bereich der pädagogischen Psychologie stammen. Ihr besonderer Akzent liegt auf der Herausbildung von Eigenschaften wie Vertrauen, Nähe und Offenheit und Kooperation, wobei aber auch die Anerkennung bestimmter Regeln eine Rolle spielt. Diese Regeln können vor, nach oder während des Spiels zum Gegenstand philosophischer Diskussionen werden, da der Spieltyp so angelegt ist, dass nach jedem Spiel eine Gruppendiskussion stattfinden sollte. Im Bereich der Psychologie soll dabei das Gruppenverhalten im Vordergrund stehen, für das Philosophieren kann sich der Akzent auf die Spielregel-Diskussion verlagern.[35]

Obwohl Interaktionsspiele im Unterschied zum sozialen Rollenspiel Regelspiele sind, fördern sie ebenso die Konstituierung einer Ich-Identität, da sie die Anerkennung von Spielregeln verlangen, und dadurch die Vermittlung zwischen personaler und sozialer Identität fördern. Sie dienen auch der Umsetzung von Erkenntnissen in praktisches Handeln, wobei nicht rolleninhärentes Verhalten, sondern die Gestaltung von Spielregeln im Vordergrund steht, die eine argumentative Rechtfertigung erfordert.

Die *Interaktionsspiele* sind eine *Kombination aus darstellendem Spiel, Regelspiel und spontanem Spielverhalten*, da lediglich eine bestimmte Spielstruktur vorgegeben wird, z. B. eine fiktive Situation oder eine Regel, die die Philosophierenden entsprechend ihren Bedürfnissen ausgestalten. Dabei kommt auch die affektive Bezugskomponente stärker als bei anderen Spielen zum Ausdruck.

„Sie (die Spielerinnen und Spieler) können ihre eigenen Gefühle ins Spiel bringen, mit anderen verbal und nonverbal kommunizieren, unterschiedliche Rollen spielen, sich körperlich bewegen, Beziehungen klären, Verhandlungen führen, sich auseinander setzen, Entscheidungen treffen".[36]

1. Spiel: Wer findet die meisten Fragen?
Die Spielerinnen und Spieler schreiben in einer vorher festgelegten Zeit Fragen auf einen Zettel, auf die sie bisher noch keine zufriedenstellende Antwort gefunden haben, z. B.: Was ist Zeit? Dürfen Menschen Tiere töten? Warum müssen alle Menschen sterben?

Danach werden die Fragen vorgelesen. Diejenige Frage, die meisten Teilnehmern und Teilnehmerinnen nennen, steht dann im Mittelpunkt einer gemeinsamen Diskussion. Wer den Wettcharakter dieses Spiels erhöhen möchte, kann z. B. dem- oder derjenigen, welche die meisten unbeantworteten Fragen gefunden haben, einen Punkt geben.

Dieses Spiel trägt in besonderem Maße dazu bei, sich Klarheit darüber zu verschaffen, wie viele schwierige Fragen jemandem „durch den Kopf schwirren".

2. Spiel: Auf wen zeigt die Flasche?
Die Spieler und Spielerinnen sitzen in einem Kreis. Einer von ihnen dreht eine Flasche und stellt dabei eine Frage zu einem vorher festgelegten philosophischen Themenbereich, z. B. Anthropologie. Der Spieler oder die Spielerin, auf den oder die der Flaschenhals zeigt, muss sie beantworten. Danach dreht er oder sie die Flasche erneut und stellt die nächste Frage. Wenn jemand die betreffende Frage nicht beantworten kann, so muss der oder die Fragende noch eine Zusatzfrage stellen. Der- oder diejenige, welche/r die meisten unbeantworteten Fragen vorgebracht hat, ist Sieger. Die Spielenden müssen also von vornherein darauf achten, *möglichst schwierige Fragen zu stellen.*

36 *Vopel, Karl-Heinz*: Interaktionsspiele, Heft 3. Hamburg 1986. S. IX.

Das Spiel kann auch so variiert werden, dass jemand, der eine Frage nicht beantworten kann, ein Pfand abgeben muss.

3. Spiel: Wer ist der Philosoph oder die Philosophin?
Ein oder zwei Personen schildern ein philosophisches Problem, das allen Spielern und Spielerinnen bekannt ist. Sie müssen es so darstellen, dass der oder die Autorinnen und Autoren nur schwer erraten werden können. Die anderen Spieler und Spielerinnen stellen nun Fragen, um herauszubekommen, welcher Philosoph oder welche Philosophin das Problem formuliert hat. Ihre Fragen werden von denjenigen, welche das Problem geschildert haben, lediglich mit Ja oder Nein beantwortet. Diejenigen, deren Philosoph oder Philosophin *mit den meisten Fragen erraten werden musste*, hat gewonnen.

Zu der Gruppe der Kommunikations- und Interaktionsspiele gehören auch die so genannten *Dilemmaspiele*, die ein fiktives Problem vorgeben, das sich nach mehreren Varianten lösen lässt. Eine Lösung lässt sich finden,
a) wenn alle Beteiligten miteinander kooperieren,
b) wenn die Beteiligten nicht miteinander kooperieren wollen,
c) wenn nur einer der Beteiligten kooperieren will.

Die Spielerinnen und Spieler haben jeweils die Möglichkeit, nach einer dieser Variante zu handeln oder dies nicht zu tun. Die Erfahrung dieses Spiels besagt, dass die Beteiligten mit *beiderseitiger Kooperation* gut abschneiden und sozusagen *teilen müssen*; am besten schneidet jedoch der- oder diejenige ab, die nicht kooperiert, wobei dann eine/r auf der Strecke bleibt. Das schlechteste Ergebnis erzielen die, die nicht kooperieren wollen. So stecken die Beteiligten in einem Dilemma: Sie kommen auch mit zielgerichtetem Handeln möglicherweise zu ungünstigen Ergebnissen.

Dieses Spiel geht zurück auf eine Mutprobe kalifornischer Teenager aus dem Film „... denn sie wissen nicht, was sie tun“ mit James Dean (1955). Zwei Halbstarke rasen mit gestohlenen Fahrzeugen vor den Augen ihrer Clique auf eine tödliche Felsenklippe zu. Sieger und Held der Mutprobe ist derjenige, der zuletzt bremst. Derjenige, der zuerst bremst, ist der Feigling – warten beide zu lange, passiert die Katastrophe.

Die Struktur dieses Spiels wurde zuerst in der politischen Theorie praktiziert, beispielsweise, um das Problem bewaffneter Auseinandersetzungen zu simulieren (Eingreifen im Golfkrieg), oder im Bereich der Verteilungsgerechtigkeit, z. B. bei Fisch- und Walfangquoten.

4. Spiel: Kooperation oder Einzelgänger?
Hier wird eine fiktive ethische Situation vorgegeben, die scheinbar ausweglos ist, wie z. B. die folgende: Zwei Großfamilien haben Zugang zu einem ertragreichen Fischweiher. Gegen Ende der Fangsaison sind die Lebensmittel sehr knapp geworden, und in jeder der beiden Familien kommt die Überlegung auf, ob man sich sicherheitshalber noch mit einem großen Fischzug eindecken sollte. Entscheidet sich eine Familie dafür, so könnte der Fischweiher dies noch gut verkraften. Decken sich aber

beide Familien mit Fisch ein, wird der Weiher überfischt und kann in der nächsten Saison keinen Ertrag mehr abwerfen. Wie kann man handeln?

„Kooperation, also Zurückhaltung beim Fischfang in dieser Situation, brächte für beide Seiten demnach ein günstiges Ergebnis. Wer aber weiß, dass die andere Partei kooperiert, kann ungestraft einen großen Fischzug landen. Um den Bestand nicht zu ruinieren, wird der andere dann nämlich nicht zurückschlagen können. Denken so allerdings beide Familien, richten sie den Fischweiher zugrunde."[37]

Bei diesem Spiel gilt es einen Ausweg aus Dilemma-Situationen zu suchen. Anschließend kann in einem sokratischen Gespräch geklärt werden, warum sich die einzelnen Parteien jeweils für eine bestimmte Spielvariante entschieden haben.

3.3.4 Wahrnehmungs- und Gedankenspiele

Die Ausbildung *philosophischer Phantasie* lässt sich mit Hilfe von Gedankenexperimenten auch in spielerischer Form realisieren (vgl. 2. 4). Dabei kann man ebenfalls auf Spiele aus der Praxis der pädagogischen Psychologie zurückgreifen. Allerdings geht es *bei philosophischen Wahrnehmungsspielen* darum, die *vielfältigen Strukturen der Welt intensiver wahrzunehmen* (betrachten und beschreiben), um dann nach *Deutungsmöglichkeiten für das Wahrgenommene* zu suchen. „Vielfalt ist nicht eine unstrukturierte, unverständliche Masse, sondern ein Ganzes von Variationen, die sich auf ein Gemeinsames beziehen. Im Umgang mit der Vielfalt der Welt kann ich mich ungerecht fühlen, ohne überfordert zu sein, weil mir Vertrautes begegnet, aber jedes Mal anders wirkt."[38]

Zur Schärfung der Wahrnehmungsvielfalt schlägt Margarete Wenzel vor, vor allem mit Phänomenen wie *Licht und Schatten* zu arbeiten, die bestimmte Qualitäten der Dinge immer wieder in einem anderen Gewand erscheinen lassen und dadurch die *Vielfalt der Welterschließung* vor Augen führen.

1. Spiel: Verschiedene Bilder der Welt

Die Spieler und Spielerinnen schließen die Augen und denken dabei ein einen speziellen Gegenstand, z. B. einen Baum. Diesen beschreiben sie entweder den anderen gegenüber oder zeichnen ihn auf.

In einer zweiten Runde stellen sich die Philosophierenden diesen Gegenstand in einem besonderen Licht vor und beschreiben ihn wiederum oder malen ihn auf. In einer weiteren Runde stellen sie diesen Gegenstand in Verbindung mit Schatten vor. Anschließend sprechen sie darüber, ob und wie er sich aus welchen Gründen verändert hat. Der Sinn dieses Spiels besteht in Anlehnung an Margarete Wenzel darin, *einen Gegenstand in verschiedenen Variationen wahrzunehmen und das Wahrgenommene zu deuten.*

37 *Prosch, Bernhard*: Rawls, der Fischweiher und die grüne Karte. In: Ethik & Unterricht, 2/1996. S. 19.

38 *Wenzel, Margarete*: Philosophische Spiele für Groß und Klein. A. a. O. (s. S. 155) S. 70.

2. Spiel: Philosophische Ideen von Licht und Schatten
In einer zweiten Spielvariante kann man als Gegenstand auch ein philosophisches Problem wählen, das dann in verschiedenen Licht- und Schattenvarianten vorgestellt wird.

Die Spielenden suchen nach philosophischen Ideen oder Aphorismen, in denen Licht und Schatten eine große Rolle spielen, z. B. Aufklärung bedeutet den Gebrauch des eigenen Verstands. Diese Ideen und Aphorismen sammeln sie an der Tafel oder auf einer Rolle.

1. Spielrunde: Die Spielenden gestalten zu einer ausgewählten Idee oder einem Aphorismus eine Pantomime.

2. Spielrunde: Die anderen erraten die Pantomime, d. h. sie finden heraus, zu welcher Idee oder zu welchem Aphorismus sie passt.

3. Spielrunde: Die Spieler deuten die Idee, den Aphorismus oder die Pantomime und finden dabei Gemeinsamkeiten und Unterschiede heraus.

3. Spiel: Was wäre, wenn ...
Jemand äußert eine philosophische Idee in der Form von „Was wäre, wenn...", z. B. was wäre, wenn kein Lebewesen auf der Welt mehr sterben würde. Die Mitspieler und Mitspielerinnen sammeln in Form einer Gedankenkette dazu Ideen und werten sie abschließend aus. Sie können die Ideen verbal ausdrücken oder in Form von Körperbewegungen. Das Spiel ist beendet, wenn die Gedankenkette abbricht, d. h. wenn keiner mehr eine Idee hat. Die Kette beginnt dann ggf. von vorn.

3.3.5 Weiterführende Literatur

Bencivenga, Ermanno: Spiele mit der Philosophie. Berlin 1992.
Brüning, Barbara: Spielen. In: *Dies.*: Mit dem Kompass durch das Labyrinth der Welt. Bad Münder 1990. S. 115-130.
Dies.: Filoda steigt aus der Höhle. Philosophiespiel nach Platons Höhlengleichnis für die Grundschule und die Sekundarstufe I. Leipzig 2002.
Dies./Bartel, Ulrike: Ich bin ein Glückspilz. Philosophieren mit Glückskärtchen und Sprichwörtern in der Grundschule. Leipzig 2002.
Mostert, Pieter: Philosophie im Spiel. In: Zeitschrift für die Didaktik der Philosophie, 5/1983. S. 183/84.
Prosch, Bernhard: Rawls, der Fischweiher und die grüne Karte. In: Ethik und Unterricht, 2/1996. S. 18-21 (Struktur von Dilemma-Spielen).
Peukert, Kurt W.: Sprachspiele für Kinder. Reinbek 1975.
Vopel, Karl-Heinz: Kommunikations- und Interaktionsspiele. Hamburg: ISKOPRESS. Versch. Hefte.
Wenzel, Marianne: Philosophische Spiele für Groß und Klein. München 1995.